● 消费行为与经济增长研究丛书

国家社科项目："专精特新"企业发展提升产业链韧性的机制、路径与对策研究，项目号：23CJY023
山东省社科规划项目：山东省推动"专精特新"企业创新发展的政策研究，项目号：23DJJJ24

U0674235

李传超 著

全球化分工背景下
中国的经济增长超越路径

Surpassing Path in the Economic Growth Process of
Developing Countries under
the Industrial Globalization Background

中国财经出版传媒集团
经济科学出版社
Economic Science Press
·北京·

图书在版编目（CIP）数据

全球化分工背景下中国的经济增长超越路径/李传超著 . -- 北京：经济科学出版社，2023.8
（消费行为与经济增长研究丛书）
ISBN 978 - 7 - 5218 - 5038 - 3

Ⅰ. ①全… Ⅱ. ①李… Ⅲ. ①中国经济 - 经济增长 - 研究 Ⅳ. ①F124.1

中国国家版本馆 CIP 数据核字（2023）第 156977 号

责任编辑：于 源 郑诗南
责任校对：蒋子明
责任印制：范 艳

全球化分工背景下中国的经济增长超越路径

李传超 著

经济科学出版社出版、发行 新华书店经销
社址：北京市海淀区阜成路甲 28 号 邮编：100142
总编部电话：010 - 88191217 发行部电话：010 - 88191522
网址：www. esp. com. cn
电子邮箱：esp@ esp. com. cn
天猫网店：经济科学出版社旗舰店
网址：http：//jjkxcbs. tmall. com
北京季蜂印刷有限公司印装
710 × 1000 16 开 15.75 印张 267000 字
2023 年 8 月第 1 版 2023 年 8 月第 1 次印刷
ISBN 978 - 7 - 5218 - 5038 - 3 定价：63.00 元

► 目 录 ◄

第1章 导　　论

长期以来，中国经济参与全球化分工的过程以生产制造环节的比较优势为核心驱动力。在全球价值链（global value chains，GVC）中，中国企业参与的往往是劳动密集型环节和低附加值工序，核心环节、关键资源的缺失使得中国企业处于俘获型或层级型的治理结构中，被锁定在价值链低端（刘维林等，2014）。随着欧美提出再工业化、加大贸易保护力度，加之越南、印度等发展中国家利用低成本优势积极承接产业转移，中国企业面临"双重挤压"，亟须改变过分依赖 GVC 低附加值环节的不利局面，向 GVC 中高端攀升。

攀升 GVC 中高端意味着超越传统比较优势，形成和发挥以创新驱动为核心的内生比较优势，打造中国企业的竞争优势，在这一过程中，相比于微笑曲线的中游环节，基于微笑曲线上下游的创新驱动和市场驱动处于核心地位。党的二十大报告指出，一方面，"加快建设世界重要人才中心和创新高地，促进人才区域合理布局和协调发展，着力形成人才国际竞争的比较优势"[1]；另一方面，"坚持高水平对外开放，加快构建以国内大循环为主体、国内国际双循环相互促进的新发展格局"[2]。利用国内市场实现超越和嵌入全球创新链（global innovation chains，GIC）谋求发展，成为现阶段中国经济高质量发展的两个重要抓手。本书将从这两个方向入手分析，探讨全球化分工背景下发展中国家的经济增长超越路径，为实现中国制造业的高质量发展和中国特色社会主义现代化提供理论参考。

1.1 "潜在市场"与中国企业的价值链升级过程

在传统的经济增长理论中，收入增长由资本积累和全要素生产率提升

---

[1][2] 习近平. 高举中国特色社会主义伟大旗帜　为全面建设社会主义现代化国家而团结奋斗——在中国共产党第二十次全国代表大会上的报告［N］. 人民日报，2022 – 10 – 26.

两部分构成，但是在国家的经济增长过程中，资本积累和全要素生产率提升并非同时发生。克鲁格曼（Krugman，1994）、加洛尔（Galor，2004）、赫伦多夫等（Herrendorf et al.，2014）的研究表明，资本积累阶段主要发生在发展中国家发展的初期。相比于发达国家，在发展中国家的经济增长过程中如何通过政府干预加速资本积累过程更为重要——"经济发展理论的核心在于理解一个国家为什么会从 4% 或 5% 的储蓄率提升到 12% 或者 15% 的储蓄率"（Lewis，1954）。早在 20 世纪 50 年代，"哈罗德—多马"模型就强调了储蓄率在经济发展过程中的重要地位，刘易斯（Lewis，1954）则在无限劳动供给的前提下构建了经济增长模型，在这些模型中，储蓄和投资决定了一国的经济发展，政府可以通过将农业部门的生产剩余转移到工业部门中的方式加快一国的资本积累过程。

在发展中国家的经济发展过程中，政府的干预不仅要考虑到国内的经济增长，还要考虑到国际市场的竞争格局。辛格尔（Singer，1950）和普雷比施（Prebisch，1950）认为相比于发达国家，发展中国家出口产品的收入弹性较低，在经济增长的过程中，发展中国家的贸易条件会逐渐恶化，因此，发展中国家的政府需要利用补贴、贸易壁垒等方式提升本国出口的竞争力。马克思主义者和新马克思主义者（neo - Marxist）也有类似的观点——发展中国家在市场、资本品等方面对发达国家的依赖性导致了发展中国家在国际竞争中的劣势地位（Amin，1977；Frank，1969）。

类似地，贸易依存理论强调了快速工业化对于打破"中心—外围"理论的意义（Cardoso and Faletto，1979）；大推进理论（Rosenstein - Rodan，1957）分析了政府产业政策的影响；赫希曼（Hirschman，1949）在"进口替代战略"的基础上强调了保护和发展具有较多产业关联的核心产业的意义。

随着全球一体化和垂直专业化趋势的发展，产品内分工在国际贸易中的比重越来越高（Hummels et al.，2001；Yi，2003），相比于传统的产品间贸易，产品内贸易将来自不同国家的企业通过生产链条的方式联系在一起，在此基础之上，GVC 理论关注了企业、行业甚至国家在价值链中的地位和利润攫取能力。发展中国家在国际竞争格局中的地位从传统贸易格局下的低端产品生产者转变为价值链中的低端生产者，在传统的贸易格局下，发展中国家的发展过程表现为原有的从农业部门向工业部门过渡的工业化过程，在价值链分工体系中，发展中国家的发展过程表现为从价值链低端向价值链高端过渡的价值链升级过程。

在新的贸易格局下，针对发展中国家的价值链升级过程本身存在理论上的争议。杰里费（Gereffi，1999、2001、2005）、卡普林斯基（Kaplinsky，2000）、汉弗莱和施密茨（Humphrey and Schmitz，2002）、卡普林斯基和莫里斯（Kaplinsky and Morris，2003）等认为 GVC 的参与对于发展中国家的企业是一个很好的学习机会，它能够带来发展中国家企业整体的升级。但是很多国内外学者对这一观点表示怀疑，这方面的研究主要有朱利亚尼等（Giuliani et al.，2005）、拜耳和皮特斯（Bair and Peters，2006）、刘志彪和张杰（2007）、卢福财和胡平波（2008）、吕越等（2018）、陈雯等（2023）等。

随着中国参与全球化程度的提升，中国企业的转型升级不再是简单的技术进步、产品升级过程，而是在全球化分工背景下，借助自身市场优势，与国外经济体竞争、合作以寻求发展的过程。在这样的背景下，本书打破封闭经济的框架，在全球化分工的框架下研究了发展中国家发展过程中所依赖的"潜在市场"及其所驱动的超越式经济增长路径。

区别于已有的内生增长理论研究，为了更好地刻画全球分工背景下发展中国家的经济增长过程，本书抛弃了技术和资本的两分法，借鉴熊彼特的创造性毁灭理论构建了一个需求导向的技术更新换代模型。在这一模型中，既定的技术世代下，潜在需求会随着技术的发展逐渐出现，为发展中国家的颠覆性创新及超越式增长路径创造条件。在这一模型中，技术的更新换代是"潜在市场"驱动的结果，经济增长表现为一个自发的循环过程。

需求导向的技术更新换代模型可以用来分析全球化分工背景下发展中国家与发达国家在经济增长过程中的关系。不论是在需求层面还是在供给层面，发达国家企业和发展中国家企业都是在分化市场的基础之上展开竞争，由此形成的"潜在市场"为发展中国家通过颠覆性创新实现经济增长的超越路径提供了条件。

具体而言，发展中国家可以分为萌芽市场国家和新兴市场国家，在"潜在市场"的驱动下，萌芽市场国家逐渐向成熟国家转变，收入逐渐提高。由于收入的提高，发展中国家企业产品要受到来自发达国家企业产品的竞争。当技术世代足够先进时，发达国家产品的竞争不会制约发展中国家企业的发展，发展中国家的经济增长过程可以表现为超越路径。

在这一过程中，具有较高的技术独创性和通用性以及较低的对外依赖性的产业能够帮助发展中国家更好地利用"潜在市场"完成超越式增长。政府应当着力发展这些行业，提升这些行业的自主性和技术通用性、独创性。通过差异化的竞争摆脱来自发达国家优势行业的竞争，打造自身的竞争优势，实现对发达国家的技术赶超。

1.2 全球创新系统与中国企业的价值链升级过程

针对 GVC 中高端的攀升路线，"微笑曲线"理论提供了一种简单直观的认识。相比于中国企业集中的中游装配、组装环节，上游研发、设计环节以及下游营销、品牌环节具有更强的价值攫取能力和更高的市场地位。在这一框架下，攀升 GVC 中高端意味着放弃在劳动密集型环节的比较优势，向研发、设计和网络、营销、品牌、市场等"非实体性活动"转型的"空心化"发展路线。但"微笑曲线"仅仅是企业层面的经验总结，以下两方面原因制约了"微笑曲线"对中国企业迈向 GVC 中高端的指导意义。

首先，"微笑曲线"成立的前提是知识技术的创造依赖于产品生产或服务提供的过程。现实中，伴随着国际分工细化到研发、设计领域，GVC 向 GIC 转型，创新活动的分工进一步细化，频繁的技术授权、转让使得企业创新更具开放性，知识资源的流动性大大提高，不再依赖于具体生产过程，而是作为一种战略性资源分散于 GVC 各个环节（刘志彪，2015）。因此，嵌入 GVC 的高技术生产环节不等于核心技术的获取，产品生产和技术研发的割裂意味着已有的 GVC 升级逻辑不再适用于攀升 GVC 中高端的过程。以华为和苹果为例，虽然两者同为手机品牌，但 CPU 设计、操作系统等核心技术的缺失使得华为在竞争中处于劣势，面临美国制裁带来的"断供"风险，在攀升 GVC 中高端的过程中受阻。

其次，如果说美国对华为的制裁体现了核心技术在攀升 GVC 中高端过程中的重要性，新冠疫情的暴发则凸显了实体制造环节的重要性。长期以来，国际分工的发展以规模效益和成本优势为导向，尽可能地扩大可贸易品的范围，而相应的供应链风险从未被重视。如果贸易伙伴断供，如何在短期内补齐产业链短板，保障国内生产有序进行？面对突发疫情，以中石油为首的央企迅速应对，将生产资源调整至熔喷布、口罩机、防护服压条等医疗器材相关领域，助力中国抗疫工作。与此同时，美国企业开始考虑进一步加速疫情相关制造环节回流本土的进程。在这样的背景下，中国企业迈向 GVC 中高端绝对不等于放弃制造环节的"空心化"发展模式，而是将 GVC 中高端的核心技术与中国企业现有比较优势相结合，在"高也成、低也就"的前提下，实现高质量发展。

最后，在现有比较优势的基础上，中国企业向 GVC 中高端攀升的动力机制亟须由外需导向、要素驱动向创新驱动转型（刘志彪，2011；洪银兴，2017；张杰和郑文平，2017）。而基于"微笑曲线"的 GVC 升级仅考察企业在产品维度的角色变化，难以解释那些独立于产品维度之外的核心技术获取行为。针对这一问题，本部分在"微笑曲线"的基础上，加入技术维度①，将国际分工体系视为全球创新系统（global innovation system）而非价值创造系统，分析不同国家、行业的角色和地位，刻画攀升 GVC 中高端的创新升级路径②。与 GVC 升级相比，创新升级不是一个由低效企业转变为高效企业的过程，而是作为区域创新系统在现有技术储备的基础上，不断扩展自身的技术边界，丰富区域内创新参与者类型和技术联系，进而提升制造业整体创新效率的过程。

1.3　本书的主要内容、研究框架与创新点

1.3.1　主要内容

本书的研究对象是全球化背景下中国企业的转型升级问题，在具体研究过程中关注了两方面因素的影响：一是"潜在市场"如何影响中国企业的转型升级；二是嵌入全球创新系统如何影响中国企业的转型升级。

针对第一个问题，本书构建了需求导向的技术更新换代模型，并从技术世代差距和收入差距两个方面出发分析了技术更新换代模型的假设对于全球化分工背景下发展中国家经济增长过程的适用性。

一方面，沿着帕帕尼古拉乌（Papanikolaou，2008、2011）的研究思路，利用上市公司数据，构建了表征总体市场体现型技术进步的 IMC（资本品—消费品投资利差，return spread between investment-and consumption-good producers）资产组合，并利用上市公司收益率与 IMC 资产组合收益率的相

---

①　为了方便区分，本书将从技术维度分析的生产链条称为"技术链条"，将从产品维度分析的生产链条称为"产品链条"。

②　攀升 GVC 中高端依赖企业的创新活动，区别于已有的 GVC 升级，本书将这一升级过程称为"创新升级"。

关性计算出每个上市公司体现型技术水平。结合上市公司的进出口数据和其他财务数据可以发现：相比于发达国家，中国的体现型技术进步世代相对落后。

在技术世代差距存在的情形下，国际企业的竞争不再是简单的市场加总，不同技术世代的企业有着不同的资本积累进程，技术世代落后的企业会经历更快的资本更新换代，资本折旧率更高。相比于内生增长理论下的技术和资本的两分法，技术世代差距的假设更加接近现实。因此，在全球化分工背景下分析发展中国家的经济增长过程时，本书采用技术世代差距前提下的分化市场的假设，而不是直接加总的"单一市场"假设。

另一方面，在技术更新换代模型中，技术更新换代的驱动力在于收入差距带来的市场分化过程。在全球化的过程中，发展中国家通过嵌入 GVC 生产体系参与到全球化分工过程中来，在这一过程中，如果发展中国家与发达国家可贸易部门的收入差距不能随之缩小，则市场需求会随着收入差距的扩大而分化，市场的一体化过程将落后于生产的一体化过程，整个全球化分工体系中将分化出以发达国家市场为主的高收入市场和以发展中国家市场为主的低收入市场，市场分化为技术的更新换代提供了条件。

一国的收入增长可以归结为生产要素的积累与效率提升，本书从国际贸易对生产要素积累的影响出发，验证了市场一体化过程落后于生产一体化过程的现象，也就是市场分化过程，为利用内需导向的技术更新换代模型分析全球化生产背景下发展中国家的经济增长过程提供了依据。

在本书的研究中，对于发展中国家而言，发达国家既是模仿、学习的对象，又是企业升级发展过程中的竞争对手。在此基础之上，本书利用内需导向的技术更新换代模型分析全球化生产背景下发展中国家的经济增长过程：在既定的技术世代下，发达国家利用其技术优势整合发展中国家的生产要素，由于市场的一体化进程落后于生产的一体化进程，收入差距的扩张带来了发达国家与发展中国家之间品质需求的分化，品质需求的分化为发展中国家的颠覆性创新创造了条件。颠覆性创新意味着新的技术世代的出现，发展中国家的经济增长过程表现为超越路径。

针对第二个问题，本书主要从以下四个方面出发展开研究：

一是中国企业嵌入全球创新系统的位置。从技术范式的角度理解全球创新系统的嵌入位置，并借助 PATSTAT 数据（全球专利数据库，Worldwide Patent Statistical Database，PATSTAT），刻画中国企业嵌入全球创新系统的位置，考虑到大学和企业在制造业创新中发挥的作用，分别考察两者在全球创新系统中的嵌入位置，并从产学研结合的角度整体看待中国企业嵌入全球创新系统的状态。

二是中国企业嵌入全球创新系统的地位。将价值链分工体系视为一个有众多参与者的全球创新系统，借鉴技术通用性指标刻画行业在技术维度的异质性，并结合产品维度的差异，将全球创新系统划分为技术提供部门、技术整合部门、技术传递部门、技术使用部门和低技术生产部门五个部门，分析这五个部门具体的技术特征和技术地位。在此基础上，分别从整体和分部门两种角度评判中国企业在全球创新系统中的地位。一方面，将中国企业视为一个整体，分析其在国际分工中的技术地位及演化过程；另一方面，从细分行业的角度出发，将中国企业视为一个与国外市场存在技术联系的区域创新系统，从系统的角度分析、评判中国企业细分行业在区域创新系统以及全球创新系统中的地位。

三是嵌入全球创新系统如何影响企业的技术升级与赶超。在安特拉斯和科尔（Antràs and Chor，2013）、阿尔法罗等（Alfaro et al.，2015）提出的基于顺序生产的价值链分工模型的基础上，考虑技术对企业间讨价还价的影响，得到非核心企业的技术研发决策，分析需求弹性、中间品替代弹性等因素对于企业研发决策的影响。

四是分析中国企业在嵌入全球创新系统中存在的问题以及潜在的解决之道。在测度中国嵌入全球创新系统的地位的基础上，分析中国国家创新体系在当前中美经贸关系紧张、外部技术封锁的大背景下存在的系统问题，归纳总结出"发展不均衡、产学研互补效应弱、对外技术依赖"这三个方面的问题。

1.3.2　研究框架

本书余下内容的结构如下：第 2 章总结分析中国经济增长的历史经验，为后文的研究打下基础。第 3 章至第 6 章针对"潜在市场"展开，其中，第 3 章分析需求变动导向的毁灭性创新驱动的增长过程，抛弃资本和技术的两分法，以体现型技术进步为核心概念刻画了一个以需求变动为导向的毁灭性创新增长模型（简称技术更新换代模型）；第 4 章测度了技术世代差距及其影响因素，验证了市场分化在全球化分工体系的背景下的适用性；第 5 章从收入差距的角度出发，分析各国的经济增长的收敛情况，研究技术更新换代模型下的市场分化过程；第 6 章完成了全球化分工体系下的技术更新换代模型，在全球化分工体系的背景下分析了发展中国家的经济增长过程。第 7 章至第 10 章围绕全球创新系统嵌入展开，其中，第 7 章着重分析中国企业嵌入全球创新系统的位置；第 8 章在第 7 章的基础上研究中国企业嵌入全球创新系统的地位演变；第 9 章探讨嵌入全球创新系统的过程如何影响中国企业的研发决策；第 10 章则关注了中国嵌入全球创新系统过程中存在的问题及解决之道。

在实证研究过程中，本书所采用的数据主要有两个来源：WIOD（World Input Output Database，世界投入产出数据库）的投入产出数据和 PATSTAT 数据库的专利数据。其中，最新的投入产出数据截至 2014 年，最新的专利数据截至 2018 年。通过这些数据，本书着重刻画了中国企业嵌入全球创新系统的位置，分析其演变过程，并在此基础上分析其中存在的问题。虽然数据有一定的滞后性，但对于现实依然有着较强的解释力。首先，宏观的投入产出结构取决于一国的资源禀赋以及国际分工布局，相对稳定，不会在 10 年的时间窗口内发生剧烈的变化，近年来虽然存在全球化退潮、中美贸易摩擦等不利因素的影响，但是中国"世界工厂"的地位依然稳固，中国在国际分工和全球创新系统中扮演的角色和嵌入位置也没有发生实质性的变化，因此，投入产出数据对于当前的经济问题依然有着很高的借鉴价值。其次，通过历史数据也可以把握中国企业嵌入全球创新系统的过程中存在的规律性因素，分析这些规律性因素可以为中国企业未来的发展提供参考。最后，专利申请过程通常领先于技术应用过程，对于企业和科研结构而言，专利的申请一般要早于相关技术的商业化过程 5～10 年（陈慧琪等，2023；宋敏等，2023），PATSTAT 数据库的专利数据虽然仅截止到 2018 年，但相关专利恰好为中国企业现在的技术应用打下了基础，也更能反映当前中国企业在全球创新系统中的表现。

1.3.3　创新点

第一，在体现型技术进步和产品品质升级的基础上，构建了一个需求导向的技术更新换代模型，这一模型以收入差距带来的市场分化为特征，既表现出供给驱动的特征，又表现出需求导向的特征。与之前模型的不同之处在于，需求通过对不同品质产品的选择引导企业选择更为先进、效率更高的生产技术，进而驱动技术的更新换代。

第二，利用中国的上市公司数据验证了国内外的技术世代差距，这样的现象意味着在供给层面，中国企业和国际上的发达国家企业分处于不同技术条件的分化市场中。在这样的认识下，分析全球化分工体系下发展中国家的经济增长过程时，采用需求导向的技术更新换代模型更接近现实。

第三，利用 WIOD 数据和中国上市公司数据验证了全球化分工体系存在的"市场一体化进程落后于生产一体化进程"现象，这样的现象意味着在全球化的过程中世界市场分化为以高收入者为主的发达国家市场和低收入者为主的发展中国家市场，需求上的分化意味着使用需求导向的技术更新换代模型更接近现实。

第四，利用需求导向的技术更新换代模型分析了全球化分工背景下的经济增长过程，这一模型很好地刻画了发达国家与发展中国家合作与竞争并存的全球化状态，得出了发展中国家利用颠覆性技术进步实现经济增长的超越路径的必要性与可行性。

第五，本书从细分领域出发，将专利引用放入不同的技术分区，确定各个技术分区的主路径，并将这些结果汇总到一起进行分析。虽然每个技术领域的技术轨道演进都有自身的特点，但是对于整体处于技术追赶阶段的中国企业而言，技术演进存在共性，能够帮助判断企业专利和大学专利性质差异。

第六，借助 PATSTAT 的专利引用数据，刻画中国企业嵌入全球创新系统的位置，相比于已有研究，实现了定性和定量分析的结合。

第七，在安特拉斯和科尔（2013）、阿尔法罗等（2015）等提出的基于顺序生产的价值链分工模型的基础上，考虑技术对于企业间讨价还价的影响，得到非核心企业的技术研发决策，分析需求弹性、中间品替代弹性等因素对于企业研发决策的影响。

第2章　中国经济增长的历史经验

1979～2022 年，中国经济实现了年均 9.2%[1]的高速增长，创造了经济增长领域的"中国奇迹"。伴随着中国经济的快速崛起，传统发展模式的弊端也逐渐显现出来，长久积累的体制性、结构性矛盾日益突出，以投资为主导的增长方式越来越难以为继。在全球经济低迷的大环境下，中国经济的结构转型需要更多地依赖内需的力量，但是我国的居民消费需求缺乏专业化的市场来满足，相比于国外发达国家的成熟市场，国内市场仍处于待开发的状态，表现为一个"潜在市场"[2]。同时，消费需求也表现出快速增长的态势，2021 年，消费对经济增长的贡献率达到 65.4%[3]，成为了经济增长的第一推动力。2022 年，《中共中央　国务院关于加快建设全国统一大市场的意见》发布，力求通过全国统一大市场的建设，改革、扩展市场资源优势，形成大工厂和大市场协同效应，保障中国经济实现持续健康发展、在国际竞争中立于不败之地。由此，如何利用需求层面的结构转型和潜在市场的发育带动"供给侧结构性改革"，实现中国经济的长期、稳定、持续增长，是关乎中国经济结构转型成败的关键问题。

改革开放 40 多年来，与发达国家同时期的经济增长过程不同的是，中国的经济增长过程表现出了非均衡性发展特征。这样的特点意味着对中国经济的政策建议不能照搬国外发达经济体的经验，尤其是在中国经济的结构转型时期，这样的认识对于中国经济的政策制定尤为重要。为此我们首先来分析中国经济增长过程中的非均衡特征及其政策含义。

---

[1][3]　资料来源：《中国统计年鉴 2022》。

[2]　"潜在市场"指的是在既定技术条件（技术世代）下，社会的品质需求无法被市场的产品品质满足的部分。在一个没有收入差距的经济体内，人们消费同样品质的产品，生产同样品质的产品，"潜在市场"是不存在的。但是在存在收入差距的情形下，人们虽然生产同样的品质产品，但是获得的收入水平却不同，随着收入差距的扩大，市场提供的产品越来越不能满足人们的品质需求，"潜在市场"的规模也越来越大，并最终催生技术的更新换代。

2.1　中国经济发展过程中的非均衡特征

中国经济增长的非均衡特征体现在以下两个方面：一方面，在改革开放的过程中，经济处于劳动力供过于求的状态，劳动被雇用所获得工资就会带来新的消费需求，新的消费品生产就会进一步带来对投资的需求，这样的不断循环也就是乘数效应。由于投资能创造对劳动的需求，这样也就不存在一个外生的技术函数决定劳动的需求。另一方面，在中国经济 40 多年的发展过程中，不断谋求资本深化的生产方式是更有效的生产方式。在资本积累的初期，由于资本稀缺而劳动供给充裕，资本积累无法表现出对劳动的替代性，而是会出现劳动就业与资本积累的共同增长。但是劳动力供给不能一直维持无限供给状态，资本的积累速度随着生产力的提高而逐渐提高，资本最终会表现出对劳动的替代。

基于上述两个方面，可以对中国经济发展的"特征事实"进行理论上的抽象和概括，进而说明中国经济在 40 多年发展过程中的非均衡特征，并据此将中国改革开放以来的经济增长过程划分为四个阶段，这部分将在 2.2 节具体论述。

2.1.1　劳动力供给的表现

首先，从经济部门差异出发，改革开放以来，劳动力从农业向制造业、服务业大量转移。具体而言，中国的农村劳动力占比从 1978 年的 70.5% 下降到 2021 年的 22.9%；第二产业劳动力占比从 1978 年的 17.3% 上升到 2021 年的 29.1%；第三产业劳动力从 1978 年的 12.2% 上升到 2021 年的 48.0%。以 1978 年的劳动力产业结构为标准（假设以后每年的劳动力产业结构和 1978 年相同），第一产业共转出劳动力 3.56 亿（单位：人）。其中第二产业接收 0.88 亿，第三产业接收 2.68 亿（不考虑第二、第三产业间的劳动力转移）。第二、第三产业的劳动生产率远远高于第一产业，劳动力在产业间的转移会带来整体劳动生产率的提高。如果假设从第一产业转出的劳动力的边际生产率为零，中国改革开放的 40 多年间解决的农村劳动力隐性失业占总劳动人口的比例多达 47.6%。[①] 因此，中国的经济增长过程总体

----

① 资料来源：《中国统计年鉴（2022）》。

上表现为一个非均衡状态。①

其次，从地区发展的角度来看，中国经济增长的过程中伴随着资源向沿海地区、大城市积聚的过程。坎布尔和张（Kanbur and Zhang，2005）的研究表明，自 20 世纪 80 年代中期以来，中国的地区间收入差异越来越大，在这一过程中，地区的开放程度的作用尤为明显——开放意味着更高的收入，而更高的收入能够帮助地方政府在基础设施方面投入更多，进而吸引更多的投资，这也是为什么中国的经济发达地区多集中在沿海地区。

面对巨大的地区间差异，2006 年 12 月 8 日，国务院常务会议审议并原则通过《西部大开发"十一五"规划》。其目标是努力实现西部地区经济又好又快发展，人民生活水平持续稳定提高。但是西部大开发战略并不能从根本上解决地区间差距，根据 2020 年人口普查数据，中国的劳动力流动仍呈现出自西部向东部沿海转移的趋势。

劳动力从农业部门转出以后，非农业部门的需要为这些人提供基本的资本条件。中国采取了重工业优先发展的战略，而重工业的生产严重依赖机器设备等资本投入。如果没有资本，工人在重工业部门的生产效率甚至比他在农业部门的生产效率还低。在这样的条件下，劳动力数量的上升并不会带来人均资本存量的下降，劳动力对资本的替代是难以发生的。这一过程中，每一单位的劳动力的转移都意味着对资本的需求，资本和劳动力表现出互补的关系，我们将这样的发展阶段称为"要素互补阶段"。

非农业部门提供资本的来源是自身的积累和居民的储蓄，企业逐渐扩大生产的过程中，它所获得利润也越来越多。资本积累的速度慢慢超过了农业生产力的转移速度。企业开始在基本的资本条件之上进一步追加投资，资本积累过程由原来的资本广化向资本深化过渡。但是资本深化的过程并非一蹴而就的，资本设备本身就是技术进步的体现，在要素互补阶段，中国经济的资本积累过程仅仅是将已有的技术积累从原有的制度桎梏中解放出来，在此之后，进一步的资本深化过程需要技术进步的支持。由于国内外技术差距的存在，国内厂商的资本深化过程既可以选择自己研发，又可以选择嵌入 GVC 的方式。2000 年前后，尤其是中国参与 WTO 这一标志性事件的发生，使中国逐渐地开放国内市场，参与到全球化分工体系中来，

---

① 从第一产业转出的劳动力的边际生产力为零的假设并不完全符合中国的现实。郭剑雄和李志俊（2011）认为中国农村的劳动剩余更多地体现为质量过剩而非数量过剩，农业人口可以通过向工业的转移解决人力资本闲置的问题。虽然形式上有区别，但是并不妨碍我们得到中国的经济发展伴随着劳动力转移的非均衡过程的认识。

通过嵌入 GVC 的方式实现资本深化的经济发展方式越来越重要。

　　与通过自身研发实现资本深化的方式不同的是，嵌入 GVC 意味着省去了技术研发过程，能够以更快的速度实现资本积累，但是由于核心技术掌握在国外主导厂商的手中，嵌入 GVC 意味着中国企业处于附加值较低的价值链低端（low-end）。价值链分工的生产方式下发展中国家的资本积累过程与通过自身研发达到的资本积累过程不同：在传统的经济增长理论中，在同一条技术路径下（图 2 - 1 中的 OA、OB），资本积累的效率逐渐降低；而在价值链分工的生产方式下，资本设备及其生产技术是既定的，在生产环节从发达国家向发展中国家转移的过程中，那些附加值低、无须人力资本积累的环节，比如组装、简单加工等，会优先向发展中国家转移。在图 2 - 1 中，在"要素互补阶段"完成时，发展中国家所处的均衡点为 E'，相比之下，发达国家处于技术效率更高的资本积累路径 OB 上，当生产环节从发达国家向发展中国家转移时，G'G 和 FD 之间的边际产出较低的生产环节会优先转移，发展中国家新的资本积累路径相当于路径 G'D，相比于 OE 路径，附加值并没有明显变化，但是由于和发达国家生产环节间的互补性，人均资本存量会明显上升。换言之，在这一过程中，资本和劳动出现了可分离的特征，这里将这一阶段称为"要素替代阶段"。

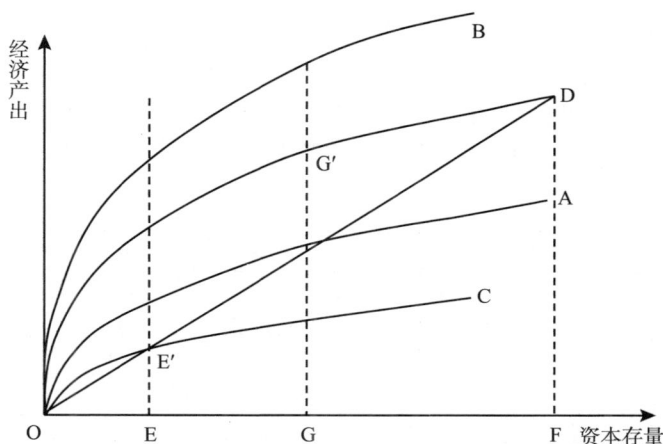

图 2 - 1　发展中国家的技术进步路径

资料来源：作者整理得到，其中，OC、OD 为发展中国家和发达国家的储蓄关于资本存量的函数。

　　回到中国的现实中，在"要素替代阶段"，劳动的供给和资本的积累体现出了可分离的特征，资本的增长没有带来劳动收入的增加，劳动供给的减少也没有改变资本积累的速度。中国的经济活动人口增长率自 1999 年之后有了明显的下降：1987～1999 年，经济活动人口增长率年均为 2.8%，而 1999～2007 年降为年均 0.6%[①]。劳动收入份额在 1999 年之后有明显下降。本书借鉴张车伟（2010）的研究，计算了 1987～2020 年的中国的劳动收入份额占比，在此基础上，假设 1999 年后，经济活动人口仍然保持 2.8% 的增长速度，对所得数据进行调整，得到对应的劳动收入份额变化（见表 2 - 1 和图 2 - 2）。

表 2 - 1   1987～2020 年以来劳动收入占比的变化

年份	劳动收入份额	调整后劳动收入份额	资本产出比	年份	劳动收入份额	调整后劳动收入份额	资本产出比
1987	0.4372	0.4372	1.83	2004	0.3999	0.4414	2.284
1988	0.4372	0.4372	1.826	2005	0.4037	0.4557	2.338
1989	0.4407	0.4407	1.867	2006	0.3991	0.4614	2.382
1990	0.4531	0.4531	1.906	2007	0.3916	0.4629	2.41
1991	0.4505	0.4505	1.876	2008	0.3877	0.4684	2.475
1992	0.4382	0.4382	1.809	2009	0.3903	0.4574	2.445
1993	0.4372	0.4372	1.791	2010	0.3856	0.4523	2.456
1994	0.4464	0.4464	1.802	2011	0.3812	0.4491	2.539
1995	0.4569	0.4569	1.846	2012	0.3879	0.4512	2.551
1996	0.4569	0.4569	1.898	2013	0.3958	0.4452	2.562
1997	0.4533	0.4533	1.939	2014	0.3989	0.4427	2.558
1998	0.4559	0.4559	2	2015	0.4011	0.4391	2.585
1999	0.4511	0.4511	2.053	2016	0.4053	0.4387	2.617
2000	0.4442	0.4523	2.087	2017	0.4089	0.4385	2.662
2001	0.4426	0.4588	2.126	2018	0.4027	0.4499	2.636
2002	0.4408	0.4665	2.167	2019	0.4123	0.4462	2.683
2003	0.4281	0.4629	2.223	2020	0.4098	0.4471	2.671

资料来源：劳动收入份额基于中国统计年鉴截至 2022 年的数据，并根据张车伟（2010）的计算方法整理得到；资本产出比的计算方法借鉴叶宗裕（2010）的研究整理得到，在 2004 年之后国家统计局的统计口径出现了较大的变化，为了统一口径，劳动收入份额已经根据经验进行调整。因此 2004 年前后的数据质量可能存在差异。

---

① 为了和后面的数据在时间上保持一致，本书选取了 1987 年作为起始年份，经济活动人口年均增长率由每年的经济活动人口增长率几何平均得到，资料来源：《中国统计年鉴（2010）》。

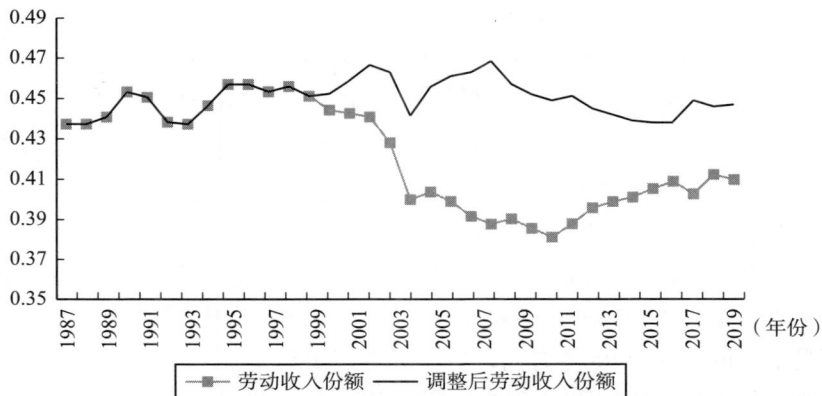

图 2 - 2　调整前后劳动收入份额

资料来源：同表 2 - 1。

可以看出，按照原有的经济活动人口增长率调整后的劳动收入份额变化要明显稳定得多，这说明劳动收入份额的下降可以认为是参与经济活动的劳动力数量下降而非劳动者个体收入减少带来的结果，每一个劳动者的收入增长并没有明显落后于 GDP 的增长速度，其生活质量仍然随着 GDP 的增长而改善，出现了总量层面上"资本收入快速增长，劳动收入相对停滞"的格局，而不是"资本收入挤占劳动收入"的格局。在这一阶段，劳动的供给和资本的积累体现出了可分离的特征——虽然在"要素替代阶段"资本的积累速度超过了劳动的供给，但是劳动和资本的边际替代率没有变化。

2.1.2　技术函数的验证

国内学者基于新古典框架对要素间的替代弹性有较多的研究。罗长远和张军（2009b）利用中国各省 1987 ~ 2004 年数据的研究发现，资本产出比与劳动收入份额显著正相关。他们认为中国由于劳动力丰富，资本积累促进劳均资本拥有量和劳动边际产出提高，意味着资本与劳动之间存在互补而非替代关系。然而白重恩和钱震杰（2009）采用中国工业企业 1998 ~ 2005 年的数据后却发现，中国技术函数的要素替代率接近于 1。李稻葵等（2009）利用 2000 ~ 2004 年的中国企业调查数据也得到了和白重恩等类似的结论。

在新古典的框架下，还有许多学者（黄先海和徐圣，2009；周明海，2010；罗长远和张军，2009b）采用其他变量去代理技术进步，但是仍无法得到一致的结论。

　　由于不能直接观察到技术进步，计量分析中只能用代理变量来处理。根据已有的研究可以大致判断，以 1998 年为分界线，1998 年之前，要素间呈现出互补的状态，1998 年以后要素间呈现出相互替代的状态。

　　为了验证这一假说，本书采用 1987～2020 年的资本产出比和劳动收入份额进行回归分析，其中劳动收入份额和资本产出比见表 2－1。对劳动收入份额和资本产出比进行对比分析发现：当资本产出比大于 2.25 时劳动收入份额随着资本产出比的上升而下降，当资本产出比小于 2.25 时劳动收入份额随着资本收入份额的上升而上升。除了 1988 年和 1993 年外，资本产出比都是上升的。在 1998 年之前，由于资本产出比小于 2.25，资本产出比和劳动收入份额成正比；1998 年之后资本产出比和劳动收入份额成反比（见图 2－3）。这样的结果和之前的猜想是一致的，与其他学者的结论也不冲突。

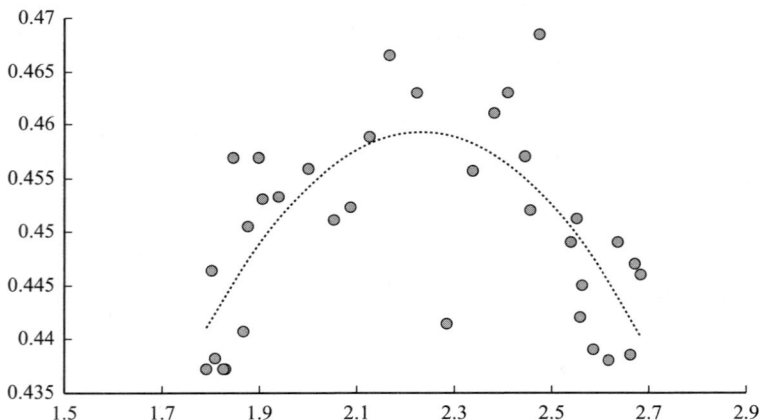

图 2－3　资本产出比与劳动收入份额

资料来源：在张车伟（2010）和叶宗裕（2010）的基础上，经作者整理得到，其中横轴为资本产出比，纵轴为劳动收入份额。

　　因此可以认为，资本和劳动要素的替代弹性并不稳定。中国经济的"特征事实"是：在 1998 年之前，劳动与资本是互补的；在 1998 年之后，劳动与资本是替代的[①]。换言之，在 2000 年左右，中国逐渐融入全球化分

---

　　① 农业生产中资本和劳动很早就体现出了替代关系而非互补关系（赵芝俊，2009）。但是根据 2010 年中国统计年鉴的数据，农业中的固定资产投资占社会总固定投资的比重一直不超过 1%，因此在考虑总体的资本替代弹性时忽略了这一部分。

工体系中，在要素收入水平相对停滞的情况下，进行了资本深化过程。中国的货物进出口总额以及外商投资总额在 2000 年以后，增速有了明显的提升，融入全球化分工体系的脚步大大加快。

以 2000 年前后中国深化对外开放为节点，中国的经济增长阶段可以被划分为"要素互补阶段"和"要素替代阶段"，在"要素替代阶段"，中国的经济增长体现出明显的外向型特征，发达国家的市场和技术是中国企业得以扩张的重要支撑，但是在 2008 年的金融危机之后，世界经济的颓势也逐渐向中国蔓延，中国经济也开始经历从外需导向的经济增长模式向内需驱动的经济增长模式转型的阶段。在 2008 年的金融危机后，进出口对中国的经济增长的贡献率在经历了 2009 年和 2010 年的动荡后，于 2011 年趋向于负值①。此外，2011 年开始，消费需求对中国经济增长的贡献逐渐赶上甚至超过投资需求对中国经济增长的贡献，中国经济正式进入由外需驱动的发展模型向内需驱动的发展模式转型。

2.2　中国经济增长过程的四个阶段

根据前文的分析，可以用 2000 年、2010 年、2015 年作为三个时间节点将中国经济的增长过程划分为四个阶段。

2.2.1　市场萌芽阶段

2000 年以前，中国的经济发展过程中，资本和劳动之间在要素供给层面呈现出互补的关系。在这一阶段，中国的经济增长主要依赖已有的要素资源的优化配置，自 1978 年改革开放以来，城镇居民在全体居民中的占比从 23% 上升到 63.89%。城镇人口规模的扩张意味着由于计划经济体制而存在于农村的隐形失业现象逐渐得到缓解，在这样的转型期内，市场在资源配置体系中的作用越来越重要。

随着改革开放的进程，大量的农村劳动力从原有的制度桎梏中解放出来，依赖着这样的制度红利，1978 ~ 2000 年，中国经济维持着年均近 10% 的增长率，为了表征这样的现象，这里将这一阶段称为"市场萌芽阶段"。

---

① 资料来源：《中国统计年鉴（2021）》。

资本和劳动互补的现象意味着经济体粗放式的增长模式，这样的经济增长模式更接近于后凯恩斯主义下的非充分就业情形。在后凯恩斯主义的范畴里，劳动者的收入取决于企业的投资—消费决策，并且和最终消费接近。在改革开放的初期，劳动者的收入来源是单一的，其消费选择也因为制度约束带来的"供不应求"而变得稀少，在这样的环境下，劳动者的消费行为仅仅是为了企业的再生产而存在，其收入也由企业主为扩大利润而进行的生产决策所决定，因此两者具有趋势上的一致性。

在这一阶段，中国经济实现了从传统的计划经济体制向市场经济体制的过渡，从封闭经济向开放经济的转变，与此同时，知识和技术的快速发展改变了传统产业的经营方式，为新产业的出现和发展创造了条件。这一时期，政府的经济政策以改革开放为主题，并且带有明显的政府主导色彩。"深化改革，扩大开放，加强和改善宏观调控，大力调整经济结构，推动技术进步，积极开拓市场，提高经济效益，控制通货膨胀，保持国民经济持续、快速、健康发展。"[1] 用计划的方式去实现市场体制的完善和运行，可以说是这一时期的特色，政府政策强调价格管理，注重政府转移支付的作用，并卓有成效地处理了农业发展和工业发展之间的关系，为中国经济在2000 年后的腾飞打下了基础。

随着市场机制日趋完善，政府主导经济的格局也在逐渐发生变化，财政收入占 GDP 的比重逐年下降，从 1978 年的 30% 以上下降到 1998 年的10% 左右。与此同时，私营工业企业的经济产值（49176 亿元）也在 2002年超过了国有工业企业的经济产值（45178 亿元）[2]。政府的经济政策也不再"事无巨细"，而是强调结构调整和财政、货币政策在经济增长中的作用。

根据北京师范大学经济与资源管理研究所完成的《2005 年中国市场经济发展报告》，虽然市场经济发展在不同领域尚不平衡，但是中国市场化测度指标的走向是正向的，2002 年和 2003 年两年间，中国市场化指数已经达到72.8% 和73.8%，远远超过市场化国家的标准（60%），中国从总体上已经成为发展中的市场经济国家。

相应地，中国的经济增长过程在 2000 年后也逐渐摆脱后凯恩斯主义的特征。在 2000 年以前，劳动所得与最终消费支出的变动非常接近，但是在

---

① 摘自 1994 年的政府工作报告。
② 资料来源：《中国统计年鉴（2021）》。

2000 年之后，两者开始出现不一致的趋势，换言之，在 2000 年以前中国的经济增长过程带有明显后凯恩斯主义特征，而在 2000 年以后，这种特征在逐渐消失，市场机制的完善和全面的对外开放让居民有了更多的收入渠道和消费选择，中国经济的发展也从市场萌芽阶段向新兴市场阶段转化。

2.2.2　新兴市场阶段

在经历了 20 世纪 90 年代的积累与变革之后，中国逐渐走上了经济快速增长的道路，2000～2010 年的 10 年，经济增速维持在 10% 的高水平，跻身中等收入国家的行列。中国经济在这一时期摆脱了后凯恩斯主义的特征，并且表现出"资本替代劳动"的特征，这意味着中国虽然经历着快速的资本积累过程，却没有出现资本边际产出的下降。根据前文的分析，这是由于中国快速地嵌入到全球化分工体系的结果，因此，中国经济在这一时期的特色可以概括为：迅速地融入全球化分工体系，并实现两位数的经济增长。

2000 年以后，中国快速融入全球化分工体系，货物贸易依赖度和进出口对经济增长的贡献都达到了历史高点，其中，货物贸易依赖度更是从 2000 年的 40% 左右上升到 2007 年的 60% 以上。贸易总量的快速扩张意味着中国经济和世界经济的联系越来越紧密，分析中国经济的增长过程时不能忽略世界经济和国际分工体系的影响。

全球化分工体系对中国经济增长的意义不可忽视，但是中国嵌入全球分工体系的过程并非解决长期经济增长的终极答案，价值链生产环节依据攫取价值能力的强弱分为高价值环节和低价值环节，但是高价值环节不等同于高技术环节，以中国为代表的发展中国家参与价值链分工环节，主要依赖廉价劳动力、土地等要素禀赋决定的低产品价格形成的竞争优势应对发达国家基于高要素利用效率和高素质劳动力等要素决定的竞争优势。在嵌入全球化分工体系的过程中，中国虽然从以传统的制造业为主的生产状态向以新兴制造业、信息行业为主的生产状态跃迁，但是无论是传统的制造业，还是新兴制造业、信息行业，在国际分工格局中，中国企业都处于附加值相对较少的价值链低端。

中国在 GVC 中的分工地位可以通过出口单位价值和行业上游度说明。一方面，根据施炳展（2010）、戴翔和张二震（2008）的研究，中国大部分产品的出口价格低于世界平均水平，且在高技术产品领域尤为明显，究其原因，中国企业在进入出口市场时，倾向于选择"价格竞争"的低成本、低价策略，在民营或东部地区的出口企业中，该现象尤其明显——中国经济虽然参与 GVC 分工的程度很深，但是中国的贸易地位远未与发达国家对等。另一方面，王岚和李宏艳（2015）从 GVC 布局的理论模型出发，利用行业上游度的概念分析了中国的价值链地位指数（GVC-status index，GS），结果发现中国企业仍然整体上处于价值链的低端，在国际分工利益分配格局中处于不利的局面。2001～2010 年，煤炭炼油和核燃料制品业等中技术行业以及化学原料及其制品业等高技术行业的价值链地位指数逐渐下降，反映出了这一时期中国经济在国际分工中处于不利地位。

在这一时期，政府的经济政策倾向于稳健的经济政策，进一步深化改革，提升对外开放的水平，重视区域差距和收入差距问题的缩小和改善，积极引导企业的对外贸易行为，并成熟应对了两次经济危机的影响。在这一时期，政府降低了对经济干预的力度，中国经济在之前积累的改革红利的作用下快速增长。

但是 2008 年的经济危机之后，作为中国经济增长的重要推动力，外部需求逐渐萎缩，粗放式的经济增长模式难以为继，中国经济面临着前所未有的新挑战。面对这一形势，一方面，为刺激经济增长、改善民生和深化改革，中国政府大幅度增加投资和政府支出；另一方面，中国政府实行结构性减税和推进税费改革，采取减税、退税或抵免税等多种方式减轻企业和居民税负，促进企业投资和居民消费，增强微观经济活力。在这样强力的经济政策的作用下，外部需求的萎缩直到 2010 年才真正影响到中国经济的发展，中国经济也正式进入到"结构调整阶段"。

2.2.3　结构调整阶段

在结构调整阶段，中国政府通过财政和货币政策扩张内需，但是随之而来的劳动力成本的提升又让中国的出口竞争力面临挑战。2010 年后中国的经济增长速度逐渐趋缓，经济增长的问题在于内需扩张与出口竞争力之间的矛盾。

随着内需扩张带来的劳动力成本的提升，代工制造业逐渐向东南亚转移，比如阿迪达斯在 2012 年 10 月关闭了在华的唯——家直属工厂，将业务转移到缅甸。类似的例子还有很多，2011 年中国对东盟国家的非金融类直接投资为 25.41 亿美元，较 2010 年同期增长 13.1%。与东南亚国家相比，中国的劳动力价格不再有优势，根据波士顿咨询集团的研究报告（2012），2005～2010 年的 5 年，中国长三角地区的劳动力成本上升了 18%，而且劳动用工缺口的不断扩张以及税收等优惠政策的不断减少将进一步拉高劳动力成本。在这样的形势下，2011 年流入东南亚的对外直接投资相比于 2010 年增长了 26%，而同期中国的增长率不足 8%[①]。

随着美国"再工业化"政策的实施，大量生产环节回到美国，中国制造相比于美国制造的成本优势越来越小，根据波士顿咨询集团的研究报告（2012），中国作为低成本制造业大国的竞争优势正在逐步丧失，中国企业对美国的成本优势已经由 2004 年的 14% 下降到 2014 年的 4%，温和的薪酬增长、高效的生产技术、低廉的能源价格以及美元汇率走低使得部分商品在中美两国的生产成本几乎没有差异，越来越多的美国企业与其他国家跨国公司未来会选择在美国境内进行生产。

内需扩张带来的劳动力成本提升与出口竞争力之间的矛盾如何调和，是现阶段中国经济面临的一个重要问题。一方面，提升出口竞争力是居民消费主导的需求扩张、升级和产业升级的基础；另一方面，需求扩张、升级能够促进产业升级，提升中国企业的出口竞争力。

但是，改革开放后中国经济总量高速增长的同时，由于核心技术和自主品牌的缺失，中国企业却锁定在价值链低端，这意味着既定的国际分工格局下，内需扩张带来的收入增长被国外企业利用品牌优势和技术优势攫取。如果这种攫取效应足够大，居民从其支出增加中获得的收入增量将不足以弥补其支出，此时内需扩张的过程是无法持续的，只会带来出口竞争力的下降。在现阶段解决内需扩张与出口竞争力之间矛盾的必要条件是，国内企业能够依赖自身在国内市场，尤其是欠发达地区的信息优势，借助于内需扩张，建立自己的品牌优势，提升自身的出口竞争力。

2.2.4　创新驱动阶段

在创新驱动阶段，政府将创新作为经济发展的内生动力源泉。2012 年党的十八大报告明确提出科技创新是提高社会生产力和综合国力的战略支撑，必须摆在国家发展全局的核心位置。2015 年 3 月，《中共中央　国务院关于深化体制机制改革加快实施创新驱动发展战略的若干意见》指出要加

---

① 资料来源：Comtrade 数据库。

快实施创新驱动发展战略，由此，创新驱动提升到国家战略层面高度。2016年5月，中共中央、国务院发布的《国家创新驱动发展战略纲要》明确提出到2020年进入创新型国家行列，到2030年跻身创新型国家前列，到2050年建成世界科技创新强国，成为世界主要科学中心和创新高地。2017年10月召开的党的十九大再次旗帜鲜明地提出"坚定实施创新驱动发展战略"，这是我国迈入新时代的重大战略选择，成为促进由要素驱动向创新驱动、推动产业结构转型升级、转变经济增长方式的重要逻辑与现实选择。新时代创新驱动的内涵不断延伸，从单一的技术创新扩充为包含科技创新、产业创新、制度创新、产品创新、组织创新、管理创新的系统工程，创新驱动已经成为引领我国经济发展和产业结构转型升级的"牛鼻子"。站在新的历史发展阶段，高质量发展成为制造业的主旋律。在新的历史发展时期，党中央深刻把握经济发展规律，创新性地提出了新发展理念，并从供给侧结构性改革和需求侧管理的双重视角对"如何改革"进行了总体布局。

在中美经贸关系紧张，我国面临外部技术封锁的大背景下，我国制造业在产业链上游关键技术领域的积累不足，创新能力不足、核心技术缺失、价值俘获能力不足的问题被进一步放大，制约着制造业的高质量发展。2020年以来，中美贸易战、科技战全面升级，美国对华技术封锁将成为常态。美国试图打击中国高科技产业发展，锁死中国获取技术、累积知识的外部条件，使得中国的技术创新过程必须更多依赖内部动力。美国政府视中国为主要竞争对手的一系列做法客观上起到了"倒逼"中国自主创新的作用。中国要不断提升自身的硬实力，无论是在价值链分工领域，还是在核心技术领域，都应坚持自主创新，通过自主创新实现关键技术、关键环节不受制于人。

2020年9月1日，习近平总书记根据对国内国际形势的判断，提出加快形成以"国内大循环为主体、国内国际双循环相互促进"的新发展格局。这是根据我国发展阶段、国际国内环境与条件变化做出的高瞻远瞩的战略决策。在新的发展格局下，我国制造业不能以放弃制造转向研发、设计、品牌的空心化发展模式来实现价值链位置的提升。只有超越制造业传统比较优势，形成和发挥以创新驱动为核心的内生比较优势，才能真正实现我国制造业迈向全球价值链中高端。同时，以信息技术为基础，以智能化、数字化、服务化、定制化和开放性为特征的制造业新时代的来临，为我国实现这一目标创造了前提，也为深入研究创新驱动我国制造业迈向全球价值链中高端提供了现实基础。

2.3　未来的转型发展方向

当前，中国的经济增长依赖经济转型，经济转型依赖消费的提升和内需的扩张，而消费的提升和内需的扩张又依赖于收入的提升。在一个封闭的经济环境下，经济增长与经济转型是互相支撑、互相促进的，但是在一个开放的经济环境下，经济增长与转型升级的方向存在两方面的变化。一方面是，发展中国家的生产企业处于低收入者偏爱的低端市场，发达国家的企业处于高收入者偏爱的高端市场，收入提升的发展中国家的消费者可能会选择国外的商品，而不是为国内企业的发展创造条件，一旦经济增长与经济转型之间的彼此促进关系被打破，经济增长就无法持续。在全球一体化的生产背景下，各国之间的收入差距仍然存在，随着这种收入差距的扩大，发达国家主导的产品市场提供的产品的品质越来越无法满足市场（尤其是发展中国家市场）的需求，这一部分"潜在市场"的存在与发展对于发展中国家的发展至关重要，可以说，中国经济转型的关键在于国内厂商能否利用这一"潜在市场"。另一方面是，中国企业融入全球创新系统，参与全球研发合作、交流，产生高质量的创新，进而实现关键领域的核心技术突破，这是中国企业实现超越式发展的重要驱动力。

区别于已有的内生增长理论研究，为了更好地刻画全球分工背景下发展中国家的"潜在市场"发育和全球创新系统嵌入过程以及两者驱动的经济增长与转型升级过程，本书一方面借鉴熊彼特的创造性毁灭理论构建了一个技术更新换代模型，并利用这一模型分析全球化背景下发展中国家的"潜在市场"及其驱动的经济增长过程，即技术更新换代过程，着重探讨了全球化分工对于发展中国家的影响，以及发展中国家增长路径的选择；另一方面，从知识流动的角度关注中国嵌入 GVC 的位置，研究国际分工在研发、设计等核心环节的分工情况。在这些环节，GVC 的分工内容以知识分工为主，本书借鉴 GIC 的研究思路分析中国企业的嵌入过程，将国际分工体系视为一个全球创新系统，基于专利引用数据刻画中国企业嵌入全球创新系统的过程，研究中国企业在其中的技术地位与升级之路。

在本书的研究范畴下，发展中国家可以分为新兴市场国家和成熟市场国家，其中新兴市场国家收入较低，完全依赖于发达国家的生产转移才逐步参与到国际分工体系中。随着发展中国家参与全球创新系统程度的提升，全球化分工体系中的"潜在市场"的规模逐渐扩大，在此基础上，新兴市场国家得以逐渐提升技术水平和产品品质，并随着技术积累带来的生产效率的提升最终成为成熟市场国家。

在"潜在市场"发育的过程中，发展中国家的居民会选择本国企业生产的低品质产品或者国外企业生产的高品质产品，在产品品质竞争的基础上，由发达国家企业与发展中国家企业构成的全球化市场存在唯一的市场均衡，相比于发达国家，发展中国家的经济发展过程表现出资本使用寿命低和技术更新换代快的两大特点。

均衡状态下，随着进入新兴市场阶段的发展中国家越来越多，发达国家的技术水平逐渐下降，发展中国家实现超越式增长的壁垒逐渐降低；随着进入成熟阶段的发展中国家越来越多，发达国家的技术水平逐渐上升，发展中国家实现超越式增长的壁垒逐渐升高。

第3章 需求导向的技术更新换代模型

针对中国经济增长当前面临的问题，基于国内国际双循环相互促进的新发展格局而形成的"潜在市场"是一个破局之道，需求导向的技术进步过程也是中国实现技术赶超的重要手段。本章从需求导向特征出发，借用体现型技术进步的概念构建了一个创造性毁灭的创新驱动的技术更新换代模型，并利用 ISTC 的实证数据对模型的结论进行实证验证。具体而言，本章的结构如下：第一部分梳理了需求导向的技术更新换代模型的理论渊源；第二部分分析了需求导向的技术更新换代模型的机理和构建模型所需要的假设；第三部分介绍模型的构建，包括对不同主体行为函数的假设以及市场出清条件；第四部分包括在市场结构既定的前提下模型的求解以及企业的研发投入决策；第五部分为模型的实证分析；第六部分为本章小结。

3.1 需求导向的技术更新换代模型的理论渊源

3.1.1 渐进式创新与破坏性创新

自阿基翁和休伊特（Aghion and Howitt, 1992）于 1992 年发表关于熊彼特增长模型的经典文献以来，熊彼特增长模型逐渐发展成为一套完整的经济理论，既涵盖了宏观经济领域的增长问题，也从微观层面回答了谁从创造性毁灭中获益、创造性毁灭的影响因素等问题。其模型中从企业间的竞争出发，刻画了"蛙跳式"的技术更新换代过程，为增长理论向微观层面延伸提供了重要的理论支撑。

在熊彼特创新理论的范畴中，技术因其与已有技术关系的不同可以被区分为连续型技术进步和间断型技术进步①——连续型技术进步在已有的技术条件下进一步提升生产效率，而间断型技术进步则颠覆已有的技术条件，带来技术的更新换代。不同的理论对生产条件有不同阐释和理解：

首先，在阿基翁和休伊特（1992）的熊彼特增长模型中，技术的破坏性针对的是市场中其他竞争对手的市场势力。

由于熊彼特的经济理论本身并没有采用一套标准的数学语言来描述自身的理论框架，阿基翁和休伊特（1992）的熊彼特增长模型直接将创造性毁灭概念放入一般均衡框架，构建了创造性毁灭模型。在这一模型中，一方面，企业可以通过创新提高生产效率获得市场支配地位，改变收入分配格局；另一方面，创新也使得企业被淘汰的概率上升。权衡考虑，最终企业会选择收益最大化的创新策略，并维持长期稳定的经济增长率。在此基础之上，阿基翁等（Aghion et al.，2005）、阿基翁和普朗特尔（Aghion and Prantl，2009）、钱（Qian，2007）、乌戈尔等（Ugur et al.，2016）、兰贝蒂尼等（Lambertini et al.，2017）、麦等（Mai et al.，2020）将这一模型运用于产业组织领域，验证了这一模型对于微观数据的解释力；克莱特和科尔图姆（Klette and Kortum，2004）、霍尔蒂万格等（Haltiwanger et al.，2010）、阿克西基和科尔（Akcigit and Kerr，2010）、阿基翁等（Aghion et al.，2021）、琼斯（Jones，2022）等分析了这一模型对于企业动态学（firm dynamics）的意义；简科夫等（Djankov et al.，2002）、范登布舍等（Vandenbussche et al.，2006）、古铁雷斯和菲利蓬（Gutiérrez and Philippon，2019）、李等（Li et al.，2021）等则分析了这一模型中影响长期经济增长的因素。

阿基翁和休伊特（1992）的熊彼特增长模型将技术视为独立于资本之外的要素，进入厂商能够无障碍地使用资本设备，在创造性毁灭的过程中，被毁灭的仅仅是竞争对手的市场势力。这样的特质也决定了这一模型易于模型化，被理论界广泛接受。

其次，在技术连续型理论中，技术的破坏性针对市场中企业的技术基础。

技术连续型理论和破坏性创新理论具有相同的出发点——为什么在技术的更新换代过程中，占据市场支配地位的在位企业会失败？针对这一问

---

① 连续型技术进步和间断型技术进步的概念与本书研究范畴中的持续性创新与颠覆性创新的概念具有逻辑上的一致性，这里是作为综述中的研究概念，这里采用了前者的表达方式。

题，技术连续型理论强调了技术进步对在位企业已有的知识积累、技术设备的破坏性（Tushman and Anderson，1986；Coccia，2017；Dyer et al.，2018；Kivimaa et al.，2021），基于这种破坏性，技术连续型将技术进步分为间断型技术进步和连续型技术进步；而破坏性创新理论则强调了消费者对新技术的偏好（Christensen，1997；Christensen and Rosenbloom，1995；Rosenbloom，1994；Christensen et al.，2013；Si et al.，2020；Ho，2022），在破坏性创新理论中，技术被分为了破坏性创新和持续性创新。

两种理论对在位企业失败原因的解释虽然不同，却也有相通之处——它们都假设在位企业被自身在旧技术世代下的优势地位所束缚而不愿转而使用新技术，新进入企业得以在竞争中处于领先地位。这一假设也是众多采用熊彼特创造性毁灭概念的研究的核心假设。

技术进步的间断型或连续型体现了技术进步之间的颠覆或继承关系，间断型技术进步（technological discontinuities）会改变已有的市场结构，为小企业取代大企业的市场支配地位提供机会（Abernathy and Clark，1985；Suarez and Utterback，1992；Aghion et al.，2019；Kivimaa et al.，2021）。基于此，间断型技术进步的理论很好地还原了熊彼特理论中的创造性毁灭过程（熊彼特，2009）——创新的发生毁灭了原有的生产条件与市场结构，将经济体从一个均衡推向另一个均衡。

针对间断型技术进步发生的机制，安德森和塔斯曼（Anderson and Tushman，1986）认为间断型（连续型）技术进步对于大企业而言是一种"能力"[①] 破坏（提升）式（competence-destroying/competence-enhancing）的技术进步，会使得大企业失去其已有的技术优势。

连续型技术进步在企业现有"能力"的基础之上提升企业的生产效率，通常由在位企业实施，并且能够通过提高在位企业所在行业的壁垒进而提升在位企业的市场支配地位（Abernathy and Clark，1985；Henderson and Clark，1990；Tushman and Anderson，1986；Christensen et al.，2018；Kivimaa et al.，2021）。相比之下，间断型技术进步会从根本上改变企业的生产方式，原有的知识和技能在新的生产方式下变得一文不值（Tushman and Anderson，1986）。间断型技术技术进步通常由进入厂商实施，并且能够降低行业的进入壁垒（Anderson and Tushman，1991；Murmann and Frenken，2005；Suarez et al.，2015；Nylund et al.，2022）。在新技术面前，受制于过

---

① 这里的"能力"指的是企业在现有生产条件下积累的资源、技能和知识。

去的积累和优势，在位厂商的转型是缓慢的、滞后的。间断型技术进步也会带来相关行业市场结构的变化，新进入厂商能够取代原在位厂商成为新的行业主导厂商（Tushman and Anderson，1986）。

再次，在破坏性创新理论中，技术的破坏性针对的是已有的商业模式。

与技术连续型理论不同的是，破坏性创新理论关注了市场需求（尤其是利基市场需求）及其对于小企业进行破坏式创新的意义（Christensen，1992；Malerba，2005；Coccia and Watts，2020）。

持续性技术进步意味着主流市场中的在位企业提升自身的产品品质，为消费者提供更好的服务（Christensen and Rosenbloom，1995；Ansari et al.，2016；Kivimaa et al.，2021），产品本身的性质并未变化（Bower，1995；Christensen，1997；Christensen and Bower，1996；Christensen and McDonald，2018；Johnstone et al.，2020）。由于持续性技术进步建立在在位企业已有的生产条件之上，主流市场中的在位企业无须对自身的发展进行战略调整（Christensen and Rosenbloom，1995；Rosenbloom，1994；Johnstone et al.，2020）。因此，即使在位企业不是首先采用持续性技术进步的企业，由于自身在已有生产条件下的优势地位，在位企业也不会失去生产主导权。

相比之下，破坏性创新为消费者提供了与已有主流产品性质完全不同的产品（Bower，1995），并且会改变技术进步的速率和方向（Christensen and Rosenbloom，1995）。在产生之初，破坏性创新带来的新产品尚未成熟，并不能吸引主流市场的消费者。但是由于新产品带来的新的产品体验，它会在较小的利基市场或者对价格不敏感的主流市场获得成功（Adner，2002；Bower，1995；Christensen and Raynor，2013；Govindarajan and Kopalle，2006；Olabode et al.，2022）。随着技术进步的积累，新技术的产品体验最终会超过旧技术，新兴企业也会从利基市场向主流市场扩张。

在破坏性创新理论中，品质供给过剩（performance overshooting）是解释在位企业失败原因的核心概念。克里斯滕森（Christensen，1997）认为：通过持续性创新，企业提供产品的品质最终会超过消费者的消费意愿，这样的情形即品质供给过剩。当主流市场中的在位企业提供的产品出现品质供给过剩时，消费者会更重视使用新技术的产品提供的新的消费体验（可靠性、成本、便利性等）。

破坏性创新通常由进入者实施（Bower，1995），由于新技术不成熟、盈利能力差等原因，通常被在位企业会忽略破坏性创新带来的新技术（Christensen，2006）。即使当新兴市场发展到不能忽视的地步，对于受到新兴市场冲击的大企业而言，两种技术进步模式是冲突的（Bresnahan et al.，2010；Benner and Tushman，2003；Ferreira et al.，2020；Müller et al.，2021），将资源有效率地分配在两种不同类型的技术进步模式上不再是简单的资源配置问题（Levinthal and March，1993）。在此基础之上，大企业的失败并不是简单的决策失误，怀特（White，1978）称之为 "生产力困境"（productivity dilemma），克里斯滕森和雷诺（Christensen and Raynor，2013）称之为 "创新者困境"（innovator's dilemma）。

技术连续型理论和破坏性创新理论为在位企业在技术进步中的失败提供了解释，但是这样的解释多是从企业的技术水平、组织特点出发，由于资本和技术的二分法（Hulten，2010；Crafts and Woltjer，2021）存在，企业生产过程中使用的设备和它积累的知识、技能是无关的，因此，传统的经济增长理论难以将这样的解释模型化。现实中，一个产品的成熟并不是一个一蹴而就的过程，它需要长期的技术投入与产品开发（Suarez and Utter-back，1992；Chen et al.，2017）。在这一过程中，伴随着技术进步与技术成熟，一个行业内的新进入厂商数目和在位厂商数目会先增后减，并最终达到稳定，产业发展分为 "竞争阶段"（企业数目迅速上升阶段）和 "淘汰阶段"（企业数目逐渐下降并趋于稳定）（Agarwal and Gort，2002；Bayus et al.，2007；Plehn – Dujowich，2009；Bartelsman et al.，2005；Esteve – Pérez et al.，2018；Zhang and Wei，2021）。在产品生命周期的初始阶段，大企业完全可以利用其品牌优势、资本优势和规模优势转型成为新技术环境下的主导厂商。

最后，在体现型技术进步理论中，技术的破坏性针对的是市场中已有的物质（人力）资本。

在经济增长领域，体现型技术进步抛弃了资本和技术的两分法，在这一范畴下，技术的破坏性针对的是市场中已有的资本设备和生产条件。

体现型技术进步会带来在位企业市场地位的削弱，库利等（Cooley et al.，1997）认为体现型技术进步会带来已有设备的废止和加速折旧，并对设备投资较多的在位企业造成更大的成本压力，故在位企业不倾向于使用新兴技术。多姆斯和邓恩（Doms and Dunne，1998）、可汗和托马斯（Khan and Thomas，2007）认为企业使用新技术是有成本的，并将这一成本称为 "技术更新成本"（Technology Adjustment Costs），利用这一成本概念分析了技术的更新换代与企业间的市场格局的变化。在此基础上，坎贝尔（Camp-bell）、萨马涅戈（Samaniego）等学者研究分析了体现型技术进步和企业周转率（firm turnover）之间的关系，验证了这一理论在微观层面的适用性。其中，坎贝尔（1998）认为 ISTC 会影响企业周转率的周期波动，萨马涅戈（2007、2010）研究发现 ISTC 和企业周转率不论是在宏观层面还是在行业层面均有显著的正相关关系。

在不同的经济理论中，创造性毁灭过程的破坏性是不同的。破坏性越强，意味着技术进步牵涉的经济因素越多，相应地也越难以构建完整的宏观增长模型。相比于技术连续型理论和破坏性创新理论，虽然体现型技术进步理论能够更好地说明技术更新换代对在位企业市场优势地位的削弱，但是却难以刻画出技术更新换代的动力机制。相比之下，破坏性创新理论从需求出发，利用利基市场的概念分析了新兴技术如何从不成熟的状态逐渐发展，并最终取代主流市场中的在位企业的过程。本书借鉴破坏性创新理论的需求导向机制和品质供给过剩的概念以及体现型技术进步中资本和技术关系，并用颠覆性创新的概念加以概括，构建了一个需求变动导向的颠覆性创新驱动的增长模型来刻画新兴技术产生的机制，在此基础之上，利用这一模型分析全球化分工背景下发展中国家的经济增长。与主流的内生增长理论不同的是，本书所关心的经济长期增长的机制，而不是要素或者技术的积累。现实中，不同的技术进步对于经济长期增长的影响力是不同的，那些在不同行业都有普适性的 GPT 能够像"发动机"一样推动经济的长期增长（Bresnahan and Trajtenberg，1995；Helpman and Trajtenberg，1996；Jovanovic and Rousseau，2005；Petralia，2020；Agrawal et al.，2023），而经济长期增长的机制就是筛选这样的技术进步。

3.1.2 资本世代交替模型

改革开放以来，中国经济持续增长，成为经济总量仅次于美国的世界第二大经济体，特别是 20 世纪 90 年代以来，中国经济增速较长时间内一直保持了两位数。但是许多研究都认为，伴随着经济增长的高速度，中国的全要素生产率增长率不高且有较大的波动，在一些年份甚至还出现了下降，总体上的经济增长主要依靠要素累积尤其是高投资增长率的推动，技术进步对经济增长的贡献并不大，低技术进步与高投资、高增长构成了巨大反差（Sachs and Woo，1997；Young，2000；郭庆旺和贾俊雪，2005；刘伟和张辉，2008）。同时也有学者发现，中国近年来的经济增长过程中，平均资本回报率明显高于大多数发达经济体（白重恩和张琼，2014），因此，中国的技术进步可能内嵌于设备资本的体现型技术进步（林毅夫和任若恩，2007；赵志耘等，2007；王小鲁等，2009；中国经济增长与宏观稳定课题组，2010），基于新古典增长理论测算的中国全要素生产率低估了技术进步对经济增长的贡献。

由于资本和技术二分法（Hulten，2001；Crafts and Woltjer，2021）的假设，新古典经济增长理论忽略了资本积累过程中包含的技术进步。早在 20世纪 50 年代，约翰森（Johansen，1959）就已经在资本和技术不可分的前提下构建了完整的资本世代交替模型（vintage capital model）。但是由于不同技术世代的资本品的价格难以直接比较，直到戈登（Gordon，1990）测定了品质调整的耐用资本品价格，这一模型才重新进入主流研究的视角。在戈登（Gordon，1990）研究的基础上，格林伍德等（Greenwood et al.，1997）、康明斯和维奥兰特（Cummins and Violante，2002）在经济增长核算框架下，验证了体现型技术进步（investment specific technical change，ISTC）对经济增长的重要影响，并在弗纳尔德（Fernald，2015）、瓦西里夫（Vasilev，2020）、尤和张（You and Zhang，2022）等的研究中得到了进一步的拓展。

在技术更新换代模型中，技术和资本的两分法不再适用，依据和已有技术基础的关系的不同，创新可以被区分为持续性创新和颠覆性创新。以内燃机和蒸汽机的发展为例，在蒸汽机时代，在已有技术基础之上对蒸汽机进行改进的创新是一种持续性创新，相比之下，内燃机的出现完全毁灭了蒸汽机技术的市场地位，使得已有的技术基础被摒弃，是一种颠覆性创新。本书将采用同一技术基础的技术（比如内燃机技术）称为一个技术世代，持续性创新是在同一技术世代下的创新，颠覆性创新则是不同技术世代的更新换代。持续性创新导致收入差距的扩张，收入差距的扩张带来需求偏离过程，需求偏离过程为颠覆性创新创造了条件。颠覆性创新意味着新的技术世代的出现，经济增长表现为一个自发的循环过程，与主流的经济增长模型相比，需求导向的技术更新换代模型的不同之处在于：首先，这一模型既表现出供给驱动的特征，又表现出需求导向的特征；其次，企业间的竞争不仅表现为同一个市场内部的竞争，还表现为分化市场假设下的产品品质竞争。分化市场的竞争模式体现在两个方面：供给层面，不同技术世代下的企业无法有效利用对方的生产设备和人力资源，故只能进行产品品质竞争；需求层面，收入差距带来的收入分化为不同品质的产品提供了市场机会。

本章以体现于资本积累过程中的技术进步存在为基础，抛弃资本和技术的两分法，以体现型技术进步为核心概念，刻画了一个以需求变动为导向的颠覆性创新驱动的增长模型。在这一模型中，不同世代的技术模式是冲突的：企业可以在已有技术条件的基础上进行持续性创新，也可以放弃原有技术条件，选择颠覆性创新。

颠覆性创新使得资本积累与技术进步之间的关系体现为新的形态，从而经济增长表现为不同的路径。图 3 – 1 中 OA_1、OA_2、OA_3 分别代表了不同技术世代下的资本积累过程，持续性创新即同一技术世代下生产条件沿着 OA_i 向右移动的过程；颠覆性创新即技术世代的变化，在图 3 – 1 中表现为 O—A_1 路径、O—A_2 路径、O—A_3 路径的演化。在技术和资本两分法的前提下，新技术的使用并不会改变已有资本的折旧过程，长期经济增长路径表现为："O—A_1—A_1'—A_2—A_2'—A_3"，相比之下，在体现型技术进步的前提下，新技术的使用会带来已有资本的加速折旧，长期经济增长路径表现为："O—A_1—O—A_2—O—A_3"。

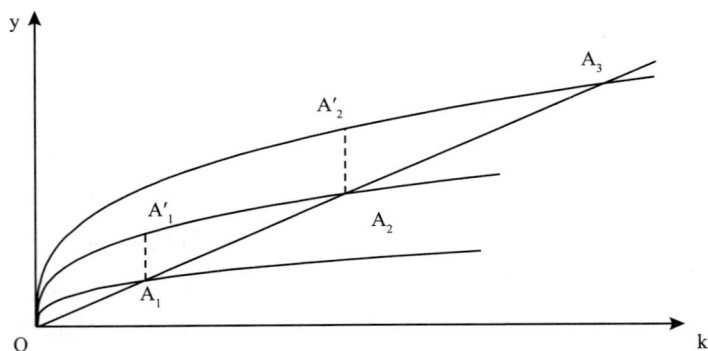

图 3 – 1　技术进步的路径

资料来源：作者整理得到，其中，曲线代表经济体的储蓄 sf(k)，直线代表资本积累的成 rf(k)。

相比于利用已有技术条件的持续性创新，颠覆性创新在发展之初并没有效率优势。但是，在技术更新换代模型中，研发投入的影响因素不局限在企业内部的权衡和决策——市场需求和主导企业的产品在品质层面的不匹配为颠覆性创新创造了契机。马莱巴等（Malerba et al.，2007）分析了消费者对新产品的偏好以及由此形成的利基市场对于颠覆性创新的重要意义；克里斯滕森和雷诺（Christensen and Raynor，2013）认为主导企业在品质层面的供给过剩（oversupply）是跟随企业实行超越路径的重要条件。实证层面，丹尼尔斯（Danneels，2002）、斯莱特和摩尔（Slater and Mohr，2006）、科恰克等（Kocak et al.，2017）、纳等（Na et al.，2019）、司等（Si et al.，2020）等的研究说明了需求导向如何影响企业的颠覆性创新①。

在基础之上，技术更新换代模型将品质层面市场需求相对于主导企业的产品的偏离过程（以下简称需求偏离过程）内生化。这一机理又可以拆分成两个部分：

一部分，收入分配格局决定了需求偏离过程。比尔斯和柯来诺（Bils and Klenow，2001）认为相比于高收入消费者，低收入消费者偏好低品质、低价格的产品，类似的假定亦出现在蔡等（Chai et al.，2013）、尼沃和黄（Nevo and Wong，2014）、克里诺和埃皮法尼（Crino and Epifani，2012）、陈和尤维纳利斯（Chen and Juvenal，2016、2022）等的研究中。随着收入差距的扩张，市场需求的差异化越来越明显。面对着快速发展的利基市场，主导企业受限于自身生产条件的约束难以做出相应的调整（Bresnahan et al.，2011），其产品在品质层面愈发无法满足市场需求，这也为跟随企业的发展创造了条件。

另一部分，持续性创新的积累带来了收入差距的扩张，颠覆性的发生带来了收入差距的缩小。贝哈鲍比等（Benhabib et al.，2011）、青木和仁礼（Aoki and Nirei，2013）、皮凯蒂和萨伊斯（Piketty and Saez，2012）、皮凯蒂和祖克曼（Piketty and Zucman，2014）、加贝克斯等（Gabaix et al.，2015）、祖克曼（Zucman，2019）、萨伊斯和祖克曼（Saez and Zucman，2020）、托罗索夫（Tørsløv et al.，2023）等的研究采用随机增长模型（Random Growth Model）刻画了收入分配格局的变动，在这一模型中，随着资本的积累，收入分配愈发不平等；类似地，格罗斯曼和赫尔普曼（Grossman and Helpman，2014）从另一个角度研究了长期经济增长对于收入不平等的正向作用。居韦嫩和宋（Guvenen and Song，2014）、琼斯和金（Jones and Kim，2014）、亚当斯－普拉斯等（Adams－Prassl et al.，2020）则分析了颠覆性创新对于收入不平等的反向作用。

在技术更新换代模型中，在既定的技术世代下，持续性创新导致收入差距的扩张，收入差距的扩张带来需求偏离过程，需求偏离过程为颠覆性创新创造了条件。颠覆性创新意味着新的技术世代的出现，经济增长表现为一个自发的循环过程。与以往研究不同的是，这一模型既表现出供给驱

---

① 本段中提到的研究以破坏性技术进步为对象，在本章的框架中，破坏性技术进步与间断型创新并无本质区别，因此，这里统一采用颠覆性创新代替破坏性技术进步。

动的特征，又表现出需求导向的特征。

技术更新换代模型对于中国的经济现实具有非常重要的理论指导意义。一方面，在后危机时代进出口增速放缓的背景下，当前的中国正处于一个内需快速扩张的经济转型期，需求导向的经济增长方式是一个切实可行的选择；另一方面，作为一个发展中国家，参与国际分工的中国企业更有动力接受新兴技术，完成技术的更新换代，在"创新驱动，全民创新"的战略背景下，超越路径比追赶路径更为切实可行。

3.2　需求导向的技术更新换代模型的假设

与已有的内生增长模型相比，技术更新换代模型假设前提有几点不同：

（1）生产函数为：$y = Af(k)$[①]，其中 y 为人均产出，A 代表颠覆性创新，k 表示持续性创新，f(k) 一阶连续，满足稻田条件且 $f'(k) > 0$，$f''(k) < 0$。与已有研究的不同之处在于，代表技术世代的 A 的增长过程并非连续的，A 的上升一方面意味着技术世代的更新，也就意味着原有的资本会加速积累，长期经济增长路径表现为："O—A_1—O—A_2—O—A_3"。

（2）技术进步通影响行业内部的市场结构，进而影响收入分配格局。

卢特默（Luttmer，2007、2010、2011）研究表明，企业规模分布和收入分配格局都满足幂次定律（power law），高进入壁垒和高模仿成本（Luttmer，2007）意味着持续性创新会巩固技术领先企业的技术优势，主导企业的数目将随之下降。类似的，克莱普和格雷迪（Klepper and Graddy，1990）、谭和马修斯（Tan and Mathews，2010）以及普莱恩 - 杜约维奇（Plehn - Dujowich，2009）研究认为，伴随着技术进步与"主导设计"（dominant design）的出现，局部市场的市场结构发生变化——行业内企业的数目先增后减，并最终达到稳定。

无论是在针对收入分配格局的研究中，还是在针对企业规模分布的研究中，"强者恒强"的发展结果源于持续性创新积累过程中的选择效应——持续性创新有利于在竞争中领先的个体。技术更新换代模型亦遵循了这一逻辑，不过为了简化分析，这里不再考虑企业对于生产要素的选择效应，

---

① 通常，在体现型技术进步的研究中，技术进步包括非体现型技术进步和体现型技术进步，不失一般性地，这里不再考虑非体现型技术进步。

仅仅考虑市场对于企业的选择，企业间的收入差距也等同于要素所有者的收入差距。因此，持续性创新提高市场集中度，扩大收入差距；颠覆性创新降低市场集中度，缩小收入差距。

（3）对于处于主流市场、迅速发展的企业①而言，其技术水平、生产成本、产品品质都表现出统一的变化趋势，对于处于利基市场、发展停滞的企业而言，其技术水平、生产成本、产品品质不会表现出统一的变化趋势。

技术进步过程中的优胜劣汰不仅仅体现在特定产业内部，还体现在产业之间。一方面，随着新技术的产生和发展，使用新技术的产业会在经济体中占据更多的比重；另一方面，由于技术的适用性，新产品中所包含的GPT 能够带来全行业的资本积累和市场结构变化，布雷斯纳和特拉坦伯格（Bresnahan and Trajtenberg，1992）、约万诺维奇和卢梭（Jovanovic and Rousseau，2004）等的研究说明了 GPT 在长期经济增长过程中的地位。大卫（David，1990）、利普西和贝克尔（Lipsey and Bekar，1995）等认为 GPT 重塑、影响经济增长的过程成本高昂。阿基翁等（Aghion et al.，2014）总结认为 GPT 对于经济体的影响并非局部的，而是表现为经济总体的周期波动。这样的认识可以在格林伍德和约努克古（Greenwood and Yorukoglu，1997）、霍恩斯坦和科鲁塞尔（Hornstein and Krusell，1996）、布林约尔弗森等（Brynjolfsson et al.，2021）、马蒂内利等（Martinelli et al.，2021）等的实证分析中得到验证②。

技术进步的破坏性意味着：企业既可以通过积累 GPT 及其相关生产条件提升技术效率，还可以利用 GPT 涉足其他行业、扩张规模。因此，GPT带来的资本积累并非规模报酬递减，企业倾向于提升劳动力成本，实现快速的技术积累与规模扩张，这样的扩张使得发生在具体行业中的 GPT 能够影响整个经济体的收入分配格局。在此基础之上，本章将行业间的竞争抽象化为企业对于现有生产资料（主要表现为劳动）的竞争：对于具体行业中的企业而言，如果市场中存在更高劳动力成本的企业，那么它会放弃利润最大化条件下的劳动力成本③；如果市场中不存在更高劳动力成本的企业，那么它会选择利润最大化条件下的劳动力成本，成为收入分配格局的主导者。因此，对于处于主流市场、迅速发展的企业而言，其技术水平、

---

① 即后文中的主导企业。
② 这也与体现型技术进步的理论具有一致性。
③ 由于本书所谈的资本是广义的包含了人力资本在内的概念，因此，这里的劳动力不再重复考虑人力资本的影响，相应地，劳动力的异质性被忽略。

生产成本、产品品质以及产品价格都表现出统一的变化趋势。

根据克里斯滕森和雷纳（Christensen and Raynor, 2013）、戈文达拉扬和科帕尔（Govindarajan and Kopalle, 2006）等的研究，无论是主流市场中的产品，还是利基市场中的产品，都是由一组产品性质（以汽车为例，这些性质包括速度、加速能力、舒适性、油耗等）构成，利基市场的产品的低品质不会体现在所有的产品性质之上，而是会在牺牲绝大部分产品性质的同时保证某一项产品性质的高水准，从而达到与主流市场的产品差异化竞争的目的。对于处于利基市场、发展停滞的企业而言，一方面，技术溢出对其影响远小于技术溢出对于处于主流市场的企业的影响；另一方面，相对固定的需求市场意味着它在经济体中占据的比重相对稳定。因此，处于利基市场、发展停滞的企业的技术水平以及生产成本、产品品质不会表现出统一的变化趋势。

（4）由于不同收入水平的消费者对产品品质的偏好不同，收入差距的扩大使得市场需求分化，出现不同的细分市场。

为了简化分析，不再考虑产品数量的上升，而将产出等同于产品品质。在同一条技术路径下，高资本投入意味着高产品品质。根据第一部分的分析，伴随着收入差距的扩大，消费者对于不同品质的产品的需求也在变化——低收入消费者偏好低品质、低价格的产品；高收入消费者偏好高品质、高价格的产品。

由于产品品质提升伴随着收入的上升，对于高收入者而言，延迟消费虽然使其承担了时间成本，但也使其收获了更高品质的产品和服务，因此，支付给投资者的利率既取决于等待的成本，也取决于消费者对于产品品质升级的预期——当高收入的消费者预期到未来的产品品质升级时，他会延迟其消费，从而达到选择更适合自身收入水平的产品的目的。当收入差距足够大时，投资者的高品质需求无法被当前市场中的产品满足，投资者即使在零利率的条件下也会选择继续投资。随着收入的上升，投资倾向的增加使得投资者更多地选择高品质，同时也是高资本投入的产品，投资者和消费者具有一致的品质偏好，这里仅考虑消费者的品质需求即可。

将消费者的品质需求函数定义为：$D = g(y_0 - q_0)$，其中，函数 $g(\cdot)$ 代表标准差为 1 的正态分布，y_0 代表消费者的收入水平，q_0 表示同一技术路径下产品任意的品质水平，正态分布的期望为 $y_0 - q_0$。以图 3-2 为例，横轴表示沿着某一条技术增长路径不同状态的产品，两条曲线表示了不同收入水平消费者的品质需求曲线，虚线表示他们的收入水平，品质在虚线处的产品能得到消费者最大的需求，由于正态分布的对称性，消费者对虚线两侧的 C、D 点的产品无差异。

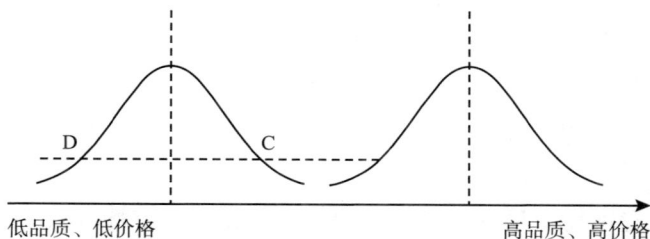

图 3 - 2　消费者的品质需求函数

资料来源：作者整理得到。

3.3　需求导向的技术更新换代模型的构建

经济体中有两类企业，主导企业和跟随企业，处于不同的细分市场（主流市场和利基市场）。主导企业积累了大量持续性创新，提供高品质、高价格产品；相比之下，跟随企业采用新的资本积累路径，提供低品质、低价格产品。企业只能在既定技术进步路径下进行持续性创新，一个消费者只能选择一种企业的商品。

企业面临的竞争可以分为同一市场（主流市场或者利基市场）内部的竞争和市场之间的竞争，其中，同一市场内部的竞争决定了收入在市场内部的分配格局，市场内部的收入分配格局具体表现为企业内部（资本所有者和劳动所有者）的收入分配格局；市场之间的竞争决定了收入在不同市场之间的分配格局，具体而言，市场之间的竞争又包括了不同行业间主导企业的竞争和主导企业与跟随企业间的竞争。在具体的求解过程中，这里将先讨论单一行业下的情形，然后推广到多个行业的情形中。

在此基础之上，进一步做出如下假设：

假设（1）：主导企业决定市场中的劳动力成本。

假设（2）：相同技术世代下的技术水平更高的企业会兼并技术水平相对较低的企业。①

――――――――――

① 对于同一条技术路径下的企业，生产高品质产品的企业会兼并生产低品质产品的企业，在兼并过程中，被兼并企业的收入上升，供给产品品质也上升，市场中的品质供给和品质需求仍相等。因此这里的兼并是有效的，相比之下，在全文结论处，既定市场需求条件下，这种兼并是无效的。

假设（3）：持续性技术进步对市场结构的影响边际效应递减。

假设（4）：消费品的折旧过程与资本品的折旧过程是一致的。折旧不仅发生在资本品使用的过程中，也发生在消费品（主要是耐用消费品）使用的过程中，为了简化计算，这里令这两个折旧过程是一致的。

3.3.1 主导企业

首先来看市场中只有一个行业的情形，此时，市场中只有主导企业和追随企业，其中，主导企业的决策分为两部分：一是在既定技术条件下的利润最大化决策；二是在利润最大化决策前提下的最优技术水平决策。

在图3-3中，对于消费者而言，产品价格是对产品品质的评价，高品质产品自然获得高额的回报。但是在现实世界中情况并非完全如此，由于受到劳动力成本的限制或者市场需求的约束，企业可能会选择将产品折价销售，这样的情况仅仅出现在追随企业的生产决策中，而不会出现在主导企业的生产决策中。主导企业的是劳动力价格，产品价格的主导者对于主导企业而言，需求不是外生的而是内生的，主导企业不会因为劳动力成本的限制或者市场需求的约束而选择将产品折价销售。即使主导企业选择将产品折价发售，产品价格降低的同时也会带来消费者收入的下降，对于主导企业而言，产品价格仅仅决定货币购买力，主导企业收入在生产要素间的分配才会对市场需求造成影响。

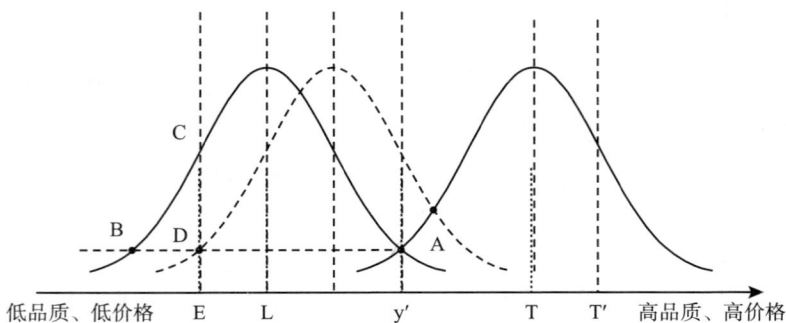

图3-3 产品的品质差异与需求的品质差异

资料来源：作者整理得到。

主导企业提供的产品品质为y，但是考虑到耐用消费品的折旧，消费者实际消费的产品品质为 y′（即图 3-3 中 A 点）①，主导企业的市场参与者收入水平有两个：劳动所有者获得 L，资本所有者获得 T，资本所有者作为企业的所有者获得更多的收益，假定劳动所有者和资本所有者的数量之比为 n：1，由于这一比例主要取决于生产函数的性质（比如生产中所需的人力资本数量）以及管理能力，这里假设这一比例是不变的。作为企业的控制者，资本所有者可以利用其市场地位实现收入分配向资本所有者的倾斜，假定 R 代表了收入分配向资本所有者的倾斜，则劳动所有者的收入 L = y′ - R，资本所有者的收入 T = y′ + nR。

令市场中在主导企业进行生产的资本所有者占参与生产的人员总体的比例为 l_b，在主导企业进行生产的劳动力占参与生产的人员的比例为 $(n+1)l_b$，在跟随企业进行生产的劳动力占 l_s，不考虑参与生产的人员数量的变化与技术进步的成本，令 $(n+1)l_b + l_s = 1$，主导企业的生产决策是使得所有资本所有的利润最大化，主导企业的目标函数为式（3-1）：

$$\pi_b = (n+1)R \times l_b \tag{3-1}$$

其中，k 为人均资本存量，l_b 反映了市场对主导企业产品的需求。

根据前文的分析可知，当收入差距足够大时，投资者的高品质需求无法被当前市场中的产品满足，投资者即使在零利率的条件下也会选择继续投资。因此，在本章的模型中，资本积累的成本仅考虑折旧（折旧率为 δ），不再考虑资本的利息成本。

随着 R 的上升，市场对主导企业产品的需求下降，在技术水平不变的前提下，主导企业的利润最大化决策为：选择适当的 R 最大化企业利润。由于持续性创新无须投入，持续性创新的积累过程等同于资本积累过程②。资本产出的边际效率是递减的，当资本投入不能带来企业利润的上升时，企业会停止相应的研发投入。

3.3.2 跟随企业

令跟随企业提供的产品品质为 E（即图 3-3 中 C 点），由于缺乏技术积累，跟随企业的产品品质的高低取决于其使用技术的技术世代是否先进。考虑主导企业与跟随企业之间的竞争，主导企业可以选择高成本策略（L >

① 根据假设（4）可知，y′ = y - δk。其中，k 为人均资本存量，δ 为折旧率。
② 间断型创新的积累决定了既定资本存量的生产效率。

E），也可以选择低成本策略（L < E）。在此基础之上，主导企业的决策可以进一步细分为三部分：一是高成本策略和既定技术条件下，选择最优的价格最大化利润；二是低成本策略和既定技术条件下，选择最优的价格最大化利润；三是利润最大化决策前提下的最优技术水平决策。

与主导企业不同，跟随企业在市场中面临的是一个主导企业决定的劳动力市场。相应地，跟随企业所处市场的市场结构需要考虑到劳动力成本的限制[①]。

考虑主导企业与跟随企业之间的竞争，当主导企业选择高成本策略时，为了雇佣到劳动，跟随企业会尽可能地将收入分配向劳动所有者倾斜，公司内部的资本所有者的收入水平不会超过劳动所有者。即使在这样的分配格局下，跟随企业能够提供的劳动收入水平仍然低于主导企业能够提供的劳动力收入水平，部分跟随企业会退出市场，跟随企业以溢价出售其产品直到 $E + p = y' - R$，其中 p 为溢价幅度。

当主导厂商选择低成本策略时，跟随企业的生产效率高于市场劳动力成本，跟随企业可以提升市场中的劳动力成本，进而实现市场扩张。在这一过程中，跟随企业可以选择更新的技术世代，并利用其技术世代优势进入主流市场，最终取代主导企业的市场支配地位，市场进入新的一轮循环。跟随企业成为新的主导企业，并采用高成本策略淘汰其他厂商。

综合考虑，跟随企业所在市场的产品溢价 p 满足式（3-2）：

$$p = \begin{cases} y' - R - E, & E < L \\ 0, & E > L \end{cases} \qquad (3-2)$$

相比之下，在高成本策略下，对于跟随企业而言，由于生产效率始终低于劳动力成本，研发投入带来的技术水平提高并不能增加企业的利润。相比之下，技术水平高的企业更有研发的动力，企业的发展趋向于两极分化——高成本策略构成了跟随企业进入市场的壁垒。

综上，在高成本策略下，跟随企业的决策可以被忽略；在低成本策略下，原主导企业的策略可以被忽略，跟随企业成为新的主导企业，并采用高成本策略淘汰其他厂商。企业的决策可以简化为两个部分：一是高成本策略和既定技术条件下，选择最优的价格最大化利润；二是利润最大化决策前提下的最优技术水平决策。

---

① 由于跟随企业资本积累较少，这里不再考虑资本的影响。

3.3.3　需求函数

假定消费者的品质需求函数存在个体差异，具体表现为：$d_i = g(n_i k_0 + \varepsilon_i - x k_0)$，其中，$\varepsilon_i$ 代表个体差异，ε_i 越大，消费者对高品质、高价格的产品需求越多。不失一般性地，假定 ε_i 服从 $[-Z, Z]$ 上的均匀分布，并满足 $Z = \beta y$，其中，β 代表既定收入水平下的消费者异质性需求程度。

在高成本策略下，对于消费者 i 而言，收入水平有两个：劳动所有者获得 L，主导企业的资本所有者获得 T。相应地，市场中的产品有两种：主导企业提供的产品，品质和价格均为 y'（既 A 点）；跟随企业提供的产品，品质为 E（既 C 点），价格为 E + P。

消费者的消费选择建立在产品品质和价格的权衡之上，不存在溢价销售的问题，消费者只需要从两种不同产品的品质比较出发就能做出消费选择。考虑到溢价销售的问题，消费者需要在考虑到产品折价（溢价）的基础上做出消费选择。

对于消费者而言，产品价格的变动有两方面的影响：一是改变产品间的价格比较，即价格效应；二是改变消费者的收入水平，即收入效应。产品的价格效应意味着，产品价格的上升会带来消费者对其需求的降低，具体而言，在产品品质低于消费者收入的情形下，产品价格的提升相当于产品品质的下降；在产品品质高于消费者收入的情形下，产品价格的提升相当于产品品质的上升。类似地，产品价格的下降会带来消费者对其需求的升高，不论是哪种价格变动，产品价格的变动都能等价于产品品质变动。随着收入的上升，价格对品质的替代效率越来越低——市场中低收入者会更在意产品的价格，高收入者会更在意产品的品质，因此随着收入的上升，价格对品质的替代效率降低，在本章的模型中，相比于资本收入者，收入较低的劳动收入者更看重产品的价格，同样的价格变动能够弥补更大的产品品质差距。

产品的收入效应意味着，产品价格上升会带来消费者收入的下降，进而改变消费者对其需求。具体而言，在产品品质低于消费者收入的情形下，产品价格的提升带来消费者收入的下降，相当于产品品质的提升；在产品品质高于消费者收入的情形下，产品价格的提升带来消费者收入的下降，相当于产品品质的下降。不论是哪种价格变动，产品价格的变动都等价于产品品质变动。

产品的价格变动既有价格效应也有收入效应，通过前面的分析可知，两种效应是恰好相反的：在产品品质低于消费者收入的情形下，价格效应意味着产品价格与产品品质反向变动，收入效应意味着产品价格与产品品质同向变动；在产品品质高于消费者收入的情形下，价格效应意味着产品价格与产品品质同向变动，收入效应意味着产品价格与产品品质反向变动。产品价格对产品需求的影响最终取决于产品价格变动中价格效应与收入效应的大小。

一个产品收入效应的大小取决于其产品价格变化对于消费者收入的影响。对于消费者 i 而言，其货币收入水平只有一个——即 L，但是其实际收入水平则取决于追随企业和主导企业提供产品的价格。在局部市场中，令此时追随企业产品品质为 E_i，则追随企业的产品需要溢价 $P - E_i$ 进行出售，不同行业的溢价大小是不同的。根据前文的假设，追随企业的技术水平以及产品价格不会表现出统一的变化趋势，因此，局部市场中追随企业的产品价格变动不会影响消费者的收入，对消费者决策的影响表现为价格效应。相比之下，主导企业的技术水平以及生产成本、产品品质、产品价格都表现出统一的变化趋势，主导企业的产品价格变化会影响消费者的实际收入水平，对消费者决策的影响表现为收入效应。

一个产品价格效应的大小取决于价格对品质的替代效率，相比于资本收入者，对于收入较低的劳动收入者而言，价格变动更容易弥补产品品质差距。综合考虑，主导企业的产品价格变化对资本收入者消费决策的影响主要表现为收入效应，而追随企业的产品变化对劳动收入者消费决策的影响主要表现为价格效应。不失一般性地，这里假定产品价格与产品品质之间的替代关系为 1:1，并将这种替代关系称为"价格—品质替代"。

在本部分的模型中，追随企业为了适应市场中的劳动力成本，会溢价销售其产品，即在产品品质 E 的基础上，溢价 P，以 L 的价格出售。为了得到消费者对追随企业产品的需求，根据价格—品质替代假设，可将追随企业的产品品质向左平移 P，即图 3-3 中虚线部分。此时，消费者 i 对跟随企业产品的品质需求为：$d_i^s = g(L + \varepsilon_i + P - E)$。同样的，消费者 i 对主导企业产品的品质需求为 $d_i^b = g(L + \varepsilon_i - y')$。当 $d_i^s > d_i^b$ 时，消费者需求跟随企业的产品，反之需求主导企业的产品。

品质需求函数为正态分布，由正态分布的对称性知，以劳动收入为收入来源的消费者需求主导企业产品的概率为：

$$P_L^b = P\{2(L + \varepsilon_i) > y' + (E - p)\}$$

整理后可以得到式（3 - 3）：

$$P_L^b = 1 - F\left(\frac{-y + 2R + E}{2}\right) \qquad (3 - 3)$$

主导企业的资本所有者需求跟随企业产品的概率为：

$$P_T^s = P\{2T + \varepsilon_i < y' + (E - p)\}$$

整理后可以得到式（3 - 4）：

$$P_T^s = 1 - F\left(\frac{2E - nR - 2y'}{2}\right) \qquad (3 - 4)$$

3.3.4　市场出清

市场出清要求主导企业（跟随企业）的生产和需求相等，对于主导企业而言，劳动所有者对于主导企业的需求 $D(L)$ 满足：

$$D(L) = (1 - l_b)(y' - R) \times P_L^b$$

资本所有者对于主导企业的需求 $D(T)$ 满足：

$$D(T) = (y' + nR) \times l_b \times P_T^b$$

另一方面，主导企业的供给 S_b 为：

$$S_b = 2y' \times l_b$$

市场出清的条件下，

$$S_b = D(L) + D(T)$$

整理后可以得到式（3 - 5）：

$$l_b = \frac{P_L^b}{n + P_L^b} \qquad (3 - 5)$$

可以证明，上式也是跟随企业的产品市场出清的条件。

3.4　需求导向的技术更新换代模型的求解

3.4.1　高成本策略和既定技术条件下的模型求解——不考虑行业间竞争的情形

令主导企业数目为 m（m≥2），技术进步路径为 A，持续性技术进步带来的资本积累水平为任意水平的 k，相应地产出水平为 y。主导企业间进行产量竞争，每个企业雇佣 l_j 的劳动，其中 $j = 1, 2, \cdots, m$。

以劳动收入为收入来源的消费者 L_i 消费主导企业产品的概率为式（3-6）：

$$P_L^b = \begin{cases} 0, & R > \dfrac{2Z + y - E}{2} \\ \dfrac{2Z + 2y' - 3R - 2E}{4Z}, & \dfrac{2Z + y - E}{2} > R > \dfrac{-2Z + y - E}{2} \\ 1, & R < \dfrac{-2Z + y - E}{2} \end{cases} \quad (3-6)$$

为了简化分析，令 $Z < y_0 - E$，其中 y_0 为初始状态下的产出水平。在 $R \geqslant 0$ 且 y 不断上升的情况下，消费者 T_i 不会需求跟随企业产品，即式（3-7）：

$$P_T^s = 1 \quad (3-7)$$

在一般的情形下，资本所有者的数量远少于劳动所有者，市场出清条件可以简化为式（3-8）：

$$l_b = P_L^b \quad (3-8)$$

其中，$l_b = \sum l_j$。

对于主导企业 j 而言，$\pi = R \times l_j$，因此，利润最大化条件为①式（3-9）：

$$\max \{ nR \times l_j \}$$

$$\text{s.t.} \sum l_j = \frac{2Z + 2y' - 3R - 2E}{4Z} \quad (3-9)$$

对 l_j 求导，得到一阶最优条件，如式（3-10）所示：

$$8Zl_j = 2Z + 2y' - 2E - 4Z \sum l_j \quad (3-10)$$

联立式（3-9）中约束条件，可以得到式（3-11）：

$$\sum l_j = P_L^b = \frac{m(2Z + 2y' - 2E)}{4(m+2)Z} \quad (3-11)$$

带入式（3-1），可以得到式（3-12）：

$$\pi_j = n \frac{[2Z + 2y' - 2E]^2}{8(m+2)^2 Z} \quad (3-12)$$

当企业数目为 1 时，可以得到式（3-13）：

$$P_L^b = \frac{2Z + 2y' - 2E}{12Z} \quad (3-13)$$

---

① 可以证明，当 $R > \dfrac{4Z + 2y' - 2E}{3}$ 时，利润 $\pi = \pi \left| \sum l_j = \dfrac{-3E + 2[Z + y' - E]}{4Z} \right.$；当 $R < \dfrac{2y' - 2E}{3}$ 时，利润 $\pi = 0$，因此，企业的利润最大化条件等价式（3-9）。

在高成本策略下，即使跟随企业通过颠覆性创新提高产品品质时，主导企业同样会提高工资（降低价格）以维持自身的市场支配地位，跟随企业的产出效率始终低于劳动力成本，因此，即使是代表更高效率的新兴技术也不能为跟随企业带来正常利润以外的任何收入。

结论 I：当市场中有 m 数量的主导企业时，主导企业 j 的规模 l_j 为 $\dfrac{2Z + 2y' - 2E}{4(m+2)Z}$，利润 π_j 为 $n\dfrac{[2Z + 2y' - 2E]^2}{8(m+2)^2 Z}$。

3.4.2　高成本策略和既定技术条件下的模型求解——考虑行业间竞争的情形

根据前文的分析可知，在只考虑主导企业与追随企业的竞争的情形下，劳动力成本和跟随企业的效率之间的关系满足：

$$L = y' - \frac{2(2Z + 2y' - 2E)}{3(m+2)}$$

技术世代越先进，追随企业的效率越高，其带给主导企业的竞争压力会越大，此时，主导企业会选择较高的劳动力成本以避免竞争。令跟随企业的效率为 E_i，则在不考虑行业间竞争的情形下，主导企业选择的劳动力成本 L_i^* 满足：

$$L_i^* = y' - \frac{2(2Z + 2y' - 2E_i)}{3(m+2)}$$

根据前文的分析可知，考虑到行业间的竞争，对于具体行业中的企业而言，如果市场中存在更高劳动力成本的企业，那么它会放弃利润最大化条件下的劳动力成本；如果市场中不存在更高劳动力成本的企业，那么它会选择利润最大化条件下的劳动力成本，成为收入分配格局的主导者。令市场中某一行业中的主导企业选择的劳动力成本为 L_i，则如式（3－14）所示：

$$L_i = \max(L_1 \cdots L_{i-1}, \ L_{i+1} \cdots L_n, \ L_i^*) \tag{3－14}$$

在这样的条件下，可以证明拥有先进技术世代的行业（较高的 E_i）中的主导企业的占优策略是 $L_i = L_i^*$，相应地，处于技术世代相对落后行业中的主导企业也会选择这一劳动力成本。不同之处在于，对于前者而言，劳动力成本是可变的，与不考虑行业间竞争的情形没有区别；对于后者而言，劳动力成本是既定的。

考虑到行业间的竞争，市场出清条件会发生变化，如果各行业的主导企业间的产品品质具有一致的变化趋势，那么在技术进步的过程中，各行业的生产规模应当是相对稳定的①。假设行业 i 的生产规模为 γ_i，则劳动所有者对行业 i 中主导企业的需求 D(L) 满足的条件变为：

$$D(L) = (1 - l_{bi})(y' - R) \times P_{Li}^b \times \gamma_i$$

资本所有者对行业 i 中主导企业的需求 D(T) 满足的条件变为：

$$D(T) = (y' + nR) \times l_{bi} \times P_{Ti}^b \times \gamma_i$$

另一方面，行业 i 中主导企业的供给 S_b 为：

$$S_b = 2y' \times l_{bi} \times \gamma_i$$

与之前分析类似，市场出清的条件仍为式（3 - 5）。

但是，对于处于技术世代相对落后行业中的主导企业而言，劳动力成本是既定的，它可以通过溢价（或折价）出售产品来获得最大化利润，令溢价销售的幅度为 p_i'，行业中跟随企业的生产效率为 E_i，则行业 i 的市场规模 γ_i 是 p_i' 的减函数，根据式（3 - 3）和式（3 - 5），主导企业在行业 i 中的市场份额 l_{bi} 等于行业 i 中劳动收入对主导产业的需求 P_{Li}^b。在此基础之上，行业 i 中的主导企业的利润 π_i 满足：

$$\pi_i = \gamma_i(p_i') \times (y' + p' - L) \times \left(\frac{2Z - (y' + p') - 2E_i + 3L}{4Z} \right)$$

利润最大化的一阶条件为式（3 - 15）：

$$\frac{\gamma_i'(p_i')}{\gamma_i(p_i')} = \frac{1}{y' + p' - L} - \frac{1}{2Z - (y' + p') - 2E_i + 3L} \qquad (3 - 15)$$

由式（3 - 15）可知，随着 E_i 的上升，主导企业会选择更低的利润和更大的生产规模，这样的行业更利于 GPT 的研发和积累，以及向其他行业的扩张。最终，这样的扩张加剧其他行业的市场竞争，提升了其他行业的技术水平，直到所有行业拥有接近的利润水平和稳定的生产规模。在这一过程中，技术进步不仅表现为行业内部的积累，还表现为行业间的扩散——从技术世代先进的行业向技术世代落后的行业。正是由于行业间扩散的存在，GPT 使得经济增长在整体层面表现出统一的趋势，分析单一行业得到的结论能够被应用于宏观的经济增长。

3.4.3 研发投入决策

针对企业的研发投入决策，首先，对于跟随企业而言，存在引理 I：

---

① 对于行业 i 中的主导企业而言，它面临的市场竞争主要来自同行业的利基市场企业和其他行业的主导企业，变化趋势一致。

只有在主导企业的低成本策略（L < E）下，跟随企业才有研发激励。

其次，对于主导企业而言，研发投入与利润之间的关系如图 3 - 4 所示，其中，O—A—k^0、O—A$_1$—k^0、O—A$_2$—k^0 分别代表了不同市场结构下，利润关于资本投入的函数。考虑市场结构变动，利润与资本投入的关系为 O—A、O—B 或 O—C。其中，k^0 为利润为零时的人均资本存量。

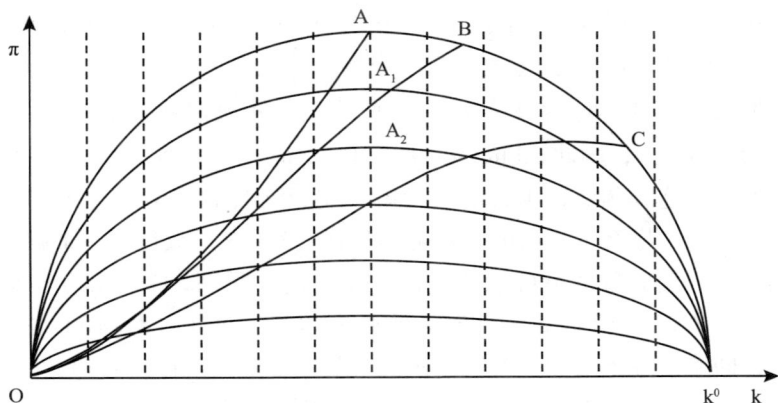

图 3 - 4　研发投入与利润的关系（主导企业）

资料来源：作者整理得到。

在高成本策略下，存在引理Ⅱ：在市场结构不同的前提下，随着技术和资本的积累，主导企业利润先升后降；在技术和资本不变的前提下，随着市场结构的集中，主导企业利润上升。

在市场结构不变的前提下，将式（3 - 12）中的利润对 k 求导可以得到，针对技术积累的利润最大化的一阶条件为式（3 - 16）：

$$A(1 + \beta)f'(k) = \delta \qquad (3 - 16)$$

根据生产函数的性质，存在唯一的资本投入 k = $\bar{k}$，满足式（3 - 16）。

相比之下，资本积累会带来市场结构的变动，资本投入的边际收益上升，相比于市场结构不变的情形，企业的研发投入增加，利润最大化的一阶条件变为式（3 - 17）：

$$\frac{m'(k)}{m(k)} = \frac{A(1 + \beta)f'(k) - \delta}{Z + Af(k) - E - \delta k} \qquad (3 - 17)$$

令 m(k) = m + 1，根据假设（3），资本投入对于市场结构的影响随着资本存量的增加逐渐减弱，即 m'(k) < 0，m''(k) > 0。由 m''(k) > 0 以及式（3 - 15）可知，A(1 + β)f'(k) < δ，根据生产函数的性质，可知

$k\mid_{A(1+\beta)f'(k)<\delta}>k\mid_{A(1+\beta)f'(k)=\delta}$，因此，考虑市场结构变动的条件下，企业进行持续性技术创新的激励更大。

令 $h(k)=Z+Af(k)-E-\delta k$、$g(k)=m'(k)h(k)-m(k)h'(k)$，根据生产函数的性质，$h'(0)>0$，$m'(0)<0$，$h(0)>0$，$m(0)>0$，根据以上条件可知，$g(0)<0$。对 $g(k)$ 求导，$g'(k)=m''(k)h(k)-m(k)h''(k)$，根据前文分析可知，$m''(k)>0$，$h''(k)=f''(k)<0$，因此，$g'(k)>0$，等式 $g(k)=0$ 至多有一个解。由于 $h(0)>0$，$m(0)>0$，$g(k)=0$ 等价于式（3-17），则式（3-17）至多只有一个解。

根据图 3-4 可知，当 k 趋近于 0 或 k^0 时，不论何种市场结构下的企业利润都会趋近于 0，因此，$\lim_{0^+}\pi'(k)>0$，$\lim_{k^-}\pi'(k)>0$。由于利润 π 为关于 k 的一阶连续函数，则必定存在 $k=k'$ 使得 $\pi'(k')=0$，式（3-15）至少存在一个解。结合上一段的分析可知，式（3-17）只存在一个解。

现实中，企业数目不可能为负，考虑到这一限制，令 $m(k)=N-\gamma\times n(k)$，当 $m(\tilde{k})=2$ 时，若此时企业尚未达到满足式（3-16）的研发投入水平，即使 k 继续增加，市场结构也不会发生变化，在此基础之上，企业会根据式（3-16）选择其研发投入水平，继续研发直到 $k=\bar{k}$，即图 3-4 的 OA 路径。若企业已经达到满足式（3-16）的研发投入水平，但尚未达到式（3-17）的研发投入水平，由于进一步的研发投入不能带来市场实力的提升，企业会立即停止研发投入，即图 3-4 的 OB 路径。若此时企业已达到满足式（3-17）的研发投入水平，企业的研发投入不会受到企业数目的限制，符合图 3-4 的 OC 路径。

综上，可以得到推论 I：

在追随企业的技术水平既定的前提下，主导企业在高成本策略下的研发投入策略 k 存在唯一均衡解，即 $k^*=\mathrm{mid}\{k';\tilde{k};\bar{k}\}$。其中，$\mathrm{mid}\{k';\tilde{k};\bar{k}\}$ 代表取 k'、$\tilde{k}$、$\bar{k}$ 的中位数。

当技术积累为 k^* 时，而在高成本策略下，单位劳动带来的利润满足式（3-18）：

$$\pi^L(k^*)=\frac{Z+y^*-E-\delta k^*}{m+2} \qquad (3-18)$$

若 $\pi^L(k^*)>0$，主导企业会停止研发投入，但不会改变成本策略。根据前文分析，一旦采用低成本策略，主导企业虽然能在短时间内通过降低成本获得利润，但将随着技术的更新换代而退出市场。但是由于持续性技术进步带来的收入差距，在居民对产品品质提升的预期不变的情形下，资本的供给远高于资本的折旧，过剩的资本会选择跟随企业。

对于跟随企业而言，只有当生产效率 E 使得 $\pi^L(k^*) \leq 0$ 时，主导企业才会低成本策略避免过度投资带来的损失。跟随企业的生产效率 E^* 满足式（3-19）：

$$E^* - Z \geq y^* - \delta k^* \qquad\qquad (3-19)$$

只有生产效率达到 E^* 时，跟随企业的研发才能收到回报，故可以将 E^* 视为技术更新换代的壁垒。

综上，技术更新换代的条件可以表达为：在居民对产品品质提升的预期不变的时间窗口内，跟随企业的生产效率达到技术更新换代的壁垒——E^*。只要一个跟随企业能够突破壁垒，新世代技术的效率优势就能发挥，并通过技术溢出的方式影响整个经济体。布雷斯纳和特拉坦伯格（Bresnahan and Trajtenberg，1995）、赫尔普曼和特拉坦伯格（Helpman and Trajtenberg，1996）、约万诺维奇和卢梭（Jovanovic and Rousseau，2004）、杰夫和罗什福斯（Jaffe and Rassenfosse，2019）、辛格等（Singh et al.，2021）、雷纳和塞鲁（Lerner and Seru，2022）等研究认为技术的更新换代只需要少量先行企业的创新和尝试，待技术成熟，自然会逐渐扩散直到占领市场。因此，最终能够影响长期经济增长是既具有破坏性又具有普适性的技术进步，哈尔等（Hall et al.，2001）借用美国专利局的专利引用数据分析了专利的独创性（originality）和专利的普适性（generality），发现计算机技术作为信息时代的主导技术既有极高的独创性也有极高的普适性。相比于作为一种总体现象的持续性创新，颠覆性创新是一种局部现象。

对式（3-19）求导可以得到推论Ⅱ：

在仅考虑技术积累的前提下，技术壁垒 E^* 在 $k < k'$ 时随着 k 的上升而上升，在 $k < k'$ 时随着 k 的上升而下降。当追随企业的生产效率低于 E^* 时，主导企业会选择高成本策略，技术进步表现为既定技术世代下的技术积累；当追随企业的生产效率高于 E^* 时，主导企业会选择低成本策略[①]，技术进步表现为技术世代的改变。

既定技术世代的条件下，在行业发展的早期，主导企业主要通过提高单位劳动带来的产出扩张利润，E^* 随之上升；行业发展的后期，主导企业主要通过提高市场份额扩张利润，E^* 随之下降，跟随企业因此获得取代主

---

① 这里的低（高）成本仅仅针对主导企业相比于追随企业而言，对于整体市场而言，低成本策略下意味着市场的劳动力成本快速上升，高成本策略下意味着市场的劳动力成本相对稳定。

导企业，完成技术的更新换代。

3.4.4 技术世代和既定收入水平下的需求异质性的影响

随着技术的更新换代，技术效率的提升带来了主导企业利润的增加，从而提高了技术更新换代的壁垒。

由式（3－14）可知，随着 A 的上升，k' 上升。由 $m(k)$ 的定义可知，$\tilde{k}$ 不受 A 的变化。因此，在企业初始数目 N 为常数的前提下，随着技术的更新换代，k' 最终会超过 $\tilde{k}$，企业的技术进步终会受到"企业数目非负"的限制。由式（3－16）可知，$\bar{k} > k'$，这意味着当 A 足够大时，$k^* = k'$。

令 t 代表不同的技术世代，随着技术的更新换代，A 以 g 的速度上升。Z_t 代表技术路径 t 下消费者的异质性。当追随企业选择新的技术世代时，一方面会面临高劳动力成本策略带来的壁垒，另一方面也会因 A 的增大而提升生产效率。

综合两者考虑，令 $s_t = \dfrac{E_t^*}{A_{t+1}}$ 表示追随企业面临的技术壁垒，根据式（3－16）与式（3－19）可以求出式（3－20）：

$$s_t = \frac{E_t^*}{A_{t+1}} = \frac{(1+\beta)f(k^*) - kf'(k^*)}{1+g} \qquad (3-20)$$

由式（3－18）可知：

$$\frac{ds}{dk^*} = \frac{\beta f'(k^*) - kf'(k^*)}{1+g} > 0$$

且当 A 足够大时，

$$\frac{ds}{dA} = \frac{ds}{dk^*} \bigg/ \frac{dA}{dk^*} > 0$$

由此可以得到推论Ⅲ：

随着技术世代的更新，技术更新换代的壁垒也在上升。

由式（3－14）可知，$\lim_{A \to +\infty} k^* = +\infty$，由式（3－18）可知，$\lim_{k^* \to +\infty} s = +\infty$。[①] 则 $\lim_{A \to +\infty} s = +\infty$。随着技术效率的上升，技术更新换代的壁垒会趋向于无限大。

由式（3－20）可知式（3－21）：

---

① 根据稻田条件可以得到，$\lim_{k \to +\infty} f'(k) = 0$。

$$\frac{ds}{d\beta} = \frac{\partial s}{\partial \beta} + \frac{\partial s}{\partial k^*} \frac{dk^*}{d\beta} \tag{3-21}$$

其中，$\dfrac{\partial s}{\partial \beta} = \dfrac{f(k^*)}{1+g} > 0$，$\dfrac{\partial s}{\partial k^*} = \dfrac{\beta f'(k^*) - kf''(k^*)}{1+g} > 0$，由式（3-14）

可知，当 A 足够大时，$\dfrac{dk^*}{d\beta} > 0$。代入式（3-21）可知，$\dfrac{ds}{d\beta} > 0$。

由此可以得到推论Ⅳ：

既定收入水平下的需求异质性有利于持续性创新，不利于技术的更新换代。

综上所述，在既定技术世代的条件下，主导企业会优先选择高成本策略避免跟随企业的产品竞争。只有当跟随企业的技术效率达到一定水平 E^* 时，主导企业才会被迫选择低成本策略，技术水平 E^* 构成了跟随企业的进入壁垒，E^* 越高，追随企业进行颠覆性创新成功的概率就越低。随着技术世代的更新，技术效率的提升导致了壁垒 E^* 的上升，技术的更新换代过程将变得愈发缓慢，此外，既定收入水平下的需求异质性同样阻碍了技术更新换代过程。

3.5　需求导向的技术更新换代模型的实证分析

在这一部分，本章利用 ISTC 数据对模型中得到的推论进行实证。根据前文的分析，相比于作为一种总体现象的持续性创新，颠覆性创新是一种局部现象。因此，经济体总体的时间序列数据只能表达持续性创新的性质，相比之下，ISTC 数据在产业层面表现出的差异性可以表现颠覆性创新的性质。针对持续性创新的实证已经足够完善，这里仅考虑颠覆性创新。

在戈登（Gordon，1990）、康明斯和维奥兰特（Cummins and Violante，2002）以及萨马涅戈（Samaniego，2008）的研究中，行业的 ISTC 用该行业使用资本品的品质调整后的价格下降速度的几何加权平均，可以视为该行业采用颠覆性创新带来的效率提升。由于不同行业发生颠覆性创新的频率不同，不同行业在技术进步路径中所处的位置也不同。推论Ⅱ可以改写为引理Ⅲ与引理Ⅳ，如下所示：

引理Ⅲ：随着 ISTC 速率的上升，行业内颠覆性创新增加，技术带来的资源重新配置主要发生在企业外部；随着 ISTC 速率的下降，行业内持续性创新增加，技术带来的资源重新配置主要发生在企业内部。

引理Ⅳ：行业层面，颠覆性创新伴随着更高的劳动力成本。

为了验证这两个引理，建立计量模型如式（3-22）~式（3-24）：

$$jobin = \beta_0 + \beta_1 istc + \beta_2 scale + \varepsilon \quad (3-22)$$

$$jobout = \beta_0 + \beta_1 istc + \beta_2 scale + \varepsilon \quad (3-23)$$

$$jobin = \beta_0 + \beta_1 wage + \varepsilon \quad (3-24)$$

jobin 代表发生在企业内部的劳动力重新配置（job reallocation），jobout 代表发生在企业外部的劳动力重新配置，istc 代表行业 ISTC 速率，scale 代表企业规模的控制变量[①]，wage 代表不同行业的工资水平。jobin 和 jobout 的数据来自 Bureau of Labor Statistics 的 Business Employment Dynamics 数据，istc 数据沿用康明斯和维奥兰特（Cummins and Violante，2002）的计算方法，scale 和 wage 的数据来自 United States Census Bureau 的 Statistics of U. S. Business。其中，scale 采用了三种不同的指标：payrec 代表行业中工资占企业收入的比例、ec 代表行业新增资产的规模（2002~2021 年的加总数据）、pay20 代表企业规模在 20 人以下的企业的工资总额占所有企业的比重。由于数据的单位不同，这里一律采用对数形式。

三种资料来源都采用 NAICS 的产业分类方式，整理后得到一个包含 63 个产业的横截面数据。对式（3-22）和式（3-23）进行 OLS 回归后，得到回归结果如表 3-1 所示：

表 3-1　　　　　　　　　技术更新换代模型的显著性检验结果

变量	jobin	jobout	jobin	jobout	jobin	jobout	jobin	jobout	lnwage
istc	-0.26**	-0.03	-0.16*	-0.04	-0.49**	-0.02	-0.31**	0.01	0.69***
payrec	0.16	0.42**							
ec			-0.24**	-0.05	-0.09*	-0.03			
pay20							0.52***	0.33**	
OBS	140	140	140	140	140	140	140	140	140
R^2	0.09	0.05	0.06	0.08	0.09	0.03	0.06	0.08	0.13
F统计量	0.37	0.21	0.55	0.53	0.15	0.12	0.01	0.01	0.01

注：***、**和*分别表示1%、5%和10%的显著性水平。
资料来源：作者整理得到。

----

① 小规模企业的人员具有更大的流动性。

由表 3 - 1 可以看出，不论采用哪种控制变量，在控制企业规模后，企业外部的资源重新配置的产业间差异被消除，因此，istc 与 jobout 不存在显著的相关关系。相比之下，istc 与 jobin 有显著的负向关系。这意味着随着 ISTC 的上升，技术带来的资源重新配置发生在企业内的部分减少；更多的资源重新配置发生在企业外部，产业内的企业更多地利用颠覆性创新，引理Ⅲ得证。

由表 3 - 1 可以看出，istc 与 lnwage 呈正相关关系，颠覆性技术进步发生较多的行业工资水平也越高。由于颠覆性技术进步依赖新企业取代旧企业，在较高的工资水平下，新企业难以雇佣劳动力、扩张规模，因此，这组相关关系不存在内生性问题，引理Ⅳ得证。

3.6　本 章 小 结

理论层面，本章抛弃资本和技术的两分法，以体现型技术进步为核心概念刻画了一个以需求变动为导向的毁灭性创新增长模型：在既定的技术世代下，持续性创新导致收入差距的扩张，收入差距的扩张带来需求偏离过程，需求偏离过程为颠覆性创新创造了条件。颠覆性创新意味着新的技术世代的出现，经济增长表现为一个自发的循环过程。与以往研究不同的是，这一模型既表现出供给驱动的特征，又表现出需求导向的特征。

实证层面，借鉴 ISTC 的实证数据，验证了技术的更新换代对于生产要素积累过程的影响。其中，在既定技术世代的前期，技术进步表现为颠覆性，要素积累主要发生在企业外部；在既定技术世代的后期，技术表现为持续性，要素积累主要发生在企业外部。在新技术取代旧技术的过程中，新兴的跟随企业会选择高劳动力收入水平，取代主导企业的市场地位，发生颠覆性创新的市场劳动力收入水平更高。

作为结论，一方面，技术更新换代带来生产效率的提升，主流市场的主导企业倾向于利用高成本策略阻碍颠覆性技术进步的发生，因此，随着技术更新换代的发生，技术的更新换代速度越来越慢。另一方面，高劳动力成本和既定收入水平下的需求异质性阻碍了技术的更新换代过程。对于复杂的现代社会分工体系而言，创新的门槛变得越来越高，政府的引导以及需求的扩张在未来的创新战略中将越来越重要。

　　需求导向的技术更新换代模型为分析经济增长过程提供了新的分析视角，模型中刻画的主导企业和跟随企业之间的产品竞争可以推广到全球化分工背景下的发展中国家与发达国家的竞争，并在此基础上分析全球化分工背景下的发展中国家经济增长过程。

第4章 技术更新换代模型中的 技术世代差距

区别于主流的经济增长模型，技术更新换代模型中，企业间的竞争不仅表现为同一个市场内部的竞争，还表现为分化市场条件下的产品品质竞争。在分析这一问题之前，本书从以下两个角度验证分化市场的存在：一是技术世代差距，不同技术世代下的企业无法有效利用对方的生产设备和人力资源，故只能进行产品品质竞争，因此，技术世代差距是验证分化市场存在的重要依据；二是收入差距，带来的收入分化为不同品质的产品提供了市场机会。在此基础上，第4章和第5章将分别从测度技术世代差距和收入差距的角度入手，验证分化市场在全球化分工背景下的有效性，进而说明技术更新换代模型对于全球化分工体系的适用性。

在内生增长理论的研究框架中，全球化分工体系意味着不同国家的企业在同一个市场中的竞争（Grossman and Helpman，2014）。由于资本和技术两分法的存在，生产要素能够在企业间自由流动，不同技术世代、不同资本存量水平的企业能够在同一个市场内竞争，区别于第3章模型中的分化市场，这里将资本和技术两分法下的竞争模式称为"单一市场"竞争模式。

相比之下，在体现型技术进步的范畴中，国家间的技术差距不仅仅表现为同一技术世代下的技术存量差距，还表现为技术世代的差距。根据体现型技术进步理论以及布雷斯纳（Bresnahan et al.，2011）的研究，不同于以往的内生增长理论，要素在不同技术世代企业间的流动是有障碍的，生产率高的企业并不能以更高的效率使用低生产效率企业拥有的生产要素。因此，低生产率的企业可以通过差异化的竞争策略避免被市场淘汰，进而形成了分化的市场。企业间的竞争不再局限于单一市场的格局，而是表现为分化的市场之间的竞争——原有的国际企业竞争的逻辑不再适用。本章从上市公司价值变化出发，说明国家间的技术世代差距，为后文利用内需导向的技术更新换代模型分析全球化生产背景下发展中国家的经济增长过程提供现实依据。本章的研究内容如下：第一部分介绍技术世代差距的理论基础与方法；第二部分介绍分析技术世代差距所需要的数据和相应的计量方法；第三部分分析体现型技术进步的来源以及国内外的技术世代差距；第四部分是本章小结。

4.1 技术世代差距测度的理论基础与方法

体现型技术进步的度量可以追溯到戈登（Gordon，1990）对质量调整的耐用资本品价格的测定，之后的研究中，格林伍德等（Greenwood et al.，1997、2000）、康明斯和维奥兰特（Cummins and Violante，2002）说明了体现型技术进步（ISTC）对于经济增长的重要意义。在此基础之上，帕帕尼古拉乌（Papanikolaou，2008、2012）分析了体现型技术进步对于资本市场的影响，并利用体现型技术进步对于资本品生产企业和消费品生产企业的不同影响计算出体现型技术进步在不同企业的开发和应用情况；帕帕尼古拉乌（Papanikolaou，2011）、卡甘等（Kogan 等，2012）度量了体现型技术冲击（ISS）作为一种风险的溢价，类似的研究还有李（Li，2013）、穆拉（Moura，2022）、廖和陈（Liao and Chen，2023）等；费雪（Fisher，2006）的研究表明体现型技术冲击（ISS）很好地解释了美国微观产品市场和劳动力市场的波动；贾斯汀亚诺等（Justiniano et al.，2011）进一步说明了体现型技术冲击（ISS）对于商业周期的重要影响；马和萨马涅戈（Ma and Samaniego，2022）、穆拉（Moura，2021）则比较了体现型技术进步与中性技术进步对于经济周期的不同影响。

目前，国内研究体现型技术进步的论文并不多，宋冬林等（2011）、王林辉和董直庆（2012）以各行业固定资产投资中的设备器具投资的比例作为代理变量研究体现型技术进步，这样的处理并不能区分出设备器具投资本身包含的技术水平的差异；黄先海和刘毅群（2006，2008）将体现型技术进步分解为技术构成和技术效率，并借鉴中国工业统计数据度量了体现型技术进步。相比之下，帕帕尼古拉乌（Papanikolaou，2008、2012）的方法利用资本市场中上市公司的数据，样本量更大，可用性更强，本书借鉴这一方法对体现型技术进步进行度量，并在此基础之上分析国内外技术世代的差距。

根据帕帕尼古拉乌（2008、2012）、康明斯和维奥兰特（Cummins and Violante，2002）以及马和萨马涅戈（Ma and Samaniego，2022）的研究，体现型技术进步对资本品企业和消费品企业有不同的影响——资本品企业生产效率提升更快。对于中国而言，迅速嵌入全球化分工体系意味着消费品企业可以通过使用国外技术世代更为先进的资本品提升自身的生产效率，相应地，迅速嵌入全球化分工体系意味着资本品企业面临着国外资本品的竞争。具体而言，体现型技术进步意味着消费品企业使用更多采用新技术的资本品，间接地获得生产效率提升；相比之下，对于资本品企业而言，体现型技术进步意味着直接的效率提升，成本降低和利润提升。对体现型技术进步利用方式的不同意味着资本品企业和消费品企业从中获得的效率提升也是不同的，当企业数目足够多时，消费品企业和资本品企业价值变动的系统性差异可以作为体现型技术进步的度量依据。与帕帕尼古拉乌（Papanikolaou，2008、2012）以及马和萨马涅戈（Ma and Samaniego，2022）的研究类似，这里也采用了 IMC 资产组合表征体现型技术进步。

具体而言，由于资本品企业利用体现型技术进步的效率更高，体现型技术进步就表现为资本品企业股票收益率 r_I 与消费品企业股票收益率 r_C 的差值。借此可以构建一个卖空消费品企业股票并买入资本品企业股票的 IMC 资产组合，其收益率为 r_{IMC}。IMC 资产组合收益率 r_{IMC} 满足式（4-1）：

$$r_{IMC} = \frac{\sum_{i}^{s} r_{Ii}}{s} - \frac{\sum_{j}^{t} r_{Ij}}{t} \qquad (4-1)$$

r_{IMC} 体现了宏观层面的体现型技术进步，r_{IMC} 越高，市场中的体现型技术进步发生速率越高。具体到微观层面，资本品（消费品）企业通过直接（间接）使用体现型技术进步获得效率进步，因此使用体现型技术进步更多的上市公司的收益率变动与 IMC 资产组合的收益率变动相关性越强。在此基础之上，可以分析个股收益率变动与 IMC 资产组合收益率变动之间的相关性，进而得到微观层面上市公司对体现型技术进步的使用情况（即上市公司个体的体现型技术进步速率），如式（4-2）所示：

$$r_{jt} = \alpha + \beta_j \times r_{IMC} + \varepsilon_j \qquad (4-2)$$

其中，r_j 代表个股收益率，β 代表个股收益率变动与 IMC 资产组合收益率变动之间的敏感性，同时也是上市公司对体现型技术进步的使用情况（即上市公司个体的体现型技术进步速率）。

4.2　数据和处理方法

上市公司的数据取自国泰安数据库，数据的获取和处理主要分为两个部分：IMC 资产组合的构建，个股 β 值的获得。

4.2.1 IMC 资产组合的构建

构建 IMC 资产组合需要将上市公司区分为资本品生产企业、消费品生产企业以及原材料生产企业，并且利用资本品生产企业和消费品生产企业构建 IMC 资产组合，相应地，目标行业被分为资本品行业、消费品行业和原材料行业。目前国内流行的针对上市公司的行业分类主要有四种：申万行业分类、证监会标准行业分类、国证指数行业分类以及 Wind 行业分类，其中申万行业分类和证监会标准行业分类基本一致，都是根据生产技术对企业进行区分，国证指数行业分类和 Wind 行业分类基本一致，都是从需求领域对企业进行区分，这里采用证监会行业分类和国证指数行业分类。

国证指数行业分类自 2015 年 5 月开始实行，根据最新 2019 年的版本将上市公司分为 11 个大类：能源、原材料、工业、可选消费、主要消费、医药卫生、金融、信息技术、电信业务、公用事业、房地产。其中，工业又可以细分为航天航空、建筑产品、电气部件与设备、重型电气设备、通用机械、专用设备、工业集团企业、建筑与工程、工业贸易经销商、商业用品与服务、物流、航空运输、水上运输、陆运、交通基本设施，剔除其中的建筑产品、建筑与工程可以得到工业中的资本品企业。类似地，电信业务亦可细分为电信运营、电信增值服务、通信设备，其中电信运营和电信增值服务属于消费品行业，通信设备属于资本品行业。具体资本品行业、消费品行业、原材料行业与国证指数行业分类的对照见表 4 - 1：

表 4 - 1   目标行业分类与国证指数行业分类对照表

目标行业分类	国证指数行业分类
消费品行业	可选消费
	主要消费
	公用事业
	医药卫生
资本品行业	工业
	信息技术
	电信业务

续表

目标行业分类	国证指数行业分类
原材料行业①	能源
	原材料

资料来源：作者整理，剔除了金融和房地产。

注：①本书仅仅列出原材料行业所属企业，这些企业并不参与 IMC 资产组合的计算，另外，建筑企业因其兼具消费和投资的特点而被剔除。

　　国证指数行业分类虽然能够很好地区分消费品企业和资本品企业，但是仅有 2015 年 5 月以来的上市公司数据，相比之下，体现型技术进步并非一个一蹴而就的过程，而是在抛弃已有生产条件的基础上另立炉灶，需要长时间的技术研发积累，因此，应当在较长的时间段内看待基于体现型技术进步的企业间个体差异 β。此外，根据费雪（Fisher，2006）、贾斯汀亚诺等（Justiniano et al.，2011）的研究，体现型技术进步带来技术更新换代的同时也带来了商业周期波动，对 β 的考察不应跨越经济周期，故国证指数行业分类的时间跨度并不能满足本书的研究要求，这里将借用证监会标准行业分类对其进行修正。

　　证监会标准行业分类从 2012 年开始，每隔一个季度发布一次，将上市公司按照生产技术分为农林木副渔业，采矿业，制造业，电力、热力、燃气及水的生产和供应业，建筑业，批发和零售业，交通、运输、仓储和邮政业，住宿和餐饮业，信息传输、软件和信息技术服务业，金融业，房地产业，租赁和商务服务业，科学研究和技术服务业，水利、环境和公共设施管理业，卫生和社会工作，文化、体育和娱乐业，综合类等行业，并进一步细分为 75 个行业门类。通过这一分类并不能区分出消费品企业和资本品企业，但是利用证监会的标准分类可以剔除主营业务发生重大变化的企业，进而提升数据的准确性。

　　这里的主营业务的重大变化是指上市公司的目标行业分类（消费品企业、资本品企业、原材料企业）发生变化，虽然证监会标准行业分类的变化并不等于目标行业分类的变化，但是由于证监会标准行业分类部门更多，可以近似地认为当证监会行业分类标准下上市公司主营业务未发生变化时，目标行业分类标准下上市公司主营业务也没有发生变化。当证监会行业分类标准下上市公司主营业务发生变化时，并不能确定目标行业分类标准下上市公司主营业务是否发生变化。为了解决这一问题，首先将证监会标准行业分类与目标行业分类进行匹配①，匹配结果见表 4 - 2：

表 4 - 2   证监会标准行业分类与目标行业分类匹配

证监会标准分类	国证指数行业分类	目标行业分类
农业	消费	消费品行业
林业	原材料	原材料行业
畜牧业	消费	消费品行业
渔业	消费	消费品行业
农、林、牧、渔服务业	未知	未知
煤炭开采和洗选业	能源	原材料行业
石油和天然气开采业	能源	原材料行业
黑色金属矿采选业	原材料	原材料行业
有色金属矿采选业	原材料	原材料行业
开采辅助活动	原材料	原材料行业
农副食品加工业	主要消费	消费品行业
食品制造业	主要消费	消费品行业
酒、饮料和精制茶制造业	主要消费	消费品行业
纺织业	可选消费	消费品行业
纺织服装、服饰业	可选消费	消费品行业
皮革、毛皮、羽毛及其制品和制鞋业	可选消费	消费品行业
木材加工及木、竹、藤、棕、草制品业	可选消费	消费品行业
家具制造业	可选消费	消费品行业
造纸及纸制品业	未知	未知
印刷和记录媒介复制业	未知	未知
文教、工美、体育和娱乐用品制造业	可选消费	消费品行业
石油加工、炼焦及核燃料加工业	能源	原材料行业
化学原料及化学制品制造业	原材料	原材料行业
医药制造业	医药卫生	消费品行业

---

① 这里的行业匹配依据证监会的分类标准和国证指数的行业分类标准，对于不能确定的行业，用未知标注。

续表

证监会标准分类	国证指数行业分类	目标行业分类
化学纤维制造业	原材料	原材料行业
橡胶和塑料制品业	原材料	原材料行业
非金属矿物制品业	原材料	原材料行业
黑色金属冶炼及压延加工业	原材料	原材料行业
有色金属冶炼和压延加工业	原材料	原材料行业
金属制品业	未知	未知
通用设备制造业	工业①	资本品行业
专用设备制造业	工业	资本品行业
汽车制造业	未知	未知
铁路、船舶、航空航天和其他运输设备制造业	工业	资本品行业
电气机械及器材制造业	工业	资本品行业
计算机、通信和其他电子设备制造业	工业	资本品行业
仪器仪表制造业	工业	资本品行业
其他制造业	未知	未知
废弃资源综合利用业	未知	未知
电力、热力生产和供应业	公共事业	消费品行业
燃气生产和供应业	公共事业	消费品行业
水的生产和供应业	公共事业	消费品行业
土木工程建筑业	工业（建筑产品、建筑工程）	资本品行业
建筑安装业	工业（建筑产品、建筑工程）	资本品行业
建筑装饰和其他建筑业	工业（建筑产品、建筑工程）	资本品行业
批发业	未知	未知
零售业	未知	未知
铁路运输业	工业	资本品行业
道路运输业	工业	资本品行业

续表

证监会标准分类	国证指数行业分类	目标行业分类
水上运输业	工业	资本品行业
航空运输业	工业	资本品行业
装卸搬运和运输代理业	工业	资本品行业
仓储业	工业	资本品行业
住宿业	可选消费	消费品行业
餐饮业	可选消费	消费品行业
电信、广播电视和卫星传输服务	未知	未知
互联网和相关服务	信息技术	资本品行业
软件和信息技术服务业	信息技术	资本品行业
货币金融服务	金融	被剔除
资本市场服务	金融	被剔除
保险业	金融	被剔除
其他金融业	金融	被剔除
房地产业	房地产	被剔除
租赁业	未知	未知
商务服务业	未知	未知
研究和试验发展	未知	未知
专业技术服务业	未知	未知
生态保护和环境治理业	公共事业	消费品行业
公共设施管理业	公共事业	消费品行业
教育	可选消费	消费品行业
卫生	医药卫生	消费品行业
新闻和出版业	可选消费	消费品行业
广播、电视、电影和影视录音制作业	可选消费	消费品行业
文化艺术业	可选消费	消费品行业
综合	未知	未知

资料来源：作者整理。
注：①这里的工业是指剔除建筑产品和建筑工程以后的工业。

由于证监会行业分类部门更多，很多上市公司的主营业务在证监会行业分类的标准下发生变化，但是在目标行业分类的标准下并未发生变化，这些上市公司仍然被视为主营业务稳定的上市公司。其他的上市公司并不能确定其主营业务变化情况，为了保证数据质量，只能将这些企业剔除。自此，可以得到在目标行业分类标准下所有主营业务稳定的上市公司目录①。

根据式（4-1），可以得到 IMC 资产组合的收益率。由于证监会的行业分类从 2012 年开始，这里仅采用 2012～2022 年的个股周收益率②。

根据图 4-1 可以看出，IMC 资产组合收益率短期波动剧烈，但是根据季度平均的趋势线可以看出 IMC 资产组合收益率有明显的长期趋势——在2012 年初至 2014 年底表现出明显的上涨趋势，在 2015 年初至 2020 年底表现出明显的下降趋势（见图 4-1），由于资本市场的短期波动受到市场供求关系的影响较大，IMC 的长期趋势比短期趋势更能反映出体现型技术进步的变化，因此这里不再进行时间序列的分析，将重点放在上市公司截面数据的分析。

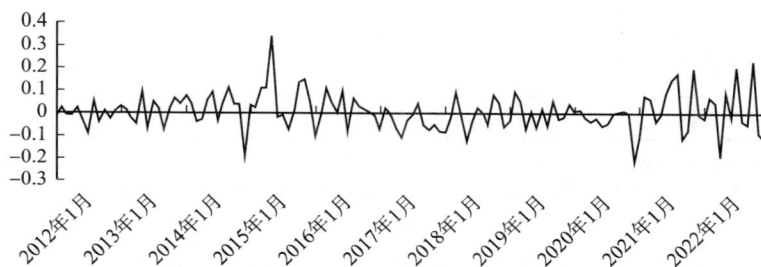

图 4-1　IMC 资产组合收益率（2012～2022 年）

资料来源：在国泰安数据库的基础上，经作者整理得到。

4.2.2　个股 β 值

根据式（4-2），将个股数据与 IMC 资产组合数据进行 OLS 回归，可以得到上市公司个体的体现型技术进步速率——β。

由表 4-3 可以看出，由于消费品企业只能间接地使用体现型技术进步，因此 β 值偏低，相比之下，能够直接使用体现型技术进步的资本品企业具有更高的 β 值。但是，公共事业企业和电信服务企业作为明显的消费品企

---

① 由于证监会标准行业分类并非目标行业分类的子分类，因此存在证监会标准行业分类标准下主营业务不变，但目标行业分类主营业务标准下主营业务发生变化的上市公司。

② 因此在后面的分析中都是采用年报数据，而 2015 年的年报尚未公布，这里忽略 2015 年的个股收益率数据。

业却有较高的 β 值，这样的结果是由于公共事业企业和电信服务企业利用国外高技术资本品，后文将对这一现象进行更详细的论述。

表 4 – 3   不同行业体现型技术进步的使用情况

行业领域	行业品平均 β_j	厂商数目
主要消费	0.007213	202
医药卫生	0.010974	191
能源	0.020222	76
可选消费	0.004499	456
原材料	0.011428	500
电信设备	0.018482	82
信息技术	0.007198	336
能源设备	0.008988	19
工业品	0.017609	620
公共事业	0.031231	90
电信服务	0.030543	10

资料来源：根据国泰安上市公司数据计算得到，这里忽略了金融地产行业以及工业品中的建筑产品和建筑工程，能源行业具体细分为能源和能源设备，电信行业具体细分为电信设备和电信服务。

由于 IMC 资产组合的构建采用资本品企业收益率减消费品企业收益率的方式，只要资本品企业和消费品企业的收益率出现系统性的差异，资本品企业的 β 值一定高于消费品企业的 β 值，因此在后面的实证分析中，不只考虑资本品企业和消费品企业的差异，还针对资本品企业（消费品企业）内部的差异进行实证[①]。

4.3 技术世代差距的影响因素

根据前文的分析，体现型技术进步可以来源于企业内部的研发投入，也可以源于新兴企业的成长，还可以源于对企业外部新兴技术的利用。这

---

① 在帕帕尼古拉乌（Papanikolaou，2007、2011）以及其他相关研究中，并未将资本品企业和消费品企业分开进行回归，这样不加区分的处理更多地表现了资本品企业和消费品企业的性质差异，而不是对体现型技术的不同使用带来的性质差异。

里分别考虑 β 值与研发投入、企业发展能力以及进出口之间的关系。

4.3.1　β 值与研发投入

根据帕帕尼古拉乌（Papanikolaou，2008、2012）的研究，体现型技术进步需要研发投入的支持，相应地，β 值越高的企业，研发投入占收入的比例也越高。考虑到中国的特殊性，体现型技术进步不仅可以通过研发投入实现，也可以通过参与国际分工，获得国外先进技术设备实现，因此，可能存在随着研发投入的上升，研发投入与 β 值之间的关系越稳定的现象。对研发投入①和 β 值进行回归，检查并不存在异方差问题，研发投入和 β 值正相关，t 检验在 10% 的标准下显著。

以上结果仅关注了资本品企业和消费品企业的差异，进一步地，考虑资本品企业（消费品企业）之间的研发和技术差异可以发现：无论是在资本品企业内部还是在消费品企业内部，研发投入和 β 值之间的关系都不显著（见表 4-4）。研发投入与 β 值之间的正相关关系是由于资本品企业的高研发投入造成的，但是具体到资本品企业（消费品企业）内部，研发投入的上升并不能带来 β 值的上升。

表 4-4　　　　　　β 值与研发投入（自变量）的一元回归结果

项目	贝塔值（所有企业）	贝塔值（资本品企业）	贝塔值（消费品企业）
	OLS	OLS	OLS
样本量	509	314	194
研发投入	0.071	0.009	0.025
t 值	1.97 **	0.57	0.65
R	0.0121	0.0009	0.0025
F	0.0802	0.4538	0.4419

资料来源：在国泰安上市公司数据的基础上，经作者整理得到。

4.3.2　β 值与发展能力

根据帕帕尼古拉乌（2008、2012）的研究，体现型技术进步的研发和

---

① 　这里的研发投入是指研发投入和收入的比值。

使用主要集中在发刚起步的新兴企业，因此，体现型技术进步速率快的企业具有高估值、低杠杆、高成长性的特征。

但是中国的情况有所不同，根据表4-5可知：一方面，无论是资本品企业还是消费品企业，体现型技术进步（β值）都与企业的固定资产增长率以及收入增长率无关。这样的结果很大程度上是因为没有考虑到企业发展相对技术进步的滞后性，从企业研发投入取得进展到成熟的商品、商业模式的出现需要长时间的积累和摸索，因此采用滞后的固定资产增长率（收入增长率）能够更好地反映出企业的成长性。但是，根据前文的分析，β值的计算依赖于IMC资产组合收益率的样本量，故不能选择太短的时间样本。由此，资产增长率（收入增长率）的数据仅剩下2015~2022年可用，这样的数据结构大大限制了利用滞后期数据进行分析的可行性。为了解决这一问题，这里选用企业的企业价值倍数和经营杠杆表征企业的发展潜力，通过表4-5可以看出，就所有企业而言，β值越高的企业，企业价值倍数越高，经营杠杆越低。具体来看，这样的稳定关系仅限于资本品企业，对于消费品企业而言，体现型技术进步虽然能够带来企业盈利能力的提升，但消费品企业并不存在β值与企业成长性之间的稳定关系。

表4-5　　　　β值（自变量）与企业发展指标的一元回归结果[①]

	样本量	固定资产增长率	收入增长率	经营杠杆	企业价值倍数	t 值	R	F
贝塔值	1999	-0.0087				-0.98	0.0041	0.1624
贝塔值1	1051	-0.0113				-1.25	0.0032	0.1896
贝塔值2	944	-0.0014				-0.32	0.0012	0.0410
贝塔值	1999		-1.56			-1.84 *	0.0028	0.0350
贝塔值1	1051		-1.00			-0.65	0.0036	0.1439
贝塔值2	944		0.32			0.89	0	0.0411
贝塔值	1685			-0.013		-1.98 **	0.0012	0.2626
贝塔值1	1040			-0.069		-2.89 ***	0.0150	0.0186
贝塔值2	643			0.009		0.32	0.0064	0.1310

---

　　① 这里的贝塔值指的是所有企业的β值，贝塔值1指的是资本品企业的β值，贝塔值2指的是消费品企业的β值。

续表

	样本量	固定资产增长率	收入增长率	经营杠杆	企业价值倍数	t 值	R	F
贝塔值	1685				−2.67e−06	−1.12	0.0044	0.0587
贝塔值1	1040				3.89e−05	2.68**	0.008	0.0157
贝塔值2	643				−8.29e−06	−0.09	0.010	0.3589

资料来源：在国泰安上市公司数据的基础上，经作者整理得到。

技术更新换代的过程既包括企业内部的技术更新换代，即企业选择更先进的技术世代；也包括企业外部的技术更新换代，即更先进的企业成长更快。但是在中国，先进的技术世代并没有为消费品企业带来高成长性的特征。对于技术水平落后于国外的中国企业而言，消费品企业可以通过利用国外进口的高技术设备迅速获得盈利，但是这种盈利并不能带来消费品企业自主研发能力的提升，因而体现型技术进步并不能为消费品企业带来成长性。

4.3.3　β值与进出口

在前文的分析中，在中国的资本市场中，消费品企业对体现型技术进步的利用既可以通过使用国内的资本品也可以通过使用国外的资本品，如果国外资本品的技术世代更加先进，那么参与国际分工更多的消费品企业会拥有更高的 β 值。对于资本品企业而言，考虑到高生产率的国外资本品与国内企业竞争时，资本品企业的发展会受到抑制——参与国际分工的资本品企业将集中在 β 值较低的生产环节。通过比较消费品企业和资本品企业在进出口业务中的不同性质能够验证国内外体现型技术进步水平的差距。

这里只能用上市公司的出口数据表征企业参与国际分工的程度。上市公司的出口数据来自国泰安数据库中的销售数据，计算后可以得到上市公司出口业务在销售收入中的比重。

由表4-6可知，在中国的消费品企业中，出口比重越高的企业，企业的 β 值也越高，这意味着出口企业在进入国际市场后能够采用国外技术水平更高的资本品，进而提高生产效率。相比之下，中国的资本品企业在进入国际市场后会受到来自国外高技术资本品企业的竞争。作为一个发展中国家，为了发挥自身的比较优势，中国的资本品企业会更多集中到技术含量低的生产环节，因此，随着出口比重的提升，中国的资本品企业的 β 值下降。这一结果也验证了国内外的技术世代差距。

表4-6   β值（自变量）与出口的一元回归结果

项目	贝塔值（所有企业）	贝塔值（资本品企业）	贝塔值（消费品企业）
	OLS	OLS	OLS
样本量	1510	786	720
出口比重	− 29. 36	− 110. 39	35. 22
t 值	− 0. 56	− 3. 56 ***	2. 08 **
R	0. 00	0. 02	0. 02
F	0. 56	0. 01	0. 09

资料来源：在国泰安上市公司数据的基础上，经作者整理得到。

4.4 本章小结

沿着帕帕尼古拉乌（2008、2012）的研究思路，利用国泰安数据库中的上市公司数据，本章构建了表征体现型技术进步的 IMC 资产组合，并利用上市公司收益率与 IMC 资产组合收益率的相关性计算出每个上市公司体现型技术水平 β。结合上市公司的进出口数据和其他财务数据可以发现中国的体现型技术进步的两个特点：一方面，中国的消费品企业对体现型技术进步的利用效率低，较少参与体现型技术进步的研发过程；另一方面，相比于发达国家，中国的体现型技术进步世代相对落后，因此参与出口的消费品企业可以通过进口发达国家的先进设备提升自身的体现型技术水平，参与出口的资本品企业在国际竞争逐渐集中到技术含量低的生产环节，体现型技术水平逐渐下降。

由于发达国家和发展中国家之间技术世代差距的存在，发展中国家企业与发达国家企业之间的竞争并不是在"单一市场"条件下发生的，用分化市场的假设去刻画发达国家与发展中国家之间的关系更接近现实。本书的第 5 章将利用内需导向的技术更新换代模型分析全球化分工背景下发展中国家的经济增长过程。

第5章　技术更新换代模型中的收入差距

在技术更新换代模型中，技术更新换代的驱动力在于收入差距带来的市场分化，在全球化的过程中，国际贸易，尤其是以价值链为组织方式的产品内贸易，将发达国家和发展中国家联系在一起，在这一过程中，如果发展中国家与发达国家可贸易部门的收入差距如果不能随之缩小，根据第2章的研究，相应的市场分化将会为技术的更新换代提供条件。相比于技术世代差异带来的市场分化，收入差距带来的市场分化可以被理解为需求层面的市场分化。

国际贸易，尤其是产品内贸易的发展意味着生产一体化的过程，而发展中国家与发达国家可贸易部门的收入差距缩小则意味着市场一体化的过程，因此，需求层面的市场分化等同于市场一体化过程落后于生产一体化过程，即发展中国家与发达国家可贸易部门的收入差距没有随着全球化分工体系的扩张而缩小。本书的研究也是从这一点出发，研究是否存在市场一体化落后于生产一体化的现象。

究其来源，一国的收入可以归结为生产要素积累的数量与效率，本章从国际贸易对于生产要素积累的影响出发，利用WIOD的投入产出数据和欧盟经济增长核算数据库（European Union levels of capital, labour, energy, material and service inputs database，简称 EU KLEMS）的经济增长相关数据，验证了市场一体化过程落后于生产一体化过程的现象，为后文利用内需导向的技术更新换代模型分析全球化生产背景下发展中国家的经济增长过程打下基础。囿于 WIOD 数据的限制，本书使用 1995~2014 年的数据进行实证。虽然数据不是最新，但依然具有很强的借鉴意义。一方面，中国嵌入GVC 实现经济快速发展的基本逻辑并没有发生变化，在国内大循环为主体、国内国际双循环相互促进的新发展格局下，高水平的对外开放依然是中国经济发展的重要组成部分。在此基础上，我国逐步提升对外开放的广度和深度，不断改善贸易、投资、金融等领域对外合作的监管体系和政策工具，但市场一体化过程落后于生产一体化过程的现象仍然存在，依然是制约我国高质量发展的因素之一。另一方面，市场一体化过程与生产一体化过程的演变过程是极其漫长的过程，不会轻易出现结构性变动。2014 年以前的数据虽然距离现在有 10 年之久，但是依然能够说明中国经济当下存在的问题。

5.1　市场分化与经济收敛

长期以来，国家间收入差距是否收敛的问题受到了学界的广泛关注，其理论渊源可以追溯到巴罗和萨拉－伊－马丁（Barro and Sala－i－Martin，1992）以及曼昆等（Mankiw et al.，1992）。通常认为：发展中国家与发达国家的收入差距会缩小，但前提是发展中国家在文化、制度等方面要满足一些条件才行。巴罗（Barro，2012）认为国家间的收入差距缓慢地在以每年 2% 的速率收敛，并将这一规律称为"经济收敛的铁律"（iron law of convergence）。类似的结论也出现在约翰逊和帕帕格乔乌（Johnson and Papageorgiou，2020）、克莱默等（Kremer et al.，2022）的研究中。在此基础之上，大量的研究试图说明怎样的条件会影响经济收敛过程。纳克和基佛（Knack and Keefer，1995）、哈尔和琼斯（Hall and Jones，1999）、阿西莫格鲁等（Acemoglu et al.，2001、2002）认为一套有效的产权保护制度是发展中国家追赶发达国家的必备条件；威廉姆森（Williamson，2009）则认为非正式制度（比如信任）对正式制度的建立有非常重要的促进作用；克莱默等（Kremer et al.，2022）综合考虑了人力资本、制度、文化等因素对于收入差距收敛进程的影响。但经济学家们和政策制定者并不了解如何将这些制度移植到发展中国家以促进它们的经济增长（Sobel and Coyne，2011；Hitt et al.，2021）。这些研究都是建立在新古典增长理论的基础之上进行的"验证"而非"研究"。

相比之下，本章在全球化分工背景下，着重分析了参与国际分工对于国家间收入差距的影响。在这一领域，相关的文献主要有传统的国际贸易理论、产品内分工理论以及价值链理论，其中，价值链理论是本章主要借鉴的理论研究。

传统的国际贸易理论分析了竞争优势决定的国际贸易格局。H－O 理论在忽略技术差距的前提下将优势的概念拓展到要素层面——要素禀赋影响要素价格，进而影响一国的出口结构。在此基础之上瓦内克（Vanek，

1968）将 H－O 模型的假定扩展为多国、多产品，构建了更具一般性的 H－O－V 模型。在放松了各国要素生产率一致的假定之后，这一模型也在利莫尔（Leamer，1984）、特雷夫莱（Trefler，1995）、芬斯特拉和泰勒（2008）的研究中证明了其有效性。

　　基于全球一体化和垂直专业化趋势的发展，胡梅尔斯等（Hummels et al.，2001）、易（Yi，2003）说明了产品内分工在国际贸易中的地位，产品内分工理论（Grossman and Rossi－Hansburg，2008；Markusen and Venables，2007；Baldwin and Robert－Nicoud，2014）将这种竞争优势从要素禀赋决定的产品生产上的优势细化到某个生产环节决定的产品生产优势，并分析了垂直专业化趋势如何影响国家或地区的生产率（Constantinescu et al.，2019；Pahl and Timmer，2020）。

　　在这些研究中，国家的竞争优势表现为外生的、静态的要素禀赋优势与技术优势，进而影响国际贸易格局，国际贸易的发展带来了既定竞争优势下生产分工的深化。相比之下，波特（Porter，1990）从管理学的角度提出了一国打造竞争优势的可能性，在此基础之上，GVC 理论关注了企业、行业甚至国家在价值链中分配地位的变化，认为 GVC 的参与对于发展中国家的企业是一个很好的学习机会，它能够带来发展中国家企业整体的价值链升级（Gereffi，2001；Gereffiet，2005；Kaplinsky and Morris，2001；Kaplinsky，2000；Humphrey and Schmitz，2002；Constantinescu et al.，2019；Pahl and Timmer，2020；Ndubuisi and Owusu，2021）。在这一过程中，企业、行业或者国家的竞争优势具有了内生性，从而处于动态演变的过程中，这意味着贸易活动带来一个企业或者国家对国际分工体系的参与，可以改变已有的竞争优势分布格局，"价值链俘获"可以转化为"价值链升级"，从而实现一国经济增长的转型。

　　以中国为代表的发展中国家参与价值链分工环节，主要依赖廉价劳动力、土地等要素禀赋决定的低产品价格形成的竞争优势，以应对发达国家基于高要素利用效率和高素质劳动力等要素决定的竞争优势。对于发展中国家而言，除劳动力外的要素禀赋和要素生产效率均低于发达国家，摆脱价值链俘获从而实现竞争优势的转型，意味着发展中国家的企业要进入更多高技术环节，并获得更高生产效率。因此，发展中国家的要素积累过程本身就包含了生产效率提升的要素升级过程。

　　价值链生产环节依据攫取价值能力的强弱分为高价值环节和低价值环节，但是高价值环节不等同于高技术环节。刘志彪和张杰（2009）认为，低附加值环节的企业虽然采用了大量进口发达国家的技术和机器设备，但是由于技术上的依赖性，并不能攫取生产环节上的全部价值，仍然表现出价值链低端的特征。朱利安尼等（Giuliani et al.，2005）、拜尔和彼得斯（Bair and Peters，2006）等的研究认为，借助于 GVC 的代工体系有助于发展中国家实现起飞或低端阶段的工业化进程，但是在进行到高端工业化进程中，却广泛地出现了被"俘获"现象。国内学者对中国经验的研究也证明了存在中国被价值链低端锁定，从而处于价值链俘获状态（刘志彪和张杰，2009；卓越和张珉，2008；周勤和周绍东，2009；文婧和张生丛，2009；张杰和刘志彪，2008；陈爱贞和刘志彪，2011；胡大立等，2011；胡峰等，2021；陈雯等，2023）。"价值链俘获"现象的存在意味着：在价值链低端企业的升级过程中，高技术环节仅仅是高价值环节的必要条件，企业的要素积累升级过程与价值攫取可能是不一致的——竞争优势的构建过程可以分成两个阶段：要素积累升级阶段与要素利用效率[①]提升阶段。

竞争优势构建的阶段性意味着发展中国家的经济增长过程也存在阶段性的特征。亚洲新兴经济体的发展经验表明，起飞阶段的经济增长主要依赖要素的积累而非要素的升级（Krugman，1992；Kim and Lau，1994）。加洛尔（Galor，2011）在总结了近代欧美以及其他后发国家的经济增长过程后，认为经济体的长期增长过程经历三个阶段：阶段 1，人均收入停滞的马尔萨斯阶段；阶段 2，工业化和城镇化为特征的后马尔萨斯阶段（要素积累升级阶段）；阶段 3，技术进步主导的持续增长阶段（要素利用效率提升阶段）。经历快速工业化和城镇化过程的新兴经济体，经济增长过程的阶段特征更加明显，要素的利用、要素禀赋的升级积累和要素利用效率的提高是呈现阶段性的。在发展中国家构建竞争优势的赶超过程中，可能存在基于要素利用实现的经济增长基础上，先要素存量收敛，后要素利用效率收敛的特征。

将要素积累升级过程与要素生产效率的增长过程分离开来，则经济体之间的收敛过程有四种可能：一是要素存量和要素利用效率均不收敛，对应上文的阶段 1；二是要素存量收敛，要素利用效率不收敛，对应阶段 2；三是要素利用效率收敛，要素存量不收敛，对应阶段 3；四是要素存量和要素利用效率均收敛，对应传统的国际贸易理论（见表 5 - 1）。

---

① 这里的要素利用效率指的是在价值链生产条件下，企业的价值攫取能力超过其技术能力的部分。

表 5－1　　　　　　　　　　　　经济收敛的四种情况

要素利用效率	要素存量	
	收敛	非收敛
收敛	传统贸易理论	阶段 3
非收敛	阶段 2	阶段 1

资料来源：经作者整理得到。

在后面的研究中，依据对竞争优势的不同影响，国际贸易活动被分为利用已有竞争优势的分工模式和改变已有竞争优势的转移模式。对于发展中国家而言，分工模式意味着基于已有要素禀赋参与国际分工，并实现了资源的动员和利用。相比之下，转移模式意味着价值链嵌入带来了禀赋升级转型和竞争优势的构建，但是在这一过程中，可能存在由于技术上的依赖性带来的要素利用效率低的特征。在此基础之上，本章从国际贸易对于竞争优势的影响出发，在增加值贸易的核算口径下，利用 WIOD 和 EU KL-EMS 的数据分析了国际贸易对于贸易伙伴间的经济增长过程收敛性的影响，并在此基础之上验证了市场一体化过程落后于生产一体化过程的现象，为后文全球背景下的技术更新换代模型提供了理论基础。

5.2　理论基础

依据对竞争优势的不同影响，国际贸易活动被分为利用已有竞争优势的分工模式和改变已有竞争优势的转移模式。在已有竞争优势前提下的分工模式并没有改变一国的要素积累升级过程或者要素利用效率，对于发展中国家而言，分工模式意味着阶段 1。相比之下，转移模式下，发达国家的技术转移虽然带来了要素利用效率的下降，但是也带来了要素的积累升级，对于发展中国家而言，转移模式意味着阶段 2，并且为阶段 3 中的经济增长打下了基础。

分工模式：基于已有要素禀赋参与国际分工体的结果是实现了资源的动员和利用，实现了对外生给定技术的利用（不考虑技术进步的可能性），从而实现基于禀赋利用基础上的增长，这种增长因禀赋局限而难以实现增长收敛。

随着垂直专业化分工的发展，由于生产环节的可分离特征，人力资本密集的研发环节、物质资本密集的核心加工环节、劳动力密集的组装加工环节分别在不同的国家和地区进行。本章将这样的贸易模式称为分工模式。一方面，国际贸易使得一国更依赖自身的竞争优势。对于发展中国家而言，竞争优势的发挥仅意味着垂直专业化分工的参与程度增加（劳动力数量的增加），而非人力资本、物质资本的积累升级。另一方面，在这一模式下，各环节都发挥了自身的竞争优势，不存在技术上的相互依赖，要素利用效率差距不变。

由于垂直专业化分工参与程度不可能无限制地提升，分工模式是不可持续的。当发展中国家的可贸易部门扩张停止时，发达国家会选择新的国家和地区构建价值链。分工模式下，随着垂直专业化分工参与程度的上升，一方面，贸易部门在经济体中的比重上升，人力资本、物质资本积累升级过程愈加集中；另一方面，分工模式仅仅是在既定要素禀赋基础上进行，并不影响各环节的要素利用效率。

在分工模式下，人力资本、物质资本积累升级过程发散，各国间的要素利用效率增长过程独立，发展中国家并不能改变自身依赖廉价劳动力、土地等要素禀赋决定的低产品价格形成的竞争优势，相反地，贸易的扩张增加了发展中国家对该竞争优势的依赖。

转移模式：价值链嵌入带来了禀赋升级转型，这一过程依然是外生的，存在价值链俘获现象，要素的生产效率并非得到相应的提升。

价值链的主导企业亦可以打破了既定的要素禀赋基础，将更多的生产环节转移到发展中国家，本章将这种贸易结构的动态变化称为转移模式。在转移模式下，价值链的主导厂商利用资本和技术优势整合发展中国家的资源，发展中国家得以实现人力资本、物质资本的积累升级。但是由于发展中国家的技术依赖性，要素利用效率并未提高，要素积累升级过程中的收益大部分被价值链的主导企业获得。在转移模式下，发展中国家逐渐实现要素禀赋升级，但是由于技术上的依赖性，发展中国家的企业虽然进入了高技术生产环节，却没有像价值链主导企业一样获得这一生产环节的附加价值。因此，发展中国家存在积累升级过程，各国间的要素利用效率差距越来越大。

在实证分析中，全要素生产率既取决于生产环节的技术水平，也取决于要素利用效率。随着贸易伙伴间收入差距的扩大，一方面，国际分工中的技术依赖性会越来越明显，相应地，全要素生产率更多地受要素利用效率的影响；另一方面，要素的积累过程中要素升级的特征会越来越明显。

因此，这里仅考虑发展中国家与发达国家之间的贸易，并用全要素生产率表征要素利用效率，用要素存量表征要素的积累升级过程。

为了简化分析，这里只考虑两个国家：发达国家与发展中国家，分别以下标 ed 和 ing 标示。每个国家以其贸易对象为收敛参照系，以经济收敛模型（Mankiw et al.，1990；Nerlove，2000；Barro and Sala – i – Martin，1992；Rodrik，2012；Barro，2012）为蓝本，在不同的贸易模式下，理论模型可以表达为式（5 – 1）~ 式（5 – 6）：

$$\Delta A_{ed} - \Delta A_{ing} = a_{10} + a_{11}(A_{ed} - A_{ing}) + a_{12}D_{ed} + a_{13}T_{ed} \qquad (5-1)$$

$$\Delta k_{ed} - \Delta k_{ing} = a_{20} + a_{21}(k_{ed} - k_{ing}) + a_{22}D_{ed} + a_{23}T_{ed} \qquad (5-2)$$

$$\Delta h_{ed} - \Delta h_{ing} = a_{30} + a_{31}(h_{ed} - h_{ing}) + a_{32}D_{ed} + a_{33}T_{ed} \qquad (5-3)$$

$$\Delta A_{ing} - \Delta A_{ed} = a_{40} + a_{41}(A_{ed} - A_{ing}) + a_{42}D_{ing} + a_{43}T_{ing} \qquad (5-4)$$

$$\Delta k_{ing} - \Delta k_{ed} = a_{50} + a_{51}(k_{ed} - k_{ing}) + a_{52}D_{ing} + a_{53}T_{ing} \qquad (5-5)$$

$$\Delta h_{ing} - \Delta h_{ed} = a_{60} + a_{61}(h_{ed} - h_{ing}) + a_{62}D_{ing} + a_{63}T_{ing} \qquad (5-6)$$

其中，A_{ed} 和 A_{ing} 分别代表了发达国家和发展中国家的要素利用效率，h_{ed} 和 h_{ing} 分别代表了发达国家和发展中国家的人力资本禀赋，k_{ed} 和 k_{ing} 分别代表了发达国家和发展中国家的物质资本禀赋，相应地，第二列系数 a_{11} ~ a_{61} 代表经济收敛的速度，第三列系数 a_{12} ~ a_{62} 代表分工机制对于经济收敛的影响，第四列系数 a_{13} ~ a_{63} 代表转移机制对于经济收敛的影响。根据前文的分析可以得到以下三个假设：

假设Ⅰ：不考虑贸易结构变动的前提下，贸易模式以分工模式为主，则 $a_{11} = a_{41} = 0$；$a_{21} = a_{51} > 0$；$a_{31} = a_{61} < 0$。

假设Ⅱ：对于价值链参与国家而言，分工模式的扩张不会带来发展中国家的积累升级过程，亦不会改变各国间的要素利用效率差距。即 $a_{12} = a_{42} = 0$；$a_{32} > 0$、$a_{22} > 0$、$a_{52} < 0$、$a_{62} < 0$。

假设Ⅲ：转移模式的扩张意味着发展中国家的积累升级过程，以及各国间的要素利用效率差距的缩小，即 $a_{13} > 0$、$a_{43} < 0$、$a_{23} < 0$、$a_{53} > 0$、$a_{33} < 0$、$a_{63} > 0$。

5.3　数据的选取与处理

数据的处理主要分为四个部分：增加值视角下中间品贸易的计算；贸易对象的选择；分工模式的刻画；转移模式的刻画。

5.3.1 增加值视角下中间品贸易

本章使用的贸易对象的选择标准是按照一国（产业）增加值中来自国外生产的部分，但是传统的贸易计量口径存在重复计算问题，这里借鉴增加值贸易的核算方法计算一国（产业）增加值中来自国外生产的部分。

胡梅尔斯（Hummels et al.，2001）的研究计算了一国在垂直专业化分工体系下进口中间品占出口产品的比重，即 VS 值为式（5-7）：

$$VS = A^M (I - A^D)^{-1} E \qquad (5-7)$$

其中，A^M 代表进口使用矩阵，A^D 代表国内直接消耗矩阵，E 为出口向量。

在此基础之上，库普曼等（Koopman et al.，2013）增加值贸易的视角出发，提供了一套完整的出口分解方法。

假设世界上只有两个国家——国家 s 和国家 r，每个国家都只有可贸易部门，生产的产品既可以被直接使用也可以作为中间产品用于最终产品的生产过程，国家间进出口的产品既包括最终产品也包括中间产品。

s 国生产的所有的产品只有四种使用方式：本国以中间产品或最终产品的形式使用、r 国以中间产品或最终产品的形式使用，因此 s 国的产品可以分解为以下四项，如式（5-8）所示：

$$x_s = a_{ss}x_s + a_{sr}x_r + y_{ss} + y_{sr} \qquad (5-8)$$

其中，y_{sr} 代表 r 国进口的来自 s 国的最终产品，y_{ss} 代表 s 国使用的本国的最终产品，a_{sr} 和 a_{ss} 是投入产出系数，a_{sr} 代表的是 r 国一单位最终产出中使用 s 国中间产品的比重，a_{ss} 代表的是 s 国一单位最终产品中使用本国中间产品的比重。令 r=1，2；s=1，2，则两国的投入产品可以表示为式（5-9）：

$$\begin{bmatrix} x_1 \\ x_2 \end{bmatrix} = \begin{bmatrix} a_{11} & a_{12} \\ a_{21} & a_{22} \end{bmatrix} \begin{bmatrix} x_1 \\ x_2 \end{bmatrix} + \begin{bmatrix} y_{11}+y_{12} \\ y_{21}+y_{22} \end{bmatrix} \qquad (5-9)$$

变形后，可以得到式（5-10）：

$$\begin{bmatrix} x_1 \\ x_2 \end{bmatrix} = \begin{bmatrix} I-a_{11} & -a_{12} \\ -a_{21} & I-a_{22} \end{bmatrix} \begin{bmatrix} y_{11}+y_{12} \\ y_{21}+y_{22} \end{bmatrix} = \begin{bmatrix} b_{11}+b_{12} \\ b_{21}+b_{22} \end{bmatrix} \begin{bmatrix} y_1 \\ y_2 \end{bmatrix} \qquad (5-10)$$

式（5-10）将一国总产出中的使用的国内（国外）中间产品进行了分解，矩阵 B 即里昂惕夫逆矩阵。具体而言，b_{11} 代表了一单位 1 国最终产品的增加带来的 1 国产出的增加量；b_{12} 代表的是一单位 1 国最终产品的增加带来的 2 国产出的增加量。在此基础之上，将一国的产出及使用的最终产品按照来源地和目的地进行分解可以得到式（5-11）：

$$\begin{bmatrix} x_{11} & x_{12} \\ x_{21} & x_{22} \end{bmatrix} = \begin{bmatrix} b_{11} & b_{12} \\ b_{21} & b_{22} \end{bmatrix} \begin{bmatrix} y_{11} & y_{12} \\ y_{21} & y_{22} \end{bmatrix} = \begin{bmatrix} b_{11}y_{11} + b_{12}y_{21} & b_{11}y_{12} + b_{12}y_{22} \\ b_{21}y_{11} + b_{22}y_{21} & b_{21}y_{12} + b_{22}y_{22} \end{bmatrix}$$

$$(5-11)$$

其中，等式左侧是"产出分解矩阵"，它将一国的产品按照流向分解成了两个部分——国内和国外，元素 x_{sr} 代表 r 国增加一单位最终产品需求带来的 s 国增加的产出的数量，且满足 $x_1 = x_{11} + x_{12}$。等式右侧进一步将 x_{11} 分解为两个部分：$x_{11} = b_{11}y_{11} + b_{12}y_{21}$。$b_{11}y_{11}$ 代表 1 国消费的来自 1 国的最终产品中在 1 国进行生产的部分，$b_{12}y_{21}$ 代表的是一国消费的来自 2 国的最终产品中 1 国进行生产的部分。类似地，x_{12} 也可以被分解为两个部分：$b_{11}y_{12} + b_{12}y_{22}$，$b_{11}y_{12}$ 代表 2 国消费的来自 1 国的最终产品在 1 国进行生产的部分，$b_{12}y_{22}$ 代表 2 国消费的来自 2 国的最终产品在 1 国进行生产的部分。2 国的总产出分解同理。

根据投入产出表，1 国生产一单位产品需要 a_{11} 单位国内中间产品，a_{21} 单位国外中间产品，则国内增值部分为：$v_1 = 1 - a_{11} - a_{21}$；类似地，2 国的国内增值部分为 $v_2 = 1 - a_{12} - a_{22}$。定义增加值系数矩阵为式（5-12）：

$$V = \begin{bmatrix} v_1 & 0 \\ 0 & v_2 \end{bmatrix} \quad\quad (5-12)$$

将增加值系数矩阵与里昂惕夫逆矩阵相乘可以得到增加值比重矩阵（VB 矩阵），即式（5-13）：

$$VB = \begin{bmatrix} v_1b_{11} & v_1b_{12} \\ v_2b_{21} & v_2b_{22} \end{bmatrix} \quad\quad (5-13)$$

其中，v_1b_{11} 和 v_1b_{12} 代表 1 国和 2 国国内生产最终产品中的国内增值部分，v_2b_{21} 和 v_2b_{22} 代表国内生产最终产品中的国外增值部分。由于产品增值只能源于国内或者国外，可以得到关于 v_1b_{11}、v_1b_{12}、v_2b_{21} 和 v_2b_{22} 的关系式如式（5-14）所示：

$$v_1b_{11} + v_2b_{21} = v_1b_{12} + v_2b_{22} = 1 \quad\quad (5-14)$$

类似地，可以得到 1 国总产出中的国内增值部分为 v_1x_1，根据 $x_1 = x_{11} + x_{12}$ 进一步将产出进行分解可以得到：$v_1x_1 = v_1x_{11} + v_1x_{12}$，其中，$v_1x_{11}$ 代表 1 国使用的 1 国总产出中的国内增值部分，v_1x_{12} 代表 2 国使用的 1 国总产出中的国内增值部分，即 1 国增加值的出口部分，可以进一步分解为：$v_1x_{12} = v_1b_{11}y_{12} + v_1b_{12}y_{22}$，$v_1b_{11}y_{12}$ 代表 2 国使用的 1 国出口中的 1 国增值部分，

$v_1 b_{12} y_{22}$ 代表 2 国使用的 2 国出口中的 1 国增值部分。按照这一方法，1 国和 2 国的增加值贸易可以分解为式（5 – 15）和式（5 – 16）：

$$VT_{12} \equiv v_1 x_{12} = v_1 b_{11} y_{12} + v_1 b_{12} y_{22} \qquad (5-15)$$

$$VT_{21} \equiv v_2 x_{21} = v_2 b_{21} y_{11} + v_2 b_{22} y_{21} \qquad (5-16)$$

按照增加值口径计算的出口比一国的总出口小，一方面，本国出口中可能包括国外的增加值或者中间产品；另一方面，一国的出口可能没有被国外部门使用，而是经过多次贸易流回国内市场。如果两个国家在本国出口中包含的中间产品比重或者出口回流比重差异较大，那么通过传统的国际贸易计算方法下对两国出口的比较是不准确的，相比之下，增加值贸易能够很好地避免这些重复计算问题，更精确地提供一国生产中的国外部门构成。

不是一般性的，这里首先对 1 国的出口进行分解，如式（5 – 17）所示：

$$e_{12} = y_{12} + a_{12} x_2 \qquad (5-17)$$

代入式（5 – 8），可以将 1 国出口分解为式（5 – 18）：

$$e_{12} = (v_1 b_{11} + v_2 b_{21})(y_{12} + a_{12} x_2)$$
$$= v_1 b_{11} y_{12} + v_2 b_{21} y_{12} + v_1 b_{12} y_{22} + v_1 b_{12} y_{21} + v_1 b_{12} a_{21} x_1 + v_1 b_{21} a_{12} x_2 \qquad (5-18)$$

式（5 – 18）的经济含义是，增加值口径下的 1 国的中间品出口包括六个部分：2 国使用的最终产品中 1 国出口部分的 1 国增加值，$v_1 b_{11} y_{12}$；2 国使用的最终产品中 1 国出口部分的 2 国增加值，$v_2 b_{21} y_{12}$；2 国使用的最终产品中 2 国生产中 1 国提供的中间产品中的 1 国增加值，$v_1 b_{12} y_{22}$；1 国使用的最终产品中 2 国生产中 1 国提供的中间产品中的 1 国增加值，$v_1 b_{12} y_{21}$；1 国使用中间产品中 2 国生产部分中 1 国增加值，$v_1 b_{12} a_{21} x_1$；2 国使用中间产品中 1 国生产部分中 1 国增加值，$v_1 b_{21} a_{12} x_2$。

进一步，可以利用里昂惕夫逆矩阵对产出 x_2 进行进一步分解，如式（5 – 19）所示：

$$x_2 = (1 - a_{22})^{-1} y_{22} + (1 - a_{22})^{-1} e_{21} \qquad (5-19)$$

代入式（5 – 18），可以得到增加值贸易口径下的一国出口分解，如式（5 – 20）所示：

$$e_{12} = (v_1 b_{11} + v_2 b_{21})(y_{12} + a_{12} x_2)$$
$$= v_1 b_{11} y_{12} + v_2 b_{21} y_{22} + v_1 b_{12} y_{21}$$
$$+ v_1 b_{12} a_{21} (1 - a_{11})^{-1} y_{11} + v_1 b_{12} a_{21} (1 - a_{11})^{-1} e_{12}$$
$$+ v_2 b_{21} y_{12} + v_2 b_{21} a_{12} (1 - a_{22})^{-1} y_{22} + v_2 b_{21} a_{12} (1 - a_{22})^{-1} e_{21}$$

$$(5-20)$$

其中，前两项代表 1 国生产中的增加值中的出口部分；第三项 $v_1 b_{12} y_{21}$ 代表了 1 国生产中的增加值中的出口又流回 1 国的部分；第四项 $v_1 b_{12} a_{21}$ $(1 - a_{11})^{-1} y_{11}$ 中的增加值先以中间产品的形式由 1 国流向 2 国，再以中间产品的形式由 2 国流回 1 国，并最终被 1 国使用的部分；第五项 $v_1 b_{12} a_{12}$ $(1 - a_{11})^{-1} e_{12}$ 和第八项 $v_1 b_{21} a_{12} (1 - a_{22})^{-1} e_{21}$ 都是重复计算项；第六项 $v_2 b_{21}$ y_{12} 是 2 国生产中的增加值中的出口又流回 2 国的部分；第七项 $v_2 b_{21} a_{12}$ $(1 - a_{22})^{-1} y_{22}$ 是增加值先以中间产品的形式由 2 国流向 1 国，再以中间产品的形式由 1 国流回 2 国，并最终被 1 国使用的部分。

在一国的进出口统计中，只有第一项和第二项被计入一国的出口，而其余的非重复计算项（第三项、第四项、第六项、第七项）只有在增加值贸易中才能被纳入一国的出口，这也正是增加值贸易口径由于传统贸易口径的原因。

在此基础之上，利用 WIOD 的数据，能够得到世界各国增加值贸易口径下的进出口分解数据，ss_{ijmt} 代表 t 时期 i 国 j 行业进口中 m 国产品占 t 时期 i 国 j 行业所有进口的比重。

5.3.2 贸易对象的选择

参照罗德里克（Rodrik，2011）的研究，本书以行业间的经济收敛为研究对象[①]。在多国多行业的国际贸易体系中，为构建特定行业的收敛参照系可以按照其最终产品生产过程中包含的中间品比重为权重将价值链参与各国的人均收入、要素利用效率、人均资本存量和人力资本存量等经济指标加总。如式（5-21）~式（5-24）所示：

$$y_{ijt} = Y_{ijt} - \frac{\sum Y_{mt} \cdot l_{mt} \cdot ss_{ijmt}}{\sum l_{mt} \cdot ss_{ijmt}} \qquad (5-21)$$

$$a_{ijt} = A_{ijt} - \frac{\sum A_{mt} \cdot ss_{ijmt}}{\sum ss_{ijmt}} \qquad (5-22)$$

$$k_{ijt} = K_{ijt} - \frac{\sum K_{mt} \cdot l_{mt} \cdot ss_{ijmt}}{\sum l_{mt} \cdot ss_{ijmt}} \qquad (5-23)$$

---

① 这里不考虑服务业贸易。

$$h_{ijt} = H_{ijt} - \frac{\sum H_{mt} \cdot ss_{ijmt}}{\sum ss_{ijmt}} \qquad (5-24)$$

其中，Y_{ijt}、A_{ijt}、K_{ijt}、H_{ijt} 代表 i 国 j 行业在 t 时期的人均收入、要素利用效率、人均资本存量和人力资本存量。Y_{mt}、A_{mt}、K_{mt}、H_{mt} 分别代表 i 国 j 行业在 t 时期使用的中间产品来源国家 m 的人均收入、要素利用效率、人均资本存量和人力资本存量。l_{mt}、ss_{ijmt} 分别代表国家 m 的劳动和提供 i 国 j 行业的中间产品在 i 国 j 行业使用的中间品中的比重。y_{ijt}、a_{ijt}、k_{ijt}、h_{ijt} 分别代表 i 国 j 行业在 t 时期与其贸易伙伴的人均收入差距、要素利用效率差距、人均资本存量差距和人力资本存量差距。

类似地，增量差距数据可以表示为式（5-25）~式（5-28）：

$$\Delta y_{ijt} = \Delta Y_{ijt} - \frac{\sum \Delta Y_{mt} \cdot l_{mt} \cdot ss_{ijmt}}{\sum l_{mt} \cdot ss_{ijmt}} \qquad (5-25)$$

$$\Delta a_{ijt} = \Delta A_{ijt} - \frac{\sum \Delta A_{mt} \cdot ss_{ijmt}}{\sum ss_{ijmt}} \qquad (5-26)$$

$$\Delta k_{ijt} = \Delta K_{ijt} - \frac{\sum \Delta K_{mt} \cdot l_{mt} \cdot ss_{ijmt}}{\sum l_{mt} \cdot ss_{ijmt}} \qquad (5-27)$$

$$\Delta h_{ijt} = \Delta H_{ijt} - \frac{\sum \Delta H_{mt} \cdot ss_{ijmt}}{\sum ss_{ijmt}} \qquad (5-28)$$

这里的 ss_{ijmt} 数据来自 WIOD 的全球投入产出表，方法采用增加值贸易核算方法。投入产出数据来自 WIOD 的 SEA 数据库，其中中国、韩国的数据采用 EU KLEMS[1]。

受限于 WIOD 的 SEA 数据库的数据质量，各国各行业间的技术存量、人均资本存量和人力资本存量不易比较，这里用式（5-21）替换式（5-22）、式（5-23）、式（5-24），即以人均收入差距代替要素利用效率差距、人均资本存量差距以及人力资本存量差距。当贸易伙伴间的收入差距足够大时，这样的替换才是有意义的，因此，本书将 WIOD 的 SEA 数据库的国家分为发达国家[2]和发展中国家，分开考虑。根据图 5-1 可以发现，y_{ijt} 的取值明显

---

① 在 WIOD 的 SEA 数据库中，中国、韩国、斯洛文尼亚、斯洛伐克、葡萄牙等国的资本存量数据均借鉴西班牙的人均资本存量，相比之下，EU KLEMS 提供了更准确的中国、韩国的资本存量数据，因此，这里用 EU KLEMS 的数据代替。

② 包括欧盟（2004 年以前）以及美、加、澳、日、韩等高收入国家。

是不对称的，价值链参与企业不倾向于和收入水平高于自身的对象进行贸易，由图 5 - 2 可以看出，发展中国家与其贸易伙伴间的收入差距不足以支持用式（5 - 21）替换式（5 - 22）、式（5 - 23）、式（5 - 24），因此，这里舍去发展中国家的数据。

由于 2008 年以后的数据缺失严重，这里仅取 1996 ~ 2007 年的数据进行研究，数据结构为 496 · 12 的面板数据。

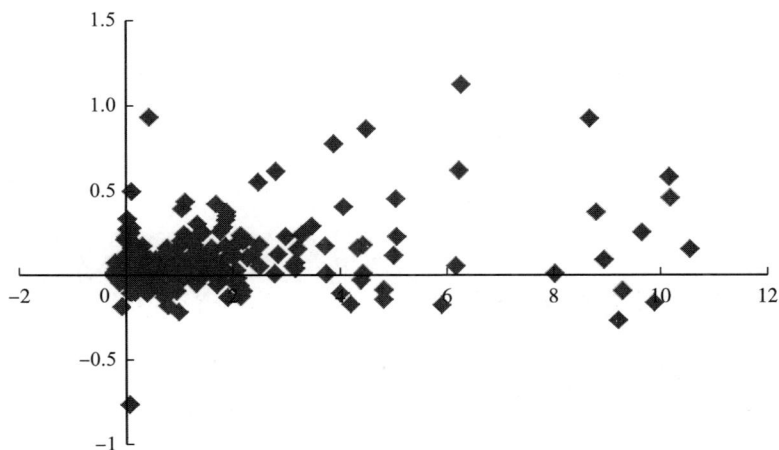

图 5 - 1 Δk_{ijt}（纵轴）与 y_{ijt}（横轴）的散点图（所有国家）

资料来源：根据国泰安上市公司数据计算得到，横轴为贝塔值，纵轴为 R&D 投入。

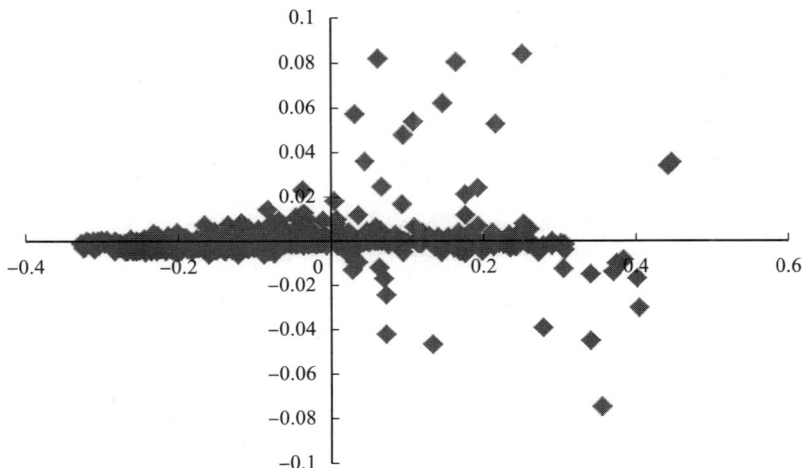

图 5 - 2 Δk_{ijt}（纵轴）与 y_{ijt}（横轴）的散点图（发展中国家）

资料来源：根据国泰安上市公司数据计算得到，横轴为贝塔值，纵轴为 R&D 投入。

相应地，在以式（5-25）替换式（5-26）、式（5-27）、式（5-28）的前提下，为了增加不同要素的回归分析的可比性，增量差距数据采用经济增长分解的形式，如式（5-29）~式（5-32）所示：

$$\Delta y_{ijt} = g_{y_{ijt}} \cdot Y_{ijt} - \frac{\sum g_{y_{mt}} \cdot Y_{mt} \cdot l_{mt} \cdot ss_{ijmt}}{\sum l_{mt} \cdot ss_{ijmt}} \qquad (5-29)$$

$$\Delta a_{ijt} = g_{A_{ijt}} \cdot Y_{ijt} - \frac{\sum g_{A_{mt}} \cdot Y_{mt} \cdot l_{mt} \cdot ss_{ijmt}}{\sum l_{mt} \cdot ss_{ijmt}} \qquad (5-30)$$

$$\Delta k_{ijt} = g_{k_{ijt}} \cdot Y_{ijt} - \frac{\sum g_{k_{mt}} \cdot Y_{mt} \cdot l_{mt} \cdot ss_{ijmt}}{\sum l_{mt} \cdot ss_{ijmt}} \qquad (5-31)$$

$$\Delta h_{ijt} = g_{h_{ijt}} \cdot Y_{ijt} - \frac{\sum g_{h_{mt}} \cdot Y_{mt} \cdot l_{mt} \cdot ss_{ijmt}}{\sum l_{mt} \cdot ss_{ijmt}} \qquad (5-32)$$

5.3.3　分工模式的刻画

国际贸易活动通过影响一国的投资机会的多寡，进而影响竞争优势的构建，分工模式下的国际贸易带来的国际分工为一国发挥其竞争优势提供了更多的投资机会。因此，可以采用一国的垂直专业化分工程度的变动表征分工模式的变化。

此外，分工模式体现的是 GVC 的水平扩张，即越来越多的行业（可以是细分的行业）参与到价值链分工之中。由 WIOD 的数据可知，发达国家的 vss 值与 vss 值的增量成反比（见表5-2），随着行业 vss 值的提高，行业 vss 值的增量在下降——行业间的 vss 值趋同，与分工模式一样，vss 值同样表现出水平扩张的特征。

表5-2　　　　　　　　　　发达国家的 vss 值与 vss 值的增量

被解释变量	Δvss_t	Δvss_t	Δvss_t
回归方法	聚类稳健的标准差	Fe	Re
vss_{t-1}	-0.42 (0.004)	-0.91 (0.000)	-0.41 (0.004)
R^2	0.24	0.24	0.24
F	0.0037	0.0000	0.0115

资料来源：在 WIOD 的数据的基础上，经作者整理得到，括号中为显著性检验的 p 值。

5.3.4　转移模式的刻画

转移模式下，发达国家将高技术环节转移到发展中国家，大量中间产品由发展中国家出口到发达国家。但是发展中国家的低技术水平决定了它无法像发达国家那样实现全球化的资源配置，因此，在中间品贸易中，发展中国家是净出口国，发达国家是净进口国。这里采用行业的发达国家的中间产品贸易逆差代表转移模式的多少。具体而言，定义 i 国 j 行业的贸易顺差为式（5–33）：

$$\text{balance}_{ijt} = \sum_m Y_{ijt} \cdot l_{ijt} \cdot ss_{ijmt} - \sum_{ij} Y_{mt} \cdot l_{mt} \cdot ss_{mijt} \qquad (5-33)$$

其中，ss_{mijt} 代表 t 时期 m 国进口 i 国 j 行业的中间产品。

对 balance_{ijt} 和 vss_{t-1} 进行回归分析发现，两者相关程度不高（见表 5–3），由此可知，分工模式和转移模式是可以区分的。

表 5–3　　　　　　　　　　发达国家的 vss 值与贸易顺差

被解释变量	balance_{ijt}	balance_{ijt}	balance_{ijt}
回归方法	聚类稳健的标准差	Fe	Re
vss_{t-1}	-7964 (0.012)	55.5 (0.596)	-96.62 (0.492)
R^2	0.0176	0.0176	0.0176
F	0.0124	0.5957	0.4921

资料来源：在 WIOD 的数据的基础上，经作者整理得到，括号中为 t 检验的 p 值。

5.4　实 证 结 果

首先，根据图 5–1 和图 5–2 可以看出，在全球化分工体系中，发达国家和发展中国家的生产分工以及相应的贸易结构是不对称的——发达国家生产最终产品使用的中间产品既来自收入和本国接近的发达国家，也来自收入远低于自身的发展中国家。相比之下，发展中国家生产的最终产品使用的中间产品主要来自和本国收入差别不大的其他发展中国家。这意味着在全球化分工体系中，价值链分工的主导权主要集中在发达国家手中，发展中国家很少利用发达国家的中间产品满足本国需求。

仅考虑中间产品贸易，则国际贸易格局可以被概括为：发达国家采用发达国家和发展中国家的生产要素生产发达国家的最终产品，发展中国家利用发展中国家的生产要素。由于发展中国家较少采用发达国家的中间产品（相比于发达国家），在中间产品贸易中，发达国家会积累大量的贸易逆差，随着全球化分工体系将越来越多的国家纳入其中，中间产品贸易创造的贸易逆差在总贸易逆差中的比重越来越高①（见图5-3）。

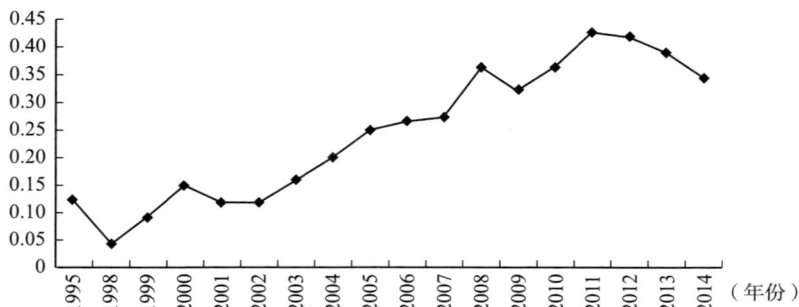

图5-3 中间产品贸易逆差在总贸易逆差中的比重（美国1995~2014年）

资料来源：根据 Comtrade 数据库整理得到，受制于 WIOD 数据库的限制，这里仅选取了1995~2014年的数据。根据 Comtrade 数据库中的 BEC 分类标准以及中国经济及社会理事会统计司公布的《商品名称及编码协调制度》，中间产品包括：食品饮料中的初级产品中用于工业生产的部分、食品饮料中的加工产品中用于工业生产的部分、未另归类的工业用品中的初级产品、燃料和润滑剂中的初级产品、燃料和润滑剂中的加工产品中的其他产品、资本货物（运输设备除外）及其零配件中的零配件、运输设备及其零配件中的零配件。

在全球分工体系中，发达国家扮演主导厂商的角色，利用自身的高技术生产要素（先进的技术世代、较高的物质资本和人力资本积累水平）整合发展中国家的廉价劳动，从中获得超额利润，其收入依赖于技术的进步与积累。相比之下，发展中国家的厂商囿于自身落后的技术世代或者较低的物质资本和人力资本积累水平，不具备整合发达国家的高技术生产要素的能力，只能作为全球分工体系中的追随厂商，利用廉价劳动获得正常利润，其收入依赖于市场规模的扩张。从要素使用和国际生产分工的角度来看，全球分工体系下的经济增长模型符合技术更新换代模型的特点。

根据前一部分的分析，不考虑发展中国的情况，回归方程式（5-4）~

① Comtrade 数据库中的数据并没有采用增加值算法。

式（5-6）被舍弃，同时用 vss_{t-1} 和 $balance_{ijt}$ 表征 D_{ed} 和 T_{ed}，回归方程式（5-1）~式（5-3）变为式（5-34）~式（5-36）：

$$\Delta a_{ijt} = a_{10} + a_{11}y_{ijt} + a_{12}vss_{t-1} + a_{13}balance_{ijt} \qquad (5-34)$$

$$\Delta k_{ijt} = a_{20} + a_{21}y_{ijt} + a_{22}vss_{t-1} + a_{23}balance_{ijt} \qquad (5-35)$$

$$\Delta h_{ijt} = a_{30} + a_{31}y_{ijt} + a_{32}vss_{t-1} + a_{33}balance_{ijt} \qquad (5-36)$$

三个回归方程中，聚类稳健的标准差均远远大于 OLS 回归的标准差，因此采用 LSDV 方法判断是否存在固定或者随机效应。

由于个体数量较多，这里无法展开分析，仅仅通过观察显著性变量的个数（见表5-4）就可以看出，个体效应并不显著，故采用聚类稳健的标准差，结果如表5-5所示：

表 5-4　　　　　LSDV 结果——不同显著性条件下虚拟变量的数目

虚拟变量的数目	0.05 以下	0.05 ~ 0.1	0.1
（20）	82	23	390
（21）	195	23	277
（22）	24	7	464

资料来源：作者整理得到，表格中数字代表显著性处于一定区间的虚拟变量的个数。

表 5-5　　　　　　　　不同贸易模式下的收敛性

被解释变量	Δa_{ijt}	Δk_{ijt}	Δh_{ijt}
y_{ijt}	-0.015 (0.276)	0.033 (0.000)	0.014 (0.072)
vss_{t-1}	0.0118 (0.254)	0.0057 (0.089)	0.0049 (0.068)
$balance_{ijt}$	4.65e-07 (0.013)	-1.02e-07 (0.079)	-8.26e-08 (0.075)
R^2	0.01	0.1777	0.1
F	0.06	0.0004	0.1

资料来源：作者整理得到。

由表5-5可知：首先，a_{11} 不显著；$a_{21} = 0.033 > 0$；$a_{31} = -0.014 < 0$。不考虑贸易结构的变动，贸易结构表现为分工模式，假说 I 得证。

其次，$a_{22}=0.0057>0$，$a_{32}=0.0049>0$，因此，对于价值链参与国家而言，发展中国家不存在要素积累升级过程，此外，虽然 $a_{12}=0.0118>0$，但是 t 检验表明分工模式的扩张对于要素利用效率的影响是不显著的，假说 Ⅱ 得证。

最后，由表 5-6 可知：$a_{13}=4.65e-07>0$，$a_{23}=-1.02e-07<0$，$a_{33}=-8.26e-08<0$，即转移模式的扩张意味着发展中国家存在要素积累升级过程，且要素利用效率与发达国家的差距越来越大，假说 Ⅲ 得证。

表 5-6 不同贸易模式下的收敛性

被解释变量	Δa_{ijt}	Δk_{ijt}	Δh_{ijt}	Δy_{ijt}
y_{ijt}	-0.015 (0.276)	0.033 (0.000)	0.014 (0.072)	0.0178 (0.000)
vss_{t-1}	0.0118 (0.254)	0.0057 (0.089)	0.0049 (0.068)	0.0162 (0.067)
$balance_{ijt}$	4.65e-07 (0.013)	-1.02e-07 (0.079)	-8.26e-08 (0.075)	2.57e-07 (0.049)
R^2	0.01	0.1777	0.1	0.0085
F	0.06	0.0004	0.1	0.000

资料来源：作者整理得到，括号中为 t 检验的 p 值。

在此基础之上，综合分工模式与转移模式考虑国际贸易对于收入差距的影响，加入总的收入差距变动量 Δy，其中 $\Delta y_{ijt}=\Delta a_{ijt}+\Delta k_{ijt}+\Delta h_{ijt}$。由表 5-6 可知，在分工模式下，参与全球化分工体系的发达国家和发展中国家的企业越来越集中自身的优势生产环节，其中发达国家生产更多依赖高技术、高资本投入的产品，发展中国家生产更多依赖廉价劳动的产品，在这一模式下，发达国家与发展中国家之间的经济增长过程并不会收敛。

与分工模式不同，转移模式意味着发达国家将自身的优势生产环节转移到发展中国家，并利用自身的技术优势将发展中国家的生产企业俘获在价值链低端。对回归方程进行多重共线性检验，发现四个方程均不存在多重共线性问题，这意味着分工模式和转移模式是可以区分的[1]（见表 5-7）。

---

[1] 虽然存在收入差距越小的国家越容易发生产品内贸易的现象，但是这一现象并不影响方程的结果——大量的发展中国家与发达国家的产品内分工及贸易仍然提供了足够的样本量满足这里的分析检验。

表 5-7　　　　　　　　多重共线性检验（VIF 值）

被解释变量	Δa_{ijt}	Δk_{ijt}	Δh_{ijt}	Δy_{ijt}
y_{ijt}	1.00	1.00	1.00	1.00
vss_{t-1}	1.02	1.02	1.02	1.02
$balance_{ijt}$	1.02	1.02	1.02	1.02
Mean VIF	1.01	1.01	1.01	1.01

资料来源：作者整理得到。

在转移模式下，发展中国家在生产过程中逐渐积累物质资本和人力资本，但是由于价值链俘获的存在，发展中国家生产要素所表现出来的技术效率和发达国家的生产要素所表现出来的技术效率差距越来越大。这样的性质在回归方程中也显现无疑，$balance_{ijt}$ 的上升带来了 Δa_{ijt} 的下降，Δk_{ijt} 以及 Δh_{ijt} 的上升。比较三组方程的系数可以发现，一单位 $balance_{ijt}$ 的上升带来了 4.65e-07 单位 Δa_{ijt} 的下降，-1.02e-07 单位 Δk_{ijt} 以及 -8.26e-08 单位 Δh_{ijt} 的上升。价值链俘获的效应要远大于发展中国家的学习积累效应，即使将两者综合考虑，$balance_{ijt}$（转移模式）的上升也会带来 Δy_{ijt}（发达国家与发展中国家收入差距）的上升。因此转移模式下，发达国家与发展中国家的收入差距逐渐扩大。

不论在哪种贸易模式下，全球化分工体系都会带来参与国家之间收入差距的扩张。根据比尔斯和柯来诺（Bils and Klenow，2001）的研究，相比于高收入消费者，低收入消费者偏好低品质、低价格的产品（Chai et al.，2014；Nevo and Wong，2014；Crino and Epifani，2012；Li，2012）。相应地，随着发达国家与发展中国家之间收入差距的扩张，发达国家和发展中国家的市场逐渐分化，发达国家选择高品质、高价格的产品，发展中国家选择低品质、低价格的产品。这里将全球化分工体系的扩张总结为：市场的一体化进程落后于生产的一体化进程。

5.5　本 章 小 结

根据 WIOD 以及 EU KLEMS 的数据，本章分析了国际贸易参与程度对于国际贸易参与方之间收入差距的影响。国际贸易被分为分工模式和转移模式的贸易活动。在分工模式下，企业借助其优势要素嵌入适合自身发展的价值链环节，处于价值链低端的企业难以进入价值链核心生产环节；在转移模式下，价值链主导企业利用其技术优势整合发展中国家的生产要素，处于价值链低端的企业虽能积累价值链中的高技术环节所需的要素，却不能完全攫取高技术环节生产带来的附加值。不论是在哪种贸易模式下，国际贸易的扩张都不能带来参与国家之间收入差距的缩小，在这样的发展过程中，市场的一体化进程滞后于贸易的一体化进程，形成了发达国家与发展中国家之间的市场分化。

根据第 3 章和第 4 章的分析，不论是在需求层面还是在供给层面，发达国家企业和发展中国家企业都是在分化市场的基础之上展开竞争，这样的市场分化也为发展中国家通过颠覆性创新实现经济增长的超越路径提供了条件。为了刻画超越路径的机制，本章采用内需导向的技术更新换代模型分析了全球化分工背景下发展中国家的经济增长过程。

第6章 全球化分工背景下的技术更新换代模型

第2章抛弃资本和技术的两分法，以体现型技术进步为核心概念刻画了一个需求变动导向的毁灭性创新增长模型（技术更新换代模型）：在既定的技术世代下，持续性创新导致收入差距的扩张，收入差距的扩张带来需求偏离过程，需求偏离过程为颠覆性创新创造了条件。颠覆性创新意味着新的技术世代的出现，经济增长表现为一个自发的循环过程。

第4章和第5章分别从技术差距和收入差距的角度阐述了内需导向的技术更新换代模型的假设对于全球化分工体系的适用性。以全球化分工体系为研究对象，内需导向的技术更新换代模型可以被改写为：在既定的技术世代下，发达国家利用其技术优势整合发展中国家的生产要素，由于市场的一体化进程落后于生产的一体化进程，收入差距的扩张带来了发达国家与发展中国家间的需求偏离过程，需求偏离过程为发展中国家的颠覆性创新创造了条件。颠覆性创新意味着新的技术世代的出现，发展中国家的经济增长过程表现为超越路径。这里将这一模型称为全球化分工体系下的技术更新换代模型。

6.1 全球化分工下模型的适用性

全球化分工体系的发展意味着发达国家逐渐把生产环节转移到发展中国家，相应地，发展中国家逐渐参与到全球化分工体系之中。与标准的技术更新换代模型相比，全球化分工体系下的技术更新换代模型有两点不同之处：一方面，发达国家与发展中国家的技术差距不仅表现为同一技术世代下技术积累水平的差距，还表现为不同产品世代的差距；另一方面，由于发展中国家的二元经济特征以及农业部门存在的潜在失业，世界市场中的劳动力成本上升的速度滞后于全球化分工体系的扩张的速度。

具体而言，一方面，在标准的技术更新换代模型中，主导企业与追随企业的市场地位是由其技术积累水平决定，相应的市场结构通过长期的市场竞争、兼并逐渐形成。具体而言，在新技术逐渐取代旧技术的过程中，随着技术的积累，主流市场中的低效企业逐渐被淘汰，并进入市场规模小，利润低，成长空间有限的利基市场。

相比而言，在全球化分工的背景下，发达国家企业能够以低廉的成本利用发展中国家的生产要素并不是因为技术积累水平的优势，而是由于技术世代的优势。在全球化分工体系下的技术更新换代模型中，并不存在长期的市场竞争、兼并逐渐形成稳定的市场结构的过程。发展中国家的企业所供给的市场在全球化分工体系形成之初就和发达国家的企业供给的市场存在差异。根据第 4 章的分析可知，中国的技术世代落后于发达国家。因此，发达国家可以利用自身的技术世代优势，以低廉的成本利用发展中国家的生产要素为本国需求服务。

另一方面，发展中国家的农业部门比重远高于发达国家，农业部门的生产率也远低于发达国家，当发展中国家参与到国际分工体系中时，农业部门和其他部门之间的生产效率差距意味着隐性失业的存在。

二元经济结构下的结构转型问题可以追溯到克拉克（Clark，1957）、切纳里（Chenery，1960），库兹涅茨（Kuznets，1966）认为结构转型是经济增长过程中最重要的特征，在此基础上，康撒穆特等（Kongsamut et al.，2001）、恩盖和皮萨里德斯（Ngai and Pissarides，2007）、赫伦多夫等（Herrendorf et al.，2013）、马加奇和麦康比（Magacho and McCombie，2020）、张等（Zhang et al.，2022）、博纳迪奥等（Bonadio et al.，2023）构建了两部门或多部门增长模型来解释长期的经济增长过程。由于结构转型问题伴随整个经济增长过程，因此只有借助于长期经济增长数据才能把握农业、制造业和服务业在经济增长过程中的变动情况。早期的结构转型研究中的数据存在两个重要的缺陷：其一，由于资料来源的多样性带来的各国数据间的不可比问题；其二，数据的时间跨度短，难以把握经济体的结构转型特征。随着 Penn World Table（PWT）、EU KLEM 以及 World Development Indicators（WDI）等数据库的建立和完善，各国数据间的不可比问题以及数据的时间跨度短的问题得到很好的解决，为长期的结构转型问题提供准确的数据支持（Herrendorf et al.，2013；Bonadio et al.，2023）。根据这些数据库提供的信息，一方面，对于发展中国家而言，随着经济的增长农业部门无论是劳动力数量、产品增加值还是最终消费占总体经济的比重都随着人均收入的上升逐渐下降；相比之下，制造业部门的劳动力数量、产品增加值和最终消费占总体经济的比重均随着人均收入的上升呈现先升后降的趋势；服务业的劳动力数量、产品增加值和最终消费占总体经济的比重则呈现出逐渐上升的趋势——发展中国家的长期经济增长过程中包含着由农业向制造业再向服务业的结构转型过程。另一方面，虽然发达国家也存在类似的变化趋势，但是其农业比重远低于发展中国家，发展中国家相对较高的农业人口比重意味着"隐性失业"的存在，随着发达国家与发展中国家的生产一体化，发展中国家相对较高的农业比重保证了生产环节从发达国家向发展中国家转移的同时劳动力成本不会迅速上升，市场一体化的过程滞后于生产一体化的过程。不是一般性的，这里假设全球市场的劳动力成本不会随着全球化分工体系的扩张而上升。

6.2　全球化分工背景下技术更新换代模型的构建

6.2.1　理论基础与前提假设

1. 理论基础

在本书的研究中，发展中国家参与全球化分工体系的过程可以分为两个阶段：生产转移阶段和市场扩张阶段。从发展中国家的角度来看，在生产转移阶段，由于"隐性失业"的存在，发展中国家处于非充分就业向充分就业转变的过程中，非充分就业条件下的低劳动力成本意味着发展中国家可以通过提供廉价的劳动力迅速地嵌入全球化分工体系中，其经济增长主要表现为总量的扩张而非品质的提升；在市场扩张阶段，"隐性失业"逐渐消失，劳动力成本逐渐上升，相应的收入扩张带来了市场的扩张和对外需求的扩张，在这一过程中，发展中国家的经济增长主要表现为品质的升级而非总量的扩张。从发达国家的角度来看，在生产转移阶段，发达国家以低廉的成本将生产环节转移到发展中国家，进而获得超额利润，由于市场一体化过程落后于生产一体化过程，发展中国家的外需扩张滞后于发展中国家参与全球化分工的进程，发达国家在获得超额收益的同时也积累了大量的贸易逆差；在市场扩张阶段，发展中国家企业逐渐提升生产效率和收入水平，对发达国家企业的产品需求也逐渐扩大，发达国家与发展中国家之间的贸易不平衡逐渐消失乃至逆转。

具体到个体层面，发展中国家的生产资源、生产要素嵌入全球化分工体系的过程是不同步的，以美国的生产转移、外包为例，日本、韩国、墨西哥、中国以及东南亚地区先后接受来自美国的生产转移、外包。对于发达国家而言，全球化分工体系的扩张意味着新兴市场的开拓，但是如果太多处于生产转移阶段的国家参与到全球化分工体系中，大量的贸易逆差会降低美国这样的发达国家的主权信用。受贸易逆差的限制，只有当新兴市场逐渐成熟、发展中国家外需扩张之后，发达国家才能去开拓新的新兴市场。因此，对于发达国家而言，全球分工体系下的经济增长过程表现为生产转移阶段与市场扩张阶段并存的过程。对于发展中国家而言，通过嵌入全球化分工体系谋求经济增长的过程必然包括生产转移阶段和市场扩张阶段。

2. 模型假设

与标准的技术更新换代模型类似，全球分工体系下的技术更新换代模型也采用以下假设①：

假设一，生产函数为：$y = Af(k)$，其中 y 为人均产出，A 代表颠覆性创新，k 既是资本存量，也是持续性创新积累的水平，$f(k)$ 一阶连续，满足稻田条件且 $f'(k) > 0$，$f''(k) < 0$。与已有研究的不同之处在于，代表技术世代的 A 的增长过程并非连续的，A 的上升一方面意味着技术世代的更新；另一方面也意味着原有的资本设备会加速折旧，长期经济增长路径表现为："$O—A_1—O—A_2—O—A_3$"。

假设二，技术进步影响行业内部的市场结构，进而影响收入分配格局。其中，持续性创新提高市场集中度，扩大收入差距；颠覆性创新降低市场集中度，缩小收入差距。

假设三，由于市场一体化过程滞后于生产一体化过程，发达国家与发展中国家的收入差距并未缩小，巨大的收入差距使得市场需求分化，出现不同的细分市场。在此基础之上，发达国家与发展中国家的消费者的品质需求函数满足：$D = g(nk_0 - xk_0)$，其中，函数 $g(\cdot)$ 代表标准差为 1 的正态分布，nk_0 代表消费者的收入水平，xk_0 表示同一技术路径下产品任意的品质水平，正态分布的期望为 $nk_0 - xk_0$。

假设四，对于主导企业而言，其技术水平以及生产成本、产品品质、

① 这里的假设是从已有的成熟研究中借鉴的，是模型推导与分析，下文不需要逐一验证假设。

产品价格都表现出统一的变化趋势；对于处于利基市场、发展停滞的企业而言，其技术水平以及生产成本、产品品质、产品价格不会表现出统一的变化趋势。

假设五，发达国家的企业是全球化分工体系中的主导企业，积累了大量持续性创新，提供高品质、高价格产品；相比之下，发展中国家的企业是全球化分工体系中的跟随企业，采用新的资本积累路径，提供低品质、低价格产品。单个企业只能在既定技术进步路径下进行持续性创新，单个消费者只能选择一种企业的商品。

假设六，不考虑金融部门的影响，并假定研发成本为零。

除此之外，根据前文的分析，全球分工体系下的技术更新换代模型还有以下几点特殊之处：

假设七，发展中国家企业与发达国家企业的技术差距不仅表现为同一技术世代下技术积累水平的差距，还表现为技术世代的差距。

假设八，世界市场中的劳动力成本是固定的，无论是发达国家企业还是发展中国家企业都不会通过提升劳动力成本的方式迅速扩张。故不同市场之间的企业只能进行产品品质的竞争。

假设九，耐用消费品折旧的速率和生产其所需的资本品的折旧速率一致。

6.2.2　发达国家

发达国家提供的最终产品品质为 y，发达国家的居民收入水平有两个：劳动所有者获得 L[1]，资本所有者获得 T，在一件最终产品的生产过程中，劳动所有者和资本所有者的比例为 1:1（在发展中国家，这一比例为也为 1:1[2]），资本所有者作为企业的所有者获得更多的收益，即 L = y − R，T = y + R。其中，R 代表了收入分配向资本所有者的倾斜程度。

在以发达国家为主导的全球化分工体系中，存在两类发展中国家——新兴市场国家和成熟市场国家参与其中，其中，由于市场一体化过程滞后于生产一体化过程，新兴市场国家仅仅提供了廉价劳动而没有（或较少）创造市场需求，因此，发展中国家的参与程度与规模主要取决于发达国家

---

① 由于存在发展中国家的"隐性失业"问题，不失一般性地，L 被视为固定值。
② 这一比例主要取决于生产函数的约束和管理能力的限制，变动缓慢且不具有内生性，不失一般性地，这里将发达国家和发展中国家的比例都看作 1:1。

在不影响主权信用的前提下能承受的贸易逆差的累计规模。相比之下，成熟市场国家既提供了生产要素又创造了市场，因此，市场扩张阶段中的生产格局①取决于发达国家与发展中国家的生产效率和产品品质。令发达国家企业在生产过程中使用新兴市场国家的劳动力数量为 l_e，使用成熟市场国家的劳动力数量为 l_m。不考虑劳动力总量的变动，令发达国家企业进行生产的人员（包括资本所有者和劳动力）数量为固定的 l_{ed}，则发达国家在生产最终产品的过程中使用的全部人员数量为 $l_e + l_m + l_{ed}$，由劳动所有者和资本所有者的比例为 $1:1$ 可知，发达国家的企业在生产过程中使用的劳动力数量为 $\dfrac{l_e + l_m + l_{ed}}{2}$。企业的目标函数为式（6-1）：

$$\pi_{ed} = R \times \left(\frac{l_e + l_m + l_{ed}}{2} \right) \tag{6-1}$$

其中，发达国家企业的产品品质为 y，这里不再考虑资本积累的成本。

6.2.3 发展中国家

根据前文的分析，发展中国家可以分为新兴市场国家和成熟市场国家，其中新兴市场国家收入较低，尚未形成有规模的对外需求，国际收支表现为长期的贸易顺差。在这一过程中，新兴国家的发展完全依赖于外部需求的扩张和发达国家的生产转移。随着发达国家外债规模达到上限，发达国家的生产转移趋缓，发展中国家的"隐性失业"消失，发展中国家的经济增长过程逐渐由量的扩张向质的提升转型，新兴市场也逐渐向成熟市场过渡。在市场扩张阶段，随着技术积累带来的市场集中度的提升，收入增长的速度快于产品品质提升的速度，消费者会越来越倾向于选择高品质的国外产品，对于成熟市场国家的企业而言，借助内需扩张实现升级转型要面对来自发达国家企业的竞争，因此，成熟市场国家企业的发展不再依赖于发达国家企业，而是取决于国内外企业的竞争。具体而言，令成熟市场国家企业使用的劳动力数量为 l'_m，由于劳动所有者和资本所有者的比例也为 $1:1$，则成熟市场国家参与生产的人员数量为 $2l'_m + l_m$，不考虑要素的供给问题，令成熟市场国家参与生产的人员数量为 1。则可以得到式（6-2）：

---

① 即发达国家的企业和处于价值链升级阶段的发展中国家的企业在由这些国家构成的成熟市场中的市场份额。

$$2l'_m + l_m = 1 \qquad\qquad (6-2)$$

成熟市场国家企业提供的产品品质为 y′[①]，根据前文的分析，产品品质决定了市场结构[②]，令相应市场集中度下劳动力可以获得的收入占总收入的比例为 m，则成熟市场国家的劳动力成本为 my′。不考虑资本积累的成本，在全球化分工体系下的技术更新换代模型中，技术世代的先进或落后主要表现在市场集中度 m 与产品品质 y′ 之间的比较，既定的市场集中度 m 下，先进的技术世代意味着更高的生产效率，相应地，先进技术世代下的产品品质更高。受到其他发展中国家的低成本劳动力的竞争，当 my′ 大于 L 时，成熟市场国家的企业必须以 L 的水平雇佣劳动，在激烈的市场竞争条件下，成熟市场国家企业生产的产品也必须降价销售，根据假设八，仅考虑同一市场内部的竞争，成熟市场国家企业的降价幅度和劳动力工资降低的程度一致，均为 my′ − L，企业的利润并未受到影响，与发达国家企业的利润函数类似，成熟市场国家企业的利润函数满足式（6-3）：

$$\pi_m = R' \times l'_m \qquad\qquad (6-3)$$

其中，R′ 代表成熟市场国家企业的利润水平，且满足 $R' = (1-m)y'$。

6.2.4　需求函数

市场的分化和企业间的竞争可以在图 6-1 中得到直观地体现，其中，y′ 为发展中国家企业提供产品的品质，L 为世界市场中的劳动力成本，y 为发达国家企业提供产品的品质。假定生产的产品依照品质定价，则 T′ 为发展中国家企业中资本所有者的收入水平，my′ 为发展中国家劳动所有者的收入水平。

由于世界市场中的劳动力成本是既定的，发达国家的企业无法通过提高劳动力成本阻碍发展中国家企业的产品品质升级，与第 2 章的模型不同的是，发展中国家企业提供产品的品质 y′ 可以超过 L。如果按照产品品质定价，发展中国家的劳动力成本可能会高于世界市场中的劳动力成本[③]，为了避免失去来自发达国家转移的生产机会，发展中国家企业只能以 L 的成本

[①]　这里的 y′ 是耐用消费品的产出减去相应的折旧，由于假设九的存在，y′ 同时也是企业扣除资本折旧后的收入。

[②]　在第 2 章的模型中，模型的求解分为价格的确定和研发投入决策两部分，相比之下，第 5 章仅仅考虑了研发投入决策，价格的确定完全取决于市场势力决定的 m。

[③]　由于 L 是发展中国家在封闭条件下的劳动力成本，开放条件下的劳动力成本一定会高于 L。

雇佣劳动，根据前文的分析，发展中国家企业须在产品品质 y′ 的基础上降低产品价格至 my′ – P，其中，P = my′ – L。

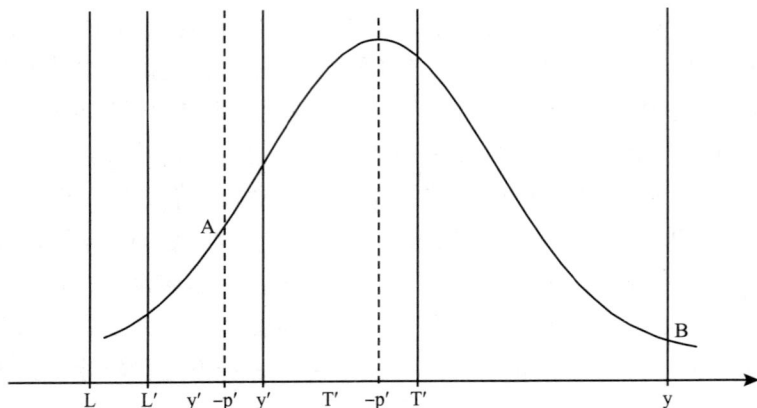

图 6 – 1　发展中国家的品质供给与品质需求

资料来源：作者整理。

　　根据图 6 – 1 可以看出，收入为 L 的劳动所有者可以选择发展中国家企业的产品也可以选择发达国家企业的产品，当消费者的异质性不是很大时，劳动所有者都会选择发展中国家企业的产品。类似地，发达国家的资本所有者都会选择发达国家企业的产品。因此，发展中国家企业和发达国家企业之间的竞争主要体现在以收入水平为 T′ – p′ 的发展中国家资本所有者组成的细分市场中。

　　具体而言，收入为 y′ – P 的发展中国家的资本所有者可以选择发展中国家企业产品也可以选择发达国家企业产品。根据前文的分析可知，发展中国家企业对其产品进行折价销售对需求的影响主要表现为收入效应①。由标准的技术更新换代模型可知，发展中国家的资本所有者选择发展中国家企业产品的概率 P(y′) 满足式（6 – 4）：

---

　　①　对于发展中国家的企业而言，企业的发展并不是以发达国家的消费者为目标市场，而是以本国消费者为目标市场，在发展过程中，发展中国家企业的生产效率和发展中国家消费者的收入互相促进，虽然发展中国家的企业在生产上表现出追随者的特征（低技术水平），但是在需求层面发展中国家的企业具有主导企业特征（主动创造需求市场）。因此，发展中国家的企业的产品价格变动（折价销售）对需求的影响主要表现为收入效应而非价格效应。

$$P(y') = \begin{cases} 0, & R' > \dfrac{y - L + 2Z}{3} \\[2ex] \dfrac{-3R' + y - L + 2Z}{4Z}, & \dfrac{y - L + 2Z}{3} > R' > \dfrac{y - L - 2Z}{3} \\[2ex] 1, & R' < \dfrac{y - L - 2Z}{3} \end{cases} \qquad (6-4)$$

在发展中国家嵌入全球化分工体系的初期，当发展中国家企业提供产品的品质 y' 较小时，发展中国家的企业利润 R' 也较小，这种情形下，由于发展中国家的资本所有者收入水平较低，对外需求不旺盛，存在 $P(y') = 1$，这样的市场也就是前面分析中所称的新兴市场。相比之下，成熟市场中，随着发展中国家企业提供的产品品质的提升，发展中国家对于外部市场的需求逐渐扩张，发展中国家的高收入者逐渐选择来自国外企业的高品质产品，$P(y') < 1$。

6.2.5　市场出清

这里的市场出清是指整个全球化分工体系的出清，具体而言，全球化分工体系可以被分为发达国家—新兴市场国家与发达国家—成熟市场国家，在每一个市场中都要满足一国的供给与需求相等，即不存在长期而持续的贸易不平衡——在发达国家与新兴市场国家构成的分工体系中，发达国家也无法无限制地提高其外债水平。

1. 发达国家—新兴市场国家

由于 $P(y') = 1$，发展中国只有对外供给没有对外需求，必然会存在贸易不平衡①，在这一市场中，发达国家企业的发展中国家生产要素取决于发达国家维持贸易逆差的能力。根据前文的分析可知，发达国家每使用一单位的发展中国家劳动力，都会创造 L 单位的贸易逆差，假定发达国家能够维持的债务上限年度增量为 d，则发达国家最多能使用 $\dfrac{d}{L}$ 单位的发展中国家的劳动力。

2. 发达国家—成熟市场国家

随着发展中国家收入的提升，贸易不平衡逐渐消失，发展中国家（发达国家）的生产与需求相等。对于发展中国家而言，对其产品的需求 D_{ing} 满

---

① 但是这种贸易不平衡会随着新兴市场国家向成熟市场国家的转化而逐渐消失。

足式（6-5）：
$$D_{ing} = (1 + l_m') L + l_m' (T' - p) \times P(y') \qquad (6-5)$$

相应地，发展中国家的供给 S_{ing} 满足式（6-6）：
$$S_{ing} = 2l_m' (y' - p) \qquad (6-6)$$

对于发展中国家而言，市场出清条件为式（6-7）：
$$(1 + l_m') L + l_m' (T' - p) \times P(y') = 2l_m' (y' - p) \qquad (6-7)$$

由于市场中仅存在发展中国家企业和发达国家企业，当发展中国家企业达到市场出清条件时，发达国家企业也满足市场出清条件。由前文的分析可知，发展中国家参与生产的人员数量为 $l_m + 2l'$，由于劳动力无法在国际自由流动，这里不再考虑参与生产的人员数量的变动，则发展中国家参与生产的人员构成满足式（6-8）：
$$l_m + 2l_m' = 1 \qquad (6-8)$$

6.3 全球化分工背景下技术更新换代模型的求解

考虑到新兴市场国家的企业发展完全依赖于外部需求的扩张和发达国家的生产转移，其研发投入决策是被动地积累技术进步并逐步向成熟市场国家转型。模型的求解关键在于确定均衡状态下成熟市场国家和发达国家企业的研发投入决策。

6.3.1 均衡状态下的研发投入决策—成熟市场国家的企业

成熟市场国家的企业的研发投入决策为：在式（6-4）、式（6-7）和式（6-8）的条件下，选择最优的技术水平 y' 最大化企业利润，即式（6-9）：

$$\max \{ R' \times l_m' \}$$
$$s.t. \ (1 + l_m') L + l_m' (T' - p) \times P(y') = 2l_m' (y' - p)$$
$$l_m + 2l_m' = 1$$

$$P(y') = \begin{cases} 0, & R' > \dfrac{y - L + 2Z}{3} \\[2ex] \dfrac{-3R' + y - L + 2Z}{4Z}, & \dfrac{y - L + 2Z}{3} > R' > \dfrac{y - L - 2Z}{3} \\[2ex] 1, & R' < \dfrac{y - L - 2Z}{3} \end{cases} \qquad (6-9)$$

令 $A = R' = (1 - m)y'$，在既定的技术世代下市场集中度和技术水平 y' 的函数关系是固定的，且 $m(y')$ 关于 y' 递减，因此 A 和 y' 具有一一对应关系，求解 A 等同于求解 y'。

由于 $P(y')$ 为分段函数，求解成熟市场国家的企业研发投入决策时，应分情况考虑，首先，当 $\frac{y - L + 2Z}{3} > A > \frac{y - L - 2Z}{3}$ 时，求解式（6-9），可以得到成熟市场国家的企业的研发投入决策满足式（6-10）：

$$A = \sqrt{\frac{10LZ - Ly + L^2}{2}} \qquad (6-10)$$

其次，当 $A = \sqrt{\frac{10LZ - Ly + L^2}{2}} > \frac{y - L + 2Z}{3}$ 时，成熟市场国家的资本所有者对本国企业的需求为零，即 $P(y') = 0$，此时利润函数可以简化为式（6-11）：

$$\pi_m = \frac{AL}{2A + 3L} \qquad (6-11)$$

随 A 的上升，π_m 逐渐增大，在这种情况①下，成熟市场国家的企业会逐渐取代发达国家企业，考虑到资本的使用成本，A 会一直上升直到资本边际效率低于其边际成本，令此时的资本存量为 y^*。

最后，当 $A = \sqrt{\frac{10LZ - Ly + L^2}{2}} < \frac{y - L - 2Z}{3}$ 时，成熟市场国家的资本所有者只消费本国企业的产品，即 $P(y') = 1$，此时利润函数可以简化为式（6-12）：

$$\pi_m = \frac{A}{2} \qquad (6-12)$$

随着 A 的上升，π_m 逐渐增大，在这种情况下，成熟市场国家的企业会逐渐提升产品品质直到 $A = \frac{y - L - 2Z}{3}$，这一阶段中，$(y') = 1$，发展中国家仍处于生产转移阶段，成熟市场国家的企业的研发投入决策并不考虑这一情况。

综上所述，可以得到成熟市场国家的企业的研发投入决策为式（6-13）：

---

① 后面会进一步证明，这种情况是不存在的。

$$A = \begin{cases} \sqrt{\dfrac{10LZ - Ly + L^2}{2}}, & \dfrac{y - L + 2Z}{3} > \sqrt{\dfrac{10LZ - Ly + L^2}{2}} > \dfrac{y - L - 2Z}{3} \\ \\ A(y^*), & \sqrt{\dfrac{10LZ - Ly + L^2}{2}} < \dfrac{y - L - 2Z}{3} \end{cases}$$

$$(6-13)$$

其中，在 $\dfrac{y - L + 2Z}{3} > \sqrt{\dfrac{10LZ - Ly + L^2}{2}} > \dfrac{y - L - 2Z}{3}$ 的区间内，成熟市场国家的企业的技术水平取决于发达国家企业的技术水平，且两者负相关，因此，需要求解发达国家企业的研发投入决策才能得到全球化分工体系下的市场均衡。

6.3.2 均衡状态下的研发投入决策——发达国家企业

发达国家企业的研发投入决策为：在式（6-4）、式（6-7）和式（6-8）的条件下，选择最优的技术水平 y' 最大化企业利润，即式（6-14）：

$$\max \left\{ R \times \left(\frac{l_e + l_m + l_{ed}}{2} \right) \right\}$$

$$\text{s. t. } (l + l_m')L + l_m'(T' - p) \times P(y') = 2l_m'(y' - p), \ l_m + 2l_m' = 1$$

$$(6-14)$$

$$P(y') = \begin{cases} 0, & R' > \dfrac{y - L + 2Z}{3} \\ \\ \dfrac{-3R' + y - L + 2Z}{4Z}, & \dfrac{y - L + 2Z}{3} > R' > \dfrac{y - L - 2Z}{3} \\ \\ 1, & R' < \dfrac{y - L - 2Z}{3} \end{cases}$$

令 $B = R = y - L$①，$D = l_e + l_{ed}$，由于 B 和 y 是一一对应的，求解 B 等于求解 y。

由于 $P(y')$ 为分段函数，求解发达国家企业的研发投入决策时，应分情况考虑，首先，当 $\dfrac{y - L + 2Z}{3} > A > \dfrac{y - L - 2Z}{3}$ 时，求解式（6-14），可以得到成熟市场国家的企业的研发投入决策满足式（6-15）：

---

① 相比于发展中国家，发达国家的市场结构是相对稳定的，故不再考虑发达国家的市场结构变化。

$$B = \frac{H \pm \sqrt{H^2 - GH}}{(1 + D)} \qquad (6-15)$$

其中，$H = 3A + 2Z + \dfrac{4ZL}{2A + L}$，$G = 3A + 2Z$。但是由于 $\dfrac{H + \sqrt{H^2 - GH}}{(1 + D)} >$

$3A + 2Z$[①]，排除 $B = \dfrac{H + \sqrt{H^2 - GH}}{(1 + D)}$，$B = \dfrac{H - \sqrt{H^2 - GH}}{(1 + D)}$ 是 $\dfrac{y - L + 2Z}{3} > A >$

$\dfrac{y - L - 2Z}{3}$ 时的唯一解。

其次，当 $A = \sqrt{\dfrac{10LZ - Ly + L^2}{2}} > \dfrac{y - L + 2Z}{3}$ 时，成熟市场国家的资本所有者对本国企业的需求为零，即 $P(y') = 0$，此时利润函数可以简化为式（6-16）：

$$\pi_{ed} = \left(\frac{2A + L}{2A + 3L} + D \right) \times B \qquad (6-16)$$

随着 B 的上升，π_{ed} 逐渐增大，在这种情况[②]下，成熟市场国家的企业会逐渐取代发达国家企业，相应地，A 会一直上升直到资本边际效率低于其边际成本，令此时的资本存量为 y^0。

最后，当 $A = \sqrt{\dfrac{10LZ - Ly + L^2}{2}} < \dfrac{y - L - 2Z}{3}$ 时，成熟市场国家的资本所有者只消费本国企业的产品，即 $P(y') = 1$，此时利润函数可以简化为式（6-17）：

$$\pi_{ed} = B \times D \qquad (6-17)$$

随着 B 的上升，π_{ed} 逐渐增大，在这种情况下，成熟市场国家的企业会逐渐提升产品品质直到 y^0，但是由于这一阶段中，$P(y') = 1$，发展中国家仍处于生产转移阶段，成熟市场国家的企业的研发投入决策并不考虑这一情况。

综上所述，可以得到发达国家的企业的研发投入决策为式（6-18）：

---

① $B = \dfrac{H + \sqrt{H^2 - GH}}{(1 + D)} > 3A + 2Z$ 是方程 $f(B) = (1 + D)B^2 - 2(1 + D)HB + GH + H^2D = 0$ 的解，将 $B = 3A + 2Z$ 代入 $f(B)$ 可以得到 $f(B) \big|_{B = 3A + 2Z} = GH - H^2 < 0$，由二次函数的性质可知 $\dfrac{H + \sqrt{H^2 - GH}}{(1 + D)} > 3A + 2Z > \dfrac{H - \sqrt{H^2 - GH}}{(1 + D)}$。

② 后面会进一步证明，这种情况是不存在的。

$$
B = \begin{cases} \dfrac{H - \sqrt{H^2 - GH}}{(1 + D)}, & \dfrac{y - L + 2Z}{3} > \sqrt{\dfrac{10LZ - Ly + L^2}{2}} > \dfrac{y - L - 2Z}{3} \\[3ex] y^0 - L, & \sqrt{\dfrac{10LZ - Ly + L^2}{2}} < \dfrac{y - L - 2Z}{3} \end{cases}
$$

$$(6-18)$$

6.3.3 市场均衡

由前文的分析可知，在既定的技术世代下，成熟市场国家的企业的技术积累水平 y' 和发达国家企业的技术积累水平 y 相互影响。当发达国家的技术水平较高时，发展中国家会选择较低的技术水平避免来自发达国家企业产品的竞争；当发展中国家的技术水平较高时，较高的收入带来了对国外产品需求的扩张，更大的市场能够支持发达国家企业能够选择更高的技术水平。

在既定的技术世代下，市场均衡状态意味着成熟市场国家的企业的技术积累水平 y' 和发达国家企业的技术积累水平 y 达到稳态，即 $y'(y(y'^*)) = y'^*$，其中，y'^* 和 $y(y'^*)$ 分别代表了均衡状态下成熟市场国家的企业的技术积累水平和发达国家企业的技术积累水平。图 6-2 代表了市场均衡的求解。

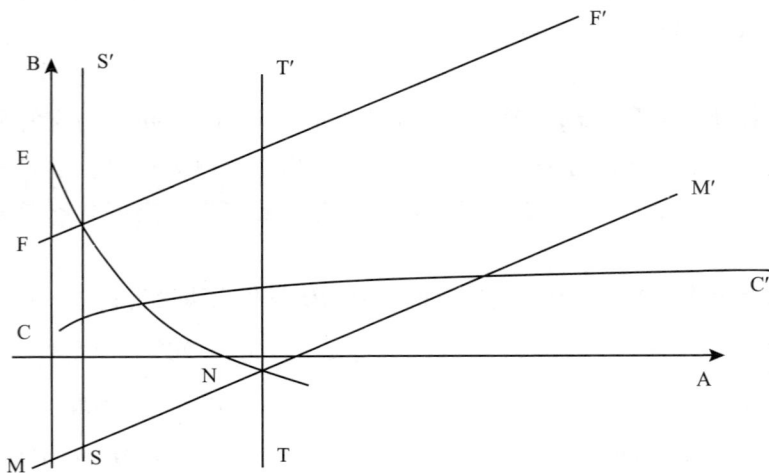

图 6-2　市场均衡

资料来源：作者整理。

其中，E 点坐标为（0，10Z），F 点坐标为（0，2Z），C 点坐标为 $\left(0,\frac{(6-\sqrt{24})}{1+D}Z\right)$，M 点坐标为（0，-2Z），N 点坐标为（$\sqrt{5LZ}$，0）。

FF′代表 $R'=\frac{y-L+2Z}{3}$，MM′代表 $R'=\frac{y-L-2Z}{3}$，则虚线 SS′左侧的部分代表处于生产转移阶段的新兴市场国家，虚线 SS′右侧的部分代表处于市场扩张阶段的成熟市场国家。CC′代表发达国家的研发投入决策 $B=\frac{H-\sqrt{H^2-GH}}{(1+D)}$，函数性质先增后减，且恒大于零。EN 代表发展中国家的研发投入决策 $A=\sqrt{\frac{10LZ-Ly+L^2}{2}}$，函数性质递减，虚线 S 经过 EN 和 FF′的交点（即$\frac{y-L-2Z}{3}=\sqrt{\frac{10LZ-Ly+L^2}{2}}$）且垂直于 x 轴，虚线 SS′经过 EN 和 MM′的交点$\left(即\sqrt{\frac{10LZ-Ly+L^2}{2}}=\frac{y-L+2Z}{3}\right)$且垂直于 x 轴。

由前面的分析以及图 6-2 可知，在不考虑区间 $\frac{y-L+2Z}{3}>\sqrt{\frac{10LZ-Ly+L^2}{2}}>\frac{y-L-2Z}{3}$（即虚线 SS′和虚线 TT′之间的区域），市场均衡为 CC′和 EN 的交点，由于 $B=\frac{H-\sqrt{H^2-GH}}{(1+D)}>0$，则 CC′和 EN 的交点必然存在于由变量 A、B 构成的坐标系的第一象限。

如果 CC′和 EN 的交点落在虚线 SS′和虚线 TT′之间的区域，则市场均衡即为 CC′和 EN 的交点。若 CC′和 EN 的交点落在虚线 TT′右侧的区域①，发达国家企业的研发投入决策满足 $B=y^0-L$，发展中国家的研发投入决策满足 $A=A(y^*)$，且发展中国家会通过提升产品品质取代发达国家。

随着发展中国家的资本所有者的收入水平的提高，消费者的偏好 Z 也会逐渐上升。可以证明，当 $Z>\frac{5}{4}L$ 时，MM′与 EN 相交于坐标系的第四象

---

① CC′和 EN 的交点不会落在虚线 S 左侧的区域（即生产转移阶段），如果落在这一区域则意味着必然存在 A 使得 $\frac{H-\sqrt{H^2-GH}}{(1+D)}>3A+2Z$，但是根据前文的分析可知，$\frac{H-\sqrt{H^2-GH}}{(1+D)}<\frac{G+(H-G)-\sqrt{H^2-GH}}{(1+D)}<G=3A+2Z$，因此，CC′和 EN 的交点不会落在虚线 S 左侧的区域内。

限，此时，和 EN 的交点落在虚线 SS′和虚线 TT′之间的区域，是一组市场均衡解，令市场均衡为 $y'(y(y'^*)) = y'^*$。

进一步考虑这一解是否为市场均衡的唯一解。根据前文的分析，发达国家企业的研发投入决策 CC′和成熟市场国家企业的研发投入决策 EN 将国际分工格局分成了四种情形。具体而言，在图 6 – 3 中，区域 A 和 C 代表全球市场中品质供给不均衡，其中，区域 A 中发达国家企业品质供给过剩，发展中国家品质供给不足，区域 C 中发展中国家企业品质供给过剩，发达国家品质供给不足；区域 B 代表全球市场品质供给过剩；区域 D 代表全球市场品质供给不足。

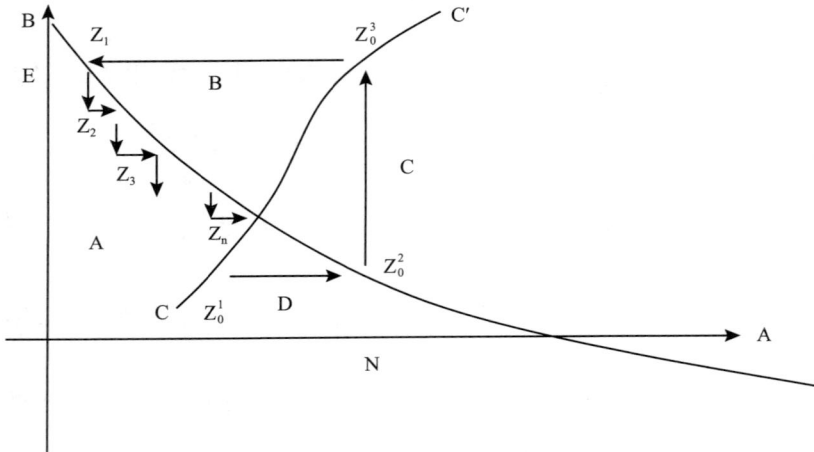

图 6 – 3　市场均衡的稳定性

资料来源：作者整理。

根据假设 8 可知，企业无法通过提升劳动力成本阻碍新企业的进入，由于新进入企业低成本、低品质的特征，相比于处于高端市场的发达国家企业，处于低端市场的发展中国家企业要面临被淘汰的危险。因此，面对品质供给过剩，发展中国家更容易降低自身品质，适应市场需求。

当世界市场处于区域 A 内时，发展中国家企业会通过研发提升产品品质，向曲线 EN 逼近，而发达国家企业会降低产品品质，相比于发展中国家，发达国家的调整过程是缓慢的，最终的演化路径表现为 "$Z_1 \rightarrow Z_2 \rightarrow \cdots \rightarrow Z_n$"；当世界市场处于区域 B 时，发展中国家企业提供产品的品质先下降，然后随着发达国家企业提供产品品质的提升而逐渐下降，最终的演化路径表现为"$Z_0^3 \rightarrow Z_1 \rightarrow Z_2 \rightarrow \cdots \rightarrow Z_n$"。类似地，在区域 C，演化路径表现为"$Z_0^2 \rightarrow Z_1 \rightarrow Z_2 \rightarrow \cdots \rightarrow Z_n$"；在区域 D，演化路径表现为"$Z_0^1 \rightarrow Z_1 \rightarrow Z_2 \rightarrow \cdots \rightarrow Z_n$"。无论在哪种情形下，国际分工格局都会向 $y'(y(y'^*)) = y'^*$ 趋近，这也是市场均衡的唯一解。

自此可以得到结论 I：

在既定技术世代下，随着发展中国家的资本所有者的收入水平提高，由发达国家企业与发展中国家企业构成的全球化市场存在市场均衡 $y'(y(y'^*)) = y'^*$。

根据前文分析可知，发达国家与处于成熟阶段的发展中国家参与生产的人员比例为 $l_{ed}:1$，随着进入成熟阶段的发展中国家越来越多，l_{ed} 越来越小，由 $D = l_e + l_{ed}$ 可知 D 越来越小。由式（6-18）可知，图 6-2 中，发达国家的技术水平提升，线 CC′ 向上移动，既定技术世代下，发展中国家的技术水平下降。

自此可以得到结论 II：

随着进入成熟市场阶段的发展中国家越来越多，发达国家的技术水平逐渐提升，既定技术世代下，发展中国家的技术水平逐渐下降。

类似地，由 $D = l_e + l_{ed}$ 可知，处于新兴市场阶段的发展中国家的数量越多，l_e 越大，D 越来越大。由式（6-18）可知，图 6-2 中，线 CC′ 向下移动，发达国家的技术水平逐渐下降，在既定技术世代下，发展中国家的技术水平逐渐上升。

自此可以得到结论 III：

随着进入新兴市场阶段的发展中国家越来越多，发达国家的技术水平逐渐下降，在既定技术世代下，处于成熟市场阶段的发展中国家的技术水平逐渐上升。

对于发达国家而言，处于成熟阶段的发展中国家越多越好，处于新兴市场阶段的发展中国家越少越好。全球化分工体系的发展路径为：发达国家通过生产转移利用发展中国家的廉价劳动力，之后新兴市场国家逐渐向成熟市场国家转型，发达国家开始新一轮的生产转移。随着全球化分工体系的发展，发达国家的技术水平越来越高，既定技术世代下，发展中国家的技术水平越来越低。

6.4 均衡状态下的技术积累与资本流动

6.4.1 新模型下的技术积累状况

既定的技术世代下，根据结论 I 可知，在宏观层面，发展中国家企业的技术与发达国家企业的技术水平互相影响，市场均衡状态下，发展中国家的技术水平与发达国家的技术水平趋向于 $y'(y(y'^*)) = y'^*$。

前文已经提到，发达国家企业和发展中国家企业在技术水平调整能力上的区别——面对品质供给过剩，发展中国家更容易降低自身品质，适应市场需求。相比之下，发达国家的技术积累是相对稳定的，而发展中国家的情况则有所不同。

具体到微观层面，产品价格为 $y' - P$ 的发展中国家企业面对的是一个收入水平为 $T - P$ 的消费市场，由于单独企业相对于整个市场的规模有限，单个企业产品品质以及收入的扩张并不会带来市场总体的变动。当其他厂商的技术水平、产品品质不变时，单个企业产品品质的提升既能提高企业的利润率，又能提高企业的市场占有率，在无厂商合谋的情况下，企业会选择继续技术积累，提升产品品质。因此，发展中国家企业有自发偏离市场均衡 $y'(y(y'^*)) = y'^*$ 的冲动，但是当所有企业都选择提升产品品质时，收入水平的提升带来了发达国家企业的竞争，发展中国家企业的市场萎缩，利润下降，市场提前进入衰退阶段，投资和研发资源转移到其他更有活力的市场中，为新企业的进入创造了条件。

由于世界市场中的劳动力成本不变，发展中国家的投资和研发资源可以无障碍地进入发展中国家的市场。当已有的发展中国家的市场生产转移阶段、市场扩张阶段最终达到市场均衡后，投资和研发资源将流入新生企业，从零开始技术水平的积累和产品品质的提升，并取代已有的达到均衡状态技术水平的企业，并在此基础之上，逐渐积累技术进步，重新达到新的市场均衡 $y'(y(y'^*)) = y'^*$。新企业在进入市场时可以选择更先进的技术世代，相比于发达国家，发展中国家的经济发展过程表现出资本使用寿命低和技术更新换代快的两大特点。

在传统的内生增长理论中，不同国家遵循着相同的资本积累路径，国际长期资本流动以低资本存量、高增长率的发展中国家为目的地。分化市场的存在意味着将全球各国视为一个经济体分析资源在国家间的转移、配置是无效的。在全球范围内，发展中国家和发达国家的资本积累过程体现出截然不同的特征。

6.4.2　国际长期资本流动模型

在内生增长理论的框架下，低资本存量、高增长率的发展中国家是国际长期资本流动过程中的净流入方。具体而言，根据投资形式的不同，国际资本流动可以区分为短期资本流动和长期资本流动，通常情况下，短期资本流动会受到国家货币当局的管控，因此，资本在国家间的配置主要通过长期资本流动实现。不失一般性地，以一个小而开放的经济体 M 为例，在资本和技术的两分法的前提下，分析国际长期资本流动。

对于一个小而开放的发展中国家而言，世界市场中的真实利率水平可以被视为既定的 r^{*1}。假定时间是非连续的，不存在不确定性，生产函数中仅有两种投入——资本和劳动，且满足 CD 生产函数的形式为式（6 - 19）：

$$Y_t = K_t^\alpha (A_t L_t)^{1-\alpha}, \ 0 < \alpha < 1 \qquad (6-19)$$

其中，K_t 代表 t 时期 M 国国内资本存量，L_t 为 t 时期劳动力数量，A_t 代表 t 时期技术水平，劳动力数量外生（这里假定劳动力数量等于人口 N_t，即 $L_t = N_t$）。要素市场满足完全竞争条件，要素报酬等于边际产出。

考虑到国际资本流动，这里假定 M 国可以无障碍地通过发行债券或者购买国外债券实现资本在国家间的流动①。因此，M 国的约束条件可以表示为式（6 - 20）和式（6 - 21）：

$$C_t + I_t + r^* D_t = Y_t + D_{t+1} \qquad (6-20)$$

$$I_t - \delta K_t = K_{t+1} - K_t \qquad (6-21)$$

其中，C_t 代表 t 时期的消费，I_t 代表 t 时期的新增投资，δ 代表折旧率，D_t 代表 M 国的外部债务。资本存量 K_t 被 M 国占有，由于不存在不确定性，国家可以以固定利率无限制地发行债务。

令 M 国国内利率 r_t 满足式（6 - 22）：

$$r_t = \alpha \left(\frac{k_t}{A_t} \right)^{\alpha-1} + 1 - \delta \qquad (6-22)$$

---

① 由于不考虑不确定性，国际资本流动等同于国际债务流动，中国持有的大量美国国债意味着资本由中国流向美国。

即资本的边际产出和折旧率的差值，其中，k_t 表示人均资本存量。假定国家间资本完全自由流动，则 M 国国内利率等于世界市场中的利率，即 $r_t = r^*$，代入式（6 - 22）可以得到在均衡状态下，有效劳动单位的资本存量 $\overline{k_t}$ 满足式（6 - 23）：

$$\overline{k_t} = \tilde{k}^* = \left(\frac{\alpha}{r^* + \delta - 1} \right)^{1/1-\alpha} \tag{6-23}$$

在新古典增长理论中，技术进步过程是外生给定的，M 国的技术水平 A_t 满足 $A_t = A_0 g_m^t$，其中 g_m 代表 M 国的技术进步速率。相比之下，世界其他各国的技术水平 A_t^* 满足 $A_t^* = A_0^* g^{*t}$，A_t^* 可以被视为 M 国在经济增长过程中面临的技术前沿，g^* 为技术前沿的增长速率。对于发展中国家 M 而言，技术进步既可以表现出赶超状态也可以表现出持续落后状态，相应地，这里用 π_t 表示 M 国的技术赶超的潜力，即式（6 - 24）：

$$\pi_t = A_t / A_t^* \tag{6-24}$$

进一步，令 $\pi = \lim_{t \to \infty} \pi_t$，当 $\pi > 1$ 时，M 国的技术进步水平会赶超技术前沿的技术水平；当 $\pi = 1$ 时，M 国的技术进步水平相比于技术前沿的技术水平无变化；当 $\pi < 1$ 时，M 国的技术进步水平会滞后于技术前沿的技术水平。

需求层面，这里参照巴罗和萨拉 - 伊 - 马丁（Barro and Sala - i - Martin，1995）以及罗默的《高级宏观经济学》对消费函数进行定义。消费函数采用 CRRA 函数形式[①]，即：

$$u(c) = (c^{1-\gamma}) / (1 - \gamma)$$

消费者的跨期需求函数为式（6 - 25）：

$$U_t = \sum_{s=0}^{\infty} \beta^s u(c_{t+s}) \tag{6-25}$$

考虑到国际资本流动，代表消费者的预算约束可以被表示为式（6 - 26）：

$$C_t + K_{t+1} = r^* (K_t - D_t) + D_{t+1} + N_t w_t \tag{6-26}$$

其中，w_t 是工资水平，等于劳动的边际产出，即：$w_t = (1 - \alpha) k_t^\alpha A_t^{1-\alpha}$。根据消费者的预算约束和需求函数可以得到相应的 Euler 方程，即式（6 - 27）：

$$c_t^{-\gamma} = \beta r^* c_{t+1}^{-\gamma} \tag{6-27}$$

新古典增长模型中的国际资本流动：

根据之前的假设，这里可以求解人均初始资本存量为 k_0，人均初始国

———————————————

[①] 不失一般性地，这里不考虑人口变化的影响，并假定家庭成员数量为 1。

外借款量为 d_0 的 M 国在时间段 [0，T] 的资本流入（出）规模 CAL。这里的 [0，T] 代表 M 国的技术追赶阶段，当 t < T 时，$\pi_t < \pi$；当 t > T 时，$\pi_t = \pi$。CAL 满足式（6 – 28）：

$$CAL = \frac{\Delta D}{Y_0} = \frac{D_T - D_0}{Y_0} \qquad (6-28)$$

求解模型可以得到式（6 – 29）：

$$CAL = \frac{\tilde{k}^* + \tilde{k}_0}{\tilde{y}_0}(g^*)^T + \frac{\tilde{d}_0}{\tilde{y}_0}[(g^*)^T - 1] + (\pi + 1)\frac{\tilde{k}^*}{\tilde{y}_0}(g^*)^T +$$

$$(\pi + 1)\frac{\tilde{w}}{r^* \tilde{y}_0}(g^*)^T \sum_{t=0}^{T-1}\left(\frac{g^*}{r^*}\right)^t\left[1 - \frac{\pi + 1}{\pi_t + 1}\right] \qquad (6-29)$$

由式（6 – 29）可以看出，资本流入与技术发展潜力 π 成正比，与人均初始资本存量 k_0 成反比，与人均初始国外借款量 d_0 成反比。一方面，由于技术进步的外生性特征，任何资本积累的技术水平都会提高到潜在技术水平 π，当前的技术状态 π_t 不会影响资本积累与国际资本流动。另一方面，由于发展潜力大，初始资本稀缺的发展中国家理应获得更多的资本流入而不是流出。

6.4.3　资本流向悖论

现实中，相比于高资本存量、低增长速度的发达国家，国际上的长期资本流动格局并没有向发展中国家倾斜（Gourinchas and Jeanne，2011）。具体到中国的情形，长期的贸易顺差带来的巨大外汇储备意味着"中国人储蓄，美国人投资"的格局，这并不符合新古典经济增长理论的预期（Song et al.，2011）。这样的现象都可以归结为"资本流向悖论"（allocation puzzle）——为什么国际长期资本流动方向是从发展中国家到发达国家而不是相反？由于 2000 年以来大量的国际资本从发展中国家回流美国，这一悖论又重新获得了学术界的关注。

很多研究将"资本流向悖论"视为一种资源的错配，并借此出发寻找资源错配的原因。宋等（Song et al.，2011）利用异质企业模型和信贷市场的不完善分析了高生产率企业利用外部融资的必要性；松山（Matsuyama，2004、2005）的研究表明金融市场失灵会带来经济体在自身并不具有技术优势的行业（部门）进行资本积累；安特拉斯和卡巴莱罗（Antras and Caballero，2009）认为在这种金融条件下，低效企业比高效企业更有优势。

相比之下，古林查斯和简妮（Gourinchas and Jeanne，2011）认为长期资本流动之谜本质上是储蓄之谜，并利用被扭曲的投资决策解释储蓄和资本流动的异常状态；克雷（Kraay，2000）将高储蓄的原因归结为人口因素、不完善的金融市场、福利和社会保障制度的缺失。恩里克等（Enrique et al.，2009）认为金融市场发展的国家间差异决定了发达国家的金融市场具有更强的吸引力；多利等（Dooley et al.，2007）分析了中国政府出口导向政策和就业政策对于国际收支的影响。

以上研究都建立在中国经济的高资本回报率特征与巨大的贸易顺差并存是一种资源错配的基础之上，并进一步分析金融市场和社会文化因素对于资源的扭曲配置。本书认为，"资本流向悖论"的原因在于在体现型技术进步的前提下，为了获得更高的技术水平，设备资本的更新换代是必不可少的过程，发展中国家的经济增长过程不能通过"先资本积累再技术进步"的方式发生，两者是不可分割的统一过程。因此，衡量资本的效率既要考虑到资本存量状态，也要考虑到资本积累中包含的技术进步。发达国家虽然资本存量高，但较高的技术水平保证了发达国家对外资的吸引力，相比之下，发展中国家的资本使用寿命低、技术更新换代快的特点抵消了其生产效率优势。

相比于内生增长理论下的国际长期资本流动机制，本书的模型有两点不同：其一，从较低的技术水平到较高技术水平的发展过程中，大量低技术含量的资本设备被淘汰；其二，技术进步的过程并非外生，落后企业（发展中国家）更倾向于采用新技术。考虑到体现型技术进步的特征，国际资本流动将表现出完全不同的状态。

首先，从较低的技术水平到较高技术水平的发展过程中，大量低技术含量的资本设备被淘汰。对于发展中国家而言，较低的技术水平意味着大量的低水平重复投资，在经济增长和转型的过程中，这些以高投资、重污染为特征的厂房设备将被逐渐淘汰，考虑到这一特征，发展中国家的资本在高边际产出之外还具有高折旧率的特征，发展中国家的新增投资的使用期比发达国家更短，这也构成了发展中国家投资的不利因素。因此，相比于发达国家的投资环境，发展中国家的投资环境在吸引外资方面并不一定具有更强的竞争力。

具体到新古典增长理论下的国际资本流动模型而言，根据式（6-29），由于折旧率 δ 的上升，均衡状态下的有效劳动单位的资本存量 $\tilde{k}^*$ 下降，这意味着资本积累驱动的经济增长的空间变小。根据式（6-29），均衡状态下的有效劳动单位的资本存量 $\tilde{k}^*$ 的下降带来了长期资本流入 CAL 的减少，考虑到设备投资的使用期和折旧，发展中国家并非理想的投资目的地。

其次，技术进步的过程并非外生，落后企业（发展中国家）更倾向于采用新技术。在体现型技术进步的理论框架下，企业需要在新技术和旧技术之间做出选择，旧技术更适应现有的生产条件，新技术有更高的生产效率。对于落后企业（发展中国家）而言，新技术面临的竞争和阻力更小。在不考虑国际分工的前提下，技术进步会呈现出熊彼特理论中的"蛙跳式增长"，即使考虑到国际分工，落后企业（发展中国家）也更倾向于接受来自发达国家的生产转移，进而实现技术上的模仿乃至超越。无论在哪种情形下，落后企业（发展中国家）都拥有更快的技术进步速率，长期来看，各国的技术进步过程是趋同的，各国的技术发展潜力 π 不存在差异，因此，国际资本流动与各国的技术进步速率无关。

综上所述，考虑到发达国家的技术世代优势，长期资本流动更倾向于以发达国家为目的地。换言之，全球化分工背景下的技术更新换代模型中，资本流向悖论不复存在，国际长期资本流向取决于现有的资本存量和技术更新换代的速度，发展中国家的"后发优势"并不明显。

6.5　均衡状态的打破与技术更新换代

技术世代的先进或落后表现在两个方面：其一，越先进的技术世代对生产要素的使用效率越高，资本产出比也越低；其二，越先进的技术世代在既定的市场结构下生产效率越高。在本章的模型中并未考虑资本这一生产要素，因此技术世代的先进或落后表现在市场结构与生产效率之间的比较。根据前文的分析，m 代表了企业内部的分配格局，完全由市场结构决定。在此基础上，令市场结构 μ 满足 μ = 1 - m，市场结构和生产效率的关系可以被简化为式（6 - 30）：

$$\mu = \frac{y'}{X} \qquad (6-30)$$

其中，X 代表技术世代的先进程度。进一步可以得到式（6 - 31）：

$$A = \frac{y'^2}{X} \qquad (6-31)$$

由于 A 是固定的，由式（6 - 31）可知，在既定的市场均衡条件下，技术世代越先进，技术积累水平越高。

对于发展中国家而言，经济增长路径有两个：其一，在既定技术路径下提升技术积累水平，如果发展中国家的企业在同一技术世代下无限提升其技术水平，那么总有一天会满足 y < y' + P 条件，并最终取代发达国家企业；其二，选择更先进的技术世代，实现超越式增长。根据前文的分析可知，由于 A 是固定的，第一种增长路径并不可行。

在前文的分析中，对发展中国家资本所有者的需求分析建立在 y > T' − p > y' − P 的基础之上，如果产品的技术世代较为先进，那么企业会在尚未获得较强市场势力时就已经获得较高的生产效率，此时，由于劳动力成本是固定的 L，企业折价销售的幅度 p 很大。具体而言，在市场发展初期满足条件 y < T − p 的情形下，发展中国家企业选择溢价销售带来的收入效应对发展中国家企业的产品和发达国家企业的产品影响是一致的，发展中国家资本所有者会直接比较两种产品的品质的高低，这里只考虑之前被忽略的价格效应——当 y < y' + P 时，发展中国家资本所有者会选择本国产品。

考虑到技术世代的变动，不失一般性地，发展中国家实现超越路径的充分条件为：在发展中国家企业的产品满足 y = T' − p 时，发展中国家的资本所有者都选择本国产品即可。据此可知，发展中国家实现超越路径的充分条件为式（6 − 32）：

$$y' + P \big|_{y' = T' - p} > y \qquad (6-32)$$

根据前文假设，可以将上式化为式（6 − 33）：

$$X = \frac{2y'^2}{y' + L} \bigg|_{y' > \frac{2y + 3L}{3}} \qquad (6-33)$$

令 $S(y') = \dfrac{2y'^2}{y' + L}$，当 y' 大于零时，$S'(y') > 0$，$S'(y')$ 单调递增，上式可以化简为式（6 − 34）：

$$X > S\left(\frac{2y + 3L}{3}\right) \qquad (6-34)$$

自此可以得到结论Ⅳ：

当发展中国家的技术世代满足 $X > S\left(\dfrac{2y + 3L}{3}\right)$ 时，发展中国家可以打破原有的市场均衡，实现超越式发展。

进一步根据结论Ⅳ，$S(y')$ 可以近似视为发展中国家的技术壁垒。根据式（6 − 34）可知，$S(y')$ 随着发达国家技术水平 y 的提升而提升，结合前面的结论Ⅱ、结论Ⅲ可以得到结论Ⅳ：

随着进入新兴市场阶段的发展中国家越来越多，发达国家的技术水平下降，发展中国家实现超越式增长的壁垒越来越低；随着进入成熟阶段的发展中国家越来越多，发达国家的技术水平上升，发展中国家实现超越式增长的壁垒越来越高。

随着越来越多的国家参与到全球化分工网络中，孤立地看待一国的经济增长过程越来越偏离经济发展的事实。这一章的研究将技术更新换代模型放在全球化分工体系的背景下，分析了发展中国家和发达国家不同的经济增长过程。在既定的技术世代下，发达国家利用其技术优势整合发展中国家的生产要素，由于市场的一体化进程落后于生产的一体化进程，收入差距的扩张带来了发达国家与发展中国家间的需求偏离过程，需求偏离过程为发展中国家的颠覆性创新创造了条件。颠覆性创新意味着新的技术世代的出现，发展中国家的经济增长过程表现为超越路径。

具体而言，发展中国家可以分为新兴市场国家和成熟市场国家，其中新兴市场国家收入较低，尚未形成有规模的对外需求，表现出长期的贸易顺差。相比之下，成熟国家收入逐渐提高，对外需求扩张，贸易顺差逆转。由于对外需求的扩张，发展中国家企业产品品质提升带来的市场扩张部分要被发达国家企业的生产满足，面对发达国家企业高品质产品的竞争，发展中国家企业的利润水平被锁定在固定的水平，采用新兴技术的企业技术积累水平低，而采用落后技术的企业技术积累水平高。在全球化分工体系达到市场均衡的情形下，发展中国家表现出资本使用寿命低和技术更新换代快的两大特点，当技术世代足够先进时，发达国家产品的竞争不会制约发展中国家企业的发展，发展中国家的经济增长过程可以表现为超越路径。

全球化分工体系的发展分为两个部分，一是随着进入新兴市场阶段的发展中国家越来越多，发达国家的技术水平下降，发展中国家实现超越式增长的壁垒越来越低；二是在此基础之上，新兴市场国家逐渐向成熟市场国家转型，最终所有国家都会被纳入全球化分工体系之中，随着进入成熟阶段的发展中国家越来越多，发达国家的技术水平上升，发展中国家实现超越式增长的壁垒越高。

6.6　本章小结

本书第 3 章至第 6 章从熊彼特的创造性毁灭概念出发，结合品质需求函数构建了需求导向的技术更新换代模型，并利用这一模型分析了全球分工背景下的发展中国家经济增长过程，刻画了全球化分工对于发展中国家经济增长的影响。

发展中国家在嵌入全球化生产体系的过程中要经历两个阶段——新兴市场阶段和成熟市场阶段——才能最终发展成为发达国家。在新兴市场阶段，发达国家通过对外直接投资（FDI）、技术援助等方式帮助发展中国家参与到全球化生产体系中；在成熟市场阶段，发展中国家内需引导的产品升级过程要面对发达国家企业的竞争。

站在发达国家的角度，全球化分工体系的发展路径为：发达国家通过生产转移利用发展中国家的廉价劳动力，之后新兴市场国家逐渐向成熟市场国家转型，发达国家开始新一轮的生产转移。随着全球化分工体系的发展，发达国家的技术水平越来越高，既定技术世代下，发展中国家的技术水平越来越低。与此同时，随着发达国家的技术水平越来越高，发展中国家实现超越式增长的壁垒也越来越高。

对于发展中国家而言，可以通过行业间非平衡的发展策略避免国内市场被国外企业占领。具体到全球化分工背景下的技术更新换代模型中，对于优先发展的产业而言，生产效率的提升并不会带来市场中消费者收入的上升，其需求可以视为既定的，由于市场中既有低收入的劳动收入者又有高收入的资本收入者，优先发展的产业中的企业会分化成高品质产品供给者和低品质产品供给者①，相应地，产品品质为 L' 和 $T'-p$，相比之下，非优先发展产业中产品的品质为 y'——优先发展产业中的企业拥有更高的产品品质。

在这样的情形下，对于优先发展的产业而言，实现超越式经济增长的条件为：$T'\big|_{y'=T'-p} > y$。根据前文假设，可以将上式写为：$X > S\left(\dfrac{2y-L}{3}\right)$。

与式（6-34）相比，非平衡发展战略下实现超越式经济增长的壁垒更小。

由于超越式增长壁垒的存在，政府干预对于发展中国家企业选择超越式增长路径的影响不容忽视。这里将从产业政策、研发补贴和政府主导研

---

① 在之前的模型分析中，对于同一条技术路径下的企业，生产高品质产品的企业会兼并生产低品质产品的企业，在兼并过程中，被兼并企业的收入上升，供给产品品质也上升，市场中的品质供给和品质需求仍相等。但是在既定的市场需求下，企业即使兼并了生产低品质产品的企业，市场中的品质需求却没有变，因此会出现品质供给超过品质需求的状况，为新企业的进入创造条件，在这样的情形下，无法通过收购的方式完全阻止新企业的进入。

发三个方面分析政府在超越式增长路径中的作用。

首先，政府应当选择重点产业优先发展的产业政策。根据前文的分析，在全球化背景下的技术更新换代模型中，发展中国家企业发展受阻的重要原因在于其生产效率的提升带来的收入扩张（资本所有者收入的提高）并不能由发达国家本国的生产满足，生产和需求在产品品质层面的偏离为发达国家企业进入发展中国家市场提供了条件。如果选择重点产业优先发展的产业政策，那么重点产业的发展将不会带来收入的全面扩张，避免了国内市场被国外企业迅速占据的局面，为发展中国家企业实现超越式发展提供了支持。

对于发展中国家而言，重点产业优先发展的战略在产业升级的同时保护了本国市场，类似地，发展中国家也可以通过关税、配额等贸易壁垒在本国产业实现超越式增长路径的过程中保护本国企业免受国外高技术、高品质企业的竞争，降低超越式增长路径的壁垒。

其次，政府在实施重点产业优先发展战略时应当选择包含更多通用技术进步的产业。由于通用技术进步对于整体经济的影响，只需要少量采用通用技术进步的先行企业的创新和尝试，待技术成熟，自然会逐渐扩散直到占领市场。

通用技术进步的特点可以总结为以下三点：一是在经济体的各产业门类都有应用，比如发动机、半导体、互联网等；二是对其后的研发有重要影响（促进作用）；三是需要具体使用该技术的产业进行配套投资才能发挥作用。在此基础之上，哈尔和特拉坦伯格（Hall and Trajtenberg，2004）根据专利技术被其后专利引用的行业分布计算了技术进步的通用性指标（generality index），这一计算方法后来经过斯奎卡里尼等（Squicciarini et al.，2013）的改进，成为 PATSTAT 采用的标准方法，并广泛地被应用于后续研究中（Barbieri et al.，2020；Klinger et al.，2021；Igna et al.，2023）。研究表明，化学技术、计算机技术、医疗设备、电子技术、医药技术、信息管理技术、人工智能技术等行业中包含的 GPT 最多（Squicciarini et al.，2013；Barbieri et al.，2020；Klinger et al.，2021；Igna et al.，2023）。站在发展中国家的立场，这些行业也是政府选择重点行业的依据。政府应当选择合适的产业扶持政策保证这些行业在经济体中优先发展。

最后，政府应当主导新兴技术领域的研发，寻找新的技术突破，为超越式发展提供效率更高的技术路径。

对于社会整体而言，创新并非一个简单的 R&D 投入并最终获得生产效率提升的结果，而是一个经济体如何利用科学技术的过程。因此，与通常的投资相比，R&D 的区别不仅仅是风险更大，收益更高，由于毁灭型创新对于市场的颠覆式影响，并不存在一个既定的需求目标供企业的研发人员参考，毁灭型创新中的不确定性表现为"奈特不确定性"（Knightian uncertainty）（Knight，1921）的特征，"奈特不确定性"不同于风险，它的结果和预期都是不可计量的，这样的风险形式也决定了政府比资本市场更有能力解决间断式创新中的融资问题。在基础之上，市场难以在创新系统中发挥作用，相比之下，政府更有能力也更有意愿去塑造创新系统，促进间断式创新的研发和应用。

根据前文的分析，对于全球化分工背景下发展中国家而言，超越路径的关键在于更多的间断式创新，而间断式创新的提供需要政府更多地参与到技术研发的过程中，引导私人部门促进经济体接受间断式创新。

第7章 中国嵌入全球创新系统的位置分析

与 GVC 嵌入不同,已有研究对全球创新系统的嵌入位置并没有非常成熟的测度方案,本章在前人研究的基础上,从技术范式的角度理解全球创新系统的嵌入位置,并借助 PATSTAT 的数据,刻画中国制造嵌入全球创新系统的位置,考虑到大学和企业在制造业创新中发挥的作用,分别考察两者在全球创新系统中的嵌入位置,并从产学研结合的角度看待中国整体的技术积累状态。囿于 PATSTAT 的数据的可得性,本书仅选取了 2018 年以前的数据进行研究。PATSTAT 的数据以专利数据为主,对于企业和科研机构而言,专利的申请一般要早于相关技术的商业化过程 5 ~ 10 年(陈慧琪等,2023;宋敏等,2023),考虑到专利数据领先其他经济数据的特征,2018 年的数据恰好能够说明当前中国经济发展的现实,并分析当前中国经济发展过程中存在的问题。

7.1 全球创新系统嵌入位置的理论渊源

在现有比较优势的基础上,中国企业向 GVC 中高端攀升的动力机制亟须由外需导向、要素驱动向创新驱动转型(刘志彪,2011;洪银兴,2017;张杰和郑文平,2017)。而基于"微笑曲线"的 GVC 升级仅考察企业在产品维度的角色变化,难以解释那些独立于产品维度之外的核心技术获取行为。针对这一问题,本部分在"微笑曲线"的基础上,加入技术维度①,将国际分工体系视为全球创新系统而非价值创造系统,分析不同国家、行业

---

① 为了方便区分,本书将从技术维度分析的生产链条称为"技术链条",将从产品维度分析的生产链条称为"产品链条"。

的角色和地位，刻画攀升 GVC 中高端的创新升级路径①。与 GVC 升级相比，创新升级不是一个由低效企业转变为高效企业的过程，而是作为区域创新系统在现有技术储备的基础上，不断扩展自身的技术边界，丰富区域内创新参与者类型和技术联系，进而提升制造业整体创新效率的过程。

知识的外溢性决定了创新是一个相互影响、具有演进特征的累积过程（Scotchmer，1991；Green and Scotchmer，1995），创新的累积性使得创新者能够站在前人的肩膀上展开研究，为创新者之间的技术联系创造条件。与 GVC 研究关注贸易联系相比，本部分的研究对象是不同国家、行业之间的技术联系，可以视为累积性创新在垂直专业化分工条件下的具体表现。针对这种技术联系，已有研究主要从创新系统和创新网络两个视角展开。

7.1.1　全球创新系统理论

创新的累积性将所有与技术学习、搜寻、探索相关的主体联系在一起，形成了一个由企业、R&D 实验室、大学等机构或组织构成的创新系统（innovation system）（Lundvall，1988；Nelson，1988；Freeman，1988）。知识交流、合作不仅能够促进先进技术在系统内扩散，还能促进新发明、新技术的出现。在此基础上，学者们从区域（国家）、行业、全球化等视角出发，对创新系统展开进一步分析。

针对区域创新系统（regional innovation system）和国家创新系统（national innovation system），伦德瓦尔（Lundvall，1992）强调了同一区域内面对面的知识交流对于创新的重要作用，本土市场中供应商、生产企业、用户之间的联系能够提升国家、地区的竞争优势；凯泽（Kaiser，2002）、劳森和梅利恰尼（Laursen and Meliciani，2002）分析了用户与生产企业之间的联系如何影响企业在出口市场中的表现；劳森和德雷杰尔（Laursen and Drejer，1999）、卡斯特拉奇（Castellacci，2006）、马莱巴和麦凯尔维（Malerba and McKelvey，2020）、梅塞尼和穆尔贾（Messeni and Murgia，2020）揭示了与大学的研发合作对于区域内研发型企业以及区域经济增长的重要影响。在这一框架下，对知识流动的研究依然遵循着马歇尔式的集聚逻辑，关注

①　攀升 GVC 中高端依赖企业的创新活动，区别于已有的 GVC 升级，本书将这一升级过程称为"创新升级"。

区域内、国家内的知识联系对于企业的研发活动影响。

在区域知识联系之外，布雷希等（Breschi et al.，2000）、马莱巴（Malerba，2005）、斯宾塞（Spencer，2003）等关注了知识联系的行业差异，提出了行业创新系统（sectoral innovation system）的概念。不同地区、国家的相同行业（比如半导体、医药、汽车等）表现出相似的知识联系格局。在技术范式①（technological paradigms）的基础之上，技术维度的异质性决定了不同行业的技术特征（technological regime）②。根据技术特征在创新机会（opportunity）、创新独占性（appropriability）、创新累积性（cumulativeness）等方面的具体表现，行业可以被分为"熊彼特 I 型"和"熊彼特 II 型"，相比于后者，前者的创新机会更多，创新累积性和创新独占性的特征不明显，企业间技术联系更密切（Marsili and Verspagen，2002；Malerba，2002；Van de Poel，2003；Dosi，2006；Granstrand and Holgersson，2020；Malerba and McKelvey，2020）。

结合行业在产品维度的表现，帕维特（Pavitt，1984）进一步将行业分为"供应商主导型"（supplier dominated）、"规模密集型"（production intensive）、"知识密集型"（knowledge intensive）和"专业供应商"（specialized supplier）四个部门。在此基础之上，卡斯特拉奇（castellacci，2008）考虑行业在生产维度和技术维度的不同表现，将创新系统划分为：先进知识提供行业（advanced knowledge providers）、大规模生产行业（mass production goods）、基础设施服务行业（infrastructural services）、最终物品和服务提供行业（personal goods and services）。其中，先进知识提供行业提供专业的知识服务以及各种专用、通用设备；大规模生产行业不仅具有较高的技术能力，还为其他行业提供中间产品；基础设施服务行业与最终物品和服务提供行业则是在有限的技术能力的基础上，利用其他行业的技术支持满足市场需求。四部门的功能不同，但都服务于技术的创新与应用，是创新系统中不可或缺的部分（Castellacci，2008）。

随着信息技术发展带来知识传播的便利，从全球范围内搜寻知识，并通过外部知识联系提升区域创新系统的运行效率变得可行（Cantwell，2001；

---

① 技术范式的概念在后文有详细的描述，参见（Dosi，1982）。

② 国内研究大多混淆了 Technological regime 和 Technological paradigm，都将其翻译为技术范式（或技术体制），实质上，这两个概念并不完全等同，Technological regime 强调的是企业、具体技术人员感知视角下的技术机会（Nelson and Winter，1977），它决定了创新的市场表现，为了更好地区分这两个概念，将 Technological regime 翻译为技术特征，将 Technological paradigm 翻译为技术范式。参见（Malerba，2002）。

Pietrobelli，2011）。国家创新系统之间的知识联系得到了更多的关注（Carlsson，2006；刘云等，2014、2015）。格里瑞里和皮埃特罗贝利（Guer-rieri and Pietrobelli，2004、2006）在对意大利和中国台湾地区中小企业调查中发现，技术范式的演进不仅取决于集群既有的知识积累，还得益于和其他国家、地区广泛的知识联系。国际市场和国际分工改变了马歇尔式的知识集聚形态。热贝罗蒂和皮埃特罗贝利（Pietrobelli and Rabellotti，2011）分析了 GVC 带来的国际经济联系对于发展中国家企业区域创新系统的影响，总结了不同 GVC 治理模式下的技术学习机制。

穆拉尔特和赛吉亚（Moulaert and Sekia，2003）以及科恩等（Coenen et al.，2012）认为，区域、国家创新系统的研究逻辑不适用于国际知识联系，难以刻画国外组织机构、知识资源对于国家创新系统的影响。全球化背景下，知识联系虽然受到距离因素的限制，但仍可以突破国家、区域的界限（Oinas and Malecki，2002；Binz et al.，2014），国家/区域创新系统在功能上相互补充，并作为子系统共同构成了更大规模的创新系统。在此基础之上，宾兹和德菲（Binz and Truffer，2017）提出了全球创新系统的概念，将世界各国的创新活动视为一个整体进行研究，深入分析国际知识联系以及不同行业的国际化表现。在此基础上，弗其林和宾兹（Fuenfschilling and Binz，2018）、玛卡德（Markard，2020）以及科恩和莫甘（Coenen and Morgan，2020）等在全球创新系统的基础上，对跨国知识流动及其对不同国家、地区企业的生产率的影响。

在全球创新系统中，世界范围内创新者通过知识联系、合作，作为一个整体完成新技术的创造与应用，结合行业创新系统理论对创新者角色的划分，不同的国家、行业有着不同角色、地位。这样的分析框架与 GVC 类似，但创新系统理论并未考虑创新者的角色转换，即创新升级过程，相比之下，本章的研究对象是一个存在创新升级的动态创新系统。

7.1.2 创新网络理论

与创新系统整体看待创新过程的视角不同，弗里曼（Freeman，1991）从创新者的视角出发，着眼于创新者及其之间的技术合作及交流，提出了"创新网络"（network of innovators）的概念，研究企业如何整合内外部创新资源，用于自身研发过程中。创新网络开放性和资源流动的特征模糊了企业的边界，催生了新的商业模式，开放式创新的概念（Chesbrough，2003）

也应运而生。在开放式创新网络中，平台技术、相同的技术标准、相近的人力资本积累等因素是企业间技术联系的基础（Chesbrough，2012；Laursen and Salter，2006；Obradović et al.，2021；Hameed et al.，2021）。企业一方面高效利用外部技术知识和创新资源，另一方面将自身闲置知识资源市场化，实现技术成果的商业化。

马琳和吴金希（2011）将创新网络和开放式创新的概念扩展到全球范围，提出了全球创新网络（global innovation network）的概念。此外，还有学者从全球生产网络（global production network）出发，将国际分工在技术、研发领域的细化总结为全球创新网络（Linden et al.，2009；Chen，2004；Herstad et al.，2014；Rohe，2020），与马琳和吴金希（2011）的研究殊途同归。在此基础之上，刘志彪（2015）结合全球创新网络与 GVC 研究，将 GIC 定义为"企业主动地在全球范围内搜索可利用的知识资源，形成了一个关注资源使用权并且具备高度开放性的创新网络"。

全球创新系统和 GIC 有着一致的研究对象，但 GIC 理论并未将相互联系的创新者视为一个整体进行研究，仅仅关注了创新者如何借鉴、利用已有的创新提升生产效率和创新能力，对创新者角色的刻画仍沿用 GVC 研究基于产品链条的划分方式（刘志彪，2015；刘皖青等，2018），对企业升级路径的研究仍遵循 GVC 升级的研究思路。相比之下，创新系统理论提供了更有深度的角色刻画，能够反映创新者在全球创新系统中发挥的作用，进而确定其技术地位与可行的创新升级路径。

本部分将创新系统的分析方法用于国际分工体系的研究，借鉴行业创新系统的方法（Castellacci，2008；杨锐和刘志彪，2015）分析全球创新系统的静态结构，并结合 GIC、GVC 研究中角色升级的概念，总结出中国制造业攀升 GVC 中高端的创新升级路径。

技术范式可以理解为在一定的知识集合内搜寻解决特定技术问题的"模型"或"准则"，它既可以是技术模板（exemplar），也可以是一系列的启发式方法（heuristics），通常对产品架构和系统的基本模型进行了界定，为后续创新确定发展方向。在既定的技术范式中，创新过程表现出累积性的特征（Dosi，1982）。

技术范式的存在意味着技术间的影响是不对称的。一方面，技术范式的改变属于熊彼特创造性毁灭的范畴，新的技术范式意味着打破已有的技术模板，重新建立起长期来看更具发展前景的创新逻辑，相比于持续性创新（incremental innovation），对于已有研究的借鉴有限。另一方面，技术范式的产生源于那些集中出现、彼此联系、又能够广泛地应用于各个经济领域的突破性创新（radical innovation）（Schumpeter，1939），影响着主导设计、技术标准的转变，对于后续创新的影响深远（Freeman and Louca，2001；Freeman et al.，1982）。

作为技术范式的一种具体表现形式（Coccia，2017），GPT体现了技术影响的不对称性。布雷斯纳和特拉坦伯格（Bresnahan and Trajtenberg，1995）、布雷斯纳（Bresnahan，2010）、哈尔和特拉坦伯格（Hall and Trajtenberg，2004）等将那些影响范围大、不断实现技术突破、能够为其他创新者提供参考的技术称为GPT。处于技术链条的上游（David and Wright，2006；Youtie et al.，2008），并通过影响技术领域的主导设计，改变创新者未来的研发决策（Cantner and Vannuccini，2012），为其他创新者提供新的技术标准与范式，对后续的技术进步奠定基础，其他技术可以视为GPT在具体技术领域的应用和扩展（Jovanovic and Rousseau，2005；Lipsey et al.，2005；Vu et al.，2020；Rasskazov，2020；Brynjolfsson et al.，2021）。

基于技术维度异质性，那些创造技术范式的创新者被视为技术创造者，处于技术链条的上游，为创新系统提供未来的技术演进路径；那些遵循技术范式的创新者被视为技术运用者，处于技术链条的下游，将新的技术范式应用到各个具体的技术领域。两者分工不同，彼此依赖，共同构成了一个以技术研发与应用为目标的创新链条。

在全球创新系统中，企业和大学都发挥着不可忽视的作用，大学提供基础性创新，企业则在此基础上实现应用型创新。两者间的深度合作与协同发展，是建设创新型国家的关键，也是推动中国制造业转型升级、实现高质量发展的重要保障。

7.1.3　全球创新链相关研究

随着国际分工的深化，国内外学者对于国际分工的研究不再局限于产品生产的不同环节，开始关注研发环节内部的分工（Chen，2004；Dunning et al.，2009；马琳和吴金希，2011）。范兆斌和苏晓艳（2008）在研发活动国际化的基础上，关注了创新过程的阶段性特征，提出了GIC这一概念。在GIC中，不同国家、地区的企业依据自身比较优势分处于不同的创新阶段。刘皖青等（2018）、张战仁和李一莉（2015）将GIC视为全球价值等级分工在研发创新领域深化与发展的产物。刘志彪（2015）强调了企业在全球范围内搜索知识资源的重要性，并将这种"关注资源使用权并且具备高度开放性的价值网络创新模式"界定为 GIC。李传超和杨蕙馨（2020）利用专利数据刻画了中国企业嵌入 GIC 的位置。

在刻画嵌入 GIC 的过程时，已有研究大多借鉴 GVC 的研究范式，将创新过程划分为不同的阶段，分析不同国家、不同行业在这些阶段的分布。陈（Chen，2004）通过问卷调查的方式研究了不同国家或地区的企业 IT 产业中的研发分工，在微笑曲线的基础上，将 GIC 抽象为一个包含概念设计、产品计划、设计调整、原型设计、过程确认、部件研发等阶段的创新过程。在此基础上，张战仁和李一莉（2015）、张战仁和占正云（2016）研究了 GIC 中金字塔形的全球等级分工，发达国家企业占据核心技术研发环节，而发展中国家则努力地由外围技术环节向核心技术研发环节移动。刘皖青等（2018）则分析了美国、英国、中国等国家嵌入 GIC 的模式。针对 GIC 和 GVC 之间的关系，刘志彪（2015）对比了嵌入 GIC 和嵌入 GVC 的目标、产业内容、决定因素等方面的异同，认为进入新常态的过渡时期，中国必须从嵌入 GVC 转向嵌入 GIC。

在已有研究的基础上，本章在专利引用网络的基础上，借助技术轨道（technological trajectory）的概念和主路径分析（main path analysis）方法刻画中国制造业在全球创新系统中的分工地位。

7.2　刻画全球创新系统嵌入位置的理论框架

7.2.1　主路径分析方法

创新演进的过程通常表现为少量突破性创新和基础性创新决定技术发展的轨迹，后续渐进式创新在此基础上不断完善、优化的过程。为了说明这样的发展逻辑，多西（Dosi，1982）提出技术范式（technological paradigms）和技术轨道的概念。其中，技术轨道是指既定的技术范式下，技术创新的渐进式发展过程。

不同的技术轨道嵌入位置意味着不同的技术性质，技术轨道上游的技术是新的技术轨道的开拓者，以探索性研究和基础性研究为主，而下游的技术则遵循已有的技术范式，以应用性技术为主。由于既定技术轨道发展的创新积累过程是有极限的（Dosi，1988），创新过程呈现出"探索—应用—探索—应用……"的循环发展路径。在后来的研究中技术范式和技术轨道的概念被广泛地应用于针对特定技术领域的实证研究中（Pavitt，1984；Christensen，1997；Finon and Staropoli，2001；黄鲁成和蔡爽，2009；蒲欣和李纪珍，2007；万小萍等，2018；李传超和杨蕙馨，2021），揭示技术和市场演进的规律。

针对技术轨道的刻画，引用网络是一个很好的工具（Mina，2006）。符斯巴根（Verspagen，2007）在此基础上通过主路径分析方法研究专利引用网络，将主路径视为技术轨道的具体表现，通过寻找网络中重要的点（Vertices）或边（Arcs）确定网络中的主要演化路径，识别引文网络中的关键技术及创新，并分析燃料电池的技术发展演进脉络。类似地，马丁内利（Martinelli，2011）、方塔纳和符斯巴根（Fontana and Verspagen，2009）、杨中楷和刘佳（2011）、杰夫和罗什福斯（Jaffe and Rassenfosse，2019）、金等（Kim et al.，2020）、渡边和高木（Watanabe and Takagi，2021）等运用这一方法具体研究了冠状动脉疾病、通信交换机、太阳能光伏电池板、电脑成像、色谱分析等具体领域的技术发展现状与历史演进。

主路径分析的对象是一个不存在循环引用的有向网络 N_0，基本构成元素为顶点 V_i 和边 A_{ij}，可以表示为点与边的集合 $\{V_1，V_2，\cdots，V_N；A_{12}，A_{13}，\cdots，A_{MN}\}$。路径 P_i 是由相邻的点或边构成的通路，是有向网络的子集，可以表示为点的集合 $\{V_1，V_4，\cdots，V_N\}$ 或边的集合 $\{A_{14}，A_{45}，\cdots，A_{MN}\}$。哈蒙和多利安（Hummon and Doreian，1989）提出了三种确定点/边重要性的方法：搜寻路径连接数（Search Path Link Count，SPLC）、搜寻路径节点对数（Search Path Node Pair，SPNP）以及节点对投影计数（Node Pair Projection Count，NNPC）。

在此基础上，巴特久奇（Batagelj，2003）将遍历权重，即单个点/边的遍历路径数与整个网络的遍历路径数的比值，作为每个点/边在网络中的重要性，并给出了可行的计算方法。遍历路径数即搜寻路径数（Search Path Count，SPC），即网络中起点（Source）到终点（Sink）所有路径中，通过顶点 V_i 或边 A_{ij} 的次数，这一方法的计算逻辑与 SPLC 一致。考虑到数据处理的可行性，本书也采用 SPC 法确定点/边在网络中重要，并由此提取出主路径专利。

在具体计算过程中，SPC 可以视为前向路径数 F_{V_i} 和后向路径数 B_{V_i} 的乘积。其中，前向路径数 F_{V_i} 代表指向顶点 V_i 或边 A_{ij} 的路径数量，后向路径

数 B_{V_i} 代表由顶点 V_i 或边 A_{ij} 出发的路径数。以图 7 - 1 所示引用网络为例，通过顶点 V_2 或边 A_{25} 的后向路径有两条：$\{V_2，V_5，V_6\}$ 和 $\{V_2，V_5，V_7\}$。V_2 本身为起点，前向路径数默认为 1。因此，总的遍历路径数为 2，遍历权重为 0.25（网络总的遍历路径数为 8）。由此，挑选出遍历路径数最高的点，以及它连接遍历路径数最高的点，依此类推，直至穷尽整个路径。在图 7 - 1 中，遍历路径数最高的点为 V_5，在其左侧，它所连接的遍历路径数最高的点为 V_4，在其右侧，它所连接的遍历路径数最高的点为 V_7。继续寻找 V_4 和 V_7 两侧遍历路径数最高的点，直至穷尽整个网络，可以得到第一条主路径为 $\{V_1，V_4，V_5，V_7\}$。同一引用网络内的专利并非相互连通，可能存在多条主路径，以上述引用网络为例，在主路径 $\{V_1，V_4，V_5，V_7\}$ 之外，还存在另外一条主路径 $\{V_8，V_9\}$。在具体分析过程中，如果存在相互间不存在引用关系的子网络，每一个子网络都能提取出相应的主路径。本书依据提取关键路径的顺序，将其划分为"第一主路径""第二主路径" …… "第 n 主路径"，这些路径代表了不同的技术轨道和技术可能性。

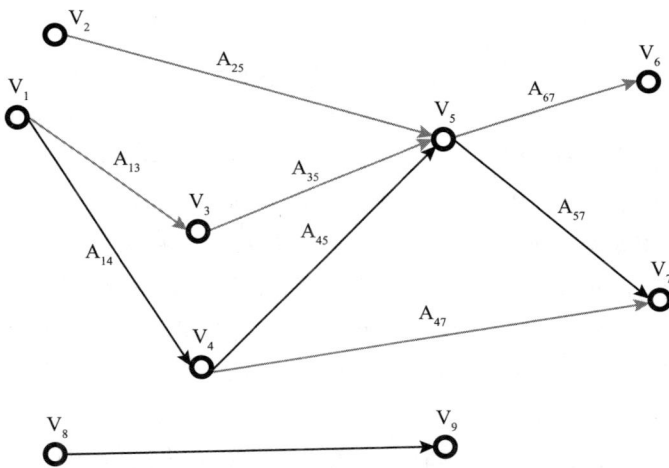

图 7 - 1　专利引用网络实例

资料来源：作者整理。

目前，多数主路径研究局限于单个技术领域的具体分析（Mina，2006；Verspagen，2007；Martinelli，2011；Fontana and Verspagen，2009；杨中楷，2011；Jaffe and Rassenfosse，2019；Kim et al.，2020；Watanabe and Takagi，

2021)。相比之下，本书从细分领域出发，将专利引用放入不同的技术分区，确定各个技术分区的主路径，并将这些结果汇总到一起进行分析。虽然每个技术领域的技术轨道演进都有自身的特点，但是对于整体处于技术追赶阶段的中国制造业而言，技术演进存在共性，能够帮助判断企业专利和大学专利性质差异。

7.2.2　基于主路径分析方法刻画全球创新系统嵌入位置

基于技术轨道的概念和主路径分析方法，全球创新系统的嵌入位置可以从以下两个方面去理解：

首先，从同一引用网络内不同技术轨道间的比较出发，嵌入不同的技术轨道意味着不同的技术选择。在相近的技术领域内，一个技术轨道代表一种技术可能性。科学研究中技术的可能性是无限的，但符合人类需求、具有经济价值的技术轨道毕竟是少数，这些技术轨道会吸引更多的企业参与其中，具有更强的累积性特征，技术的发展往往需要经过长时间的学习和消化。相比之下，大学会探索更多的技术可能性，相关技术轨道的累积性较弱，在技术发展过程中更容易出现技术赶超的机会。技术轨道中核心专利的 SPC 可以代表技术轨道的强度，SPC 越大，专利间的技术联系越强，引用网络越稳定，越难以被新加入的专利取代。由此，本书将那些具备累积性特征、核心专利 SPC 值较大的技术轨道称为积累路径，将那些具备探索性特征、核心专利 SPC 值较小的技术轨道称为探索路径。任何一个积累路径都是由探索路径发展而来的，但并不是每一个探索路径都能转化为积累路径，两者间的关系可以理解为探索路径为积累路径提供技术可能性。需要注意的是，SPC 值会随着引用网络中专利数量的上升呈现出指数级上升，而不同引用网络中的专利数量又受到技术领域划分方法的影响，因此，主路径之间的 SPC 值比较需要限定在同一引用网络内部。

同一技术领域内，先被提取出来的主路径具有更高的 SPC 值和累积性。在提取主路径的过程中，以第 n 主路径为界，将累积路径定义为第 n 主路径以前的主路径，将探索路径定义为第 n 主路径以后的主路径。通过分析大学专利和企业专利在探索路径和积累路径中的分布，能够了解大学专利和企业专利的嵌入位置差异和性质差异。

其次，从单一技术轨道的角度出发，不同的嵌入位置意味着不同的技术演进发展阶段。在技术轨道上游，技术发展存在不确定性，多种新兴技术都在萌芽、发展，形成了多个技术轨道并存的态势，直到某一技术占据优势、成为主导技术（Abernathy and Clark，1985）。主导技术意味着在不确定的技术环境中找到最优的技术选择，确定未来技术发展方向，自此以后的技术演进表现为主导技术自我强化、完善、累积的过程。技术轨道上游以基础性研究和突破性创新为主，为技术发展提供经验借鉴，下游则以渐进式创新和应用型创新为主（Verspagen，2007）。两者之间的关系可以理解为上游技术为下游技术提供最优的技术选择。对于引用网络中的专利而言，它的嵌入位置既可以是技术轨道的上游，也可以是技术轨道的下游，如果中国大学的研究以基础性研究为主，那么相应的专利应当集中在技术轨道的上游。

在具体实证过程中，可以根据前向路径数和后向路径数的比较确定同一技术轨道中专利的嵌入位置。对于引用网络中的专利而言，前向路径数代表其对已有知识的利用，后向路径数代表其对后续专利的影响。随着时间的推移，专利的后向路径数逐渐下降，前向路径数逐渐上升。前向路径数和后向路径数的相对大小决定了专利在技术轨道中的位置。由此，这里计算了技术轨道的上游度如式（7 – 1）所示：

$$pos_i = \frac{B_{V_i}}{F_{V_i}} \tag{7 – 1}$$

最后，pos_i 越大，专利越接近于技术轨道的上游，越能影响主导技术的产生；pos_i 越小，专利越接近于技术轨道的下游，越倾向于借鉴、应用已有的主导技术。需要注意的是，不同技术轨道的上游度差异极大，技术轨道上游度的比较仅在同一技术轨道内有意义。不失一般性地，这里将 $pos_i > 1$ 的专利定义为上游专利，将 $pos_i < 1$ 的专利定义为下游专利。

本书使用的数据来自 PATSTAT，该数据库以欧洲专利局的专利文件数据库（Master Documentation Database）中的数据为基础，基于中国、美国、欧洲各国、日本、韩国等国专利部门的数据交换得到。具体而言，本书所使用的信息可以分为三个部分：专利基本信息、专利国家专利分类（International Patent Classification，IPC）信息、专利间引用数据。其中，专利基本信息来自 TLS201_APPLN、TLS206_PERSON 和 TLS229_APPLN_NACE2，包括专利公开的时间（EARLIEST_FILING_YEAR）、专利申请编号（APPLN_ID），以及所属专利局（APPLN_AUTH）、专利申请人国别信息（PERSON_CTRY_CODE）和专利所属行业（NACE2_CODE）；专利 IPC 分类信息来自 TLS209_APPLN_IPC，这也是本书划分不同技术领域的依据；专利间引用数据来自 TLS212_CITATION[①]。在此基础上，经过确定技术分区、构建非循环的引文网络、确定起点和终点、计算遍历路径数（SPC）、提取关键路径 5 步，可以得到相关专利嵌入全球创新系统的位置。

（1）确定技术分区。按照 IPC 分类进行技术分区。IPC 分类体系按部（section）、大类（class）、小类（subclass）、大组（group）、小组（subgroup）5 级进行分类，包括 A—H 8 个部，A01、A02 在内的近 150 个大类，A01B、A01C 在内的 600 余个小类，A01B 1/00、A01B 3/00 等在内的 7000 余个大组，A01B 1/02、A01B 1/04 在内的七万余个小组，形成了有序的层级划分。考虑到以下两方面的原因，将专利引用网络按照小组进行分区：一是分区越细致，能够得到的主路径越多，能够提供的专利信息越多，结果越稳健；二是不同主路径之间的比较在同一技术领域内才有价值，技术领域划分越细致，这样的比较越能说明问题。

（2）构建非循环的引用网络。基于 1980～2018 年的专利引用数据，获取 42612 个引用网络，涵盖 127342712 对引用关系，平均每个网络中有 2988 对引用关系。

此外，为了对照分析，本书还选取了 1980～2015 年的专利引用数据、1980～2010 年的专利引用数据以及 1980～2005 年的专利引用数据构建非循环的引用网络，为了方便叙述，这些网络在后文中被称为网络 2018、网络 2015、网络 2010 和网络 2005。

（3）确定起点和终点。起点（source）代表网络中被其他专利引用，但不引用其他专利的顶点；终点（sink）代表网络中引用其他专利，但不被其他专利引用的顶点。令顶点 V_i 引用其他专利数量为 cit_i，被其他专利引用数量为 $cited_i$，则起点可以表示为 $V_i\big|^{cit_i=0}_{cited_i>0}$，终点可以表示为 $V_i\big|^{cit_i>0}_{cited_i=0}$。

（4）计算遍历路径数（SPC）。由于数据量超出了 pajek 软件以及常见网络分析软件的处理能力，且这些软件无法对网络进行批量处理。本书在运算过程中依赖 Windows 系统自带的 sql server 数据库软件，具体步骤如下：

第一，找出所有起点 $V_i\big|^{cit_i=0}_{cited_i>0}$，放入集合 V^F，其前向路径数记为 1；

第二，寻找仅引用起点的顶点 V_j，并计算引用次数，作为前向路径数，记为 F_{V_j}；

第三，将 V_j 放入 V^F，再寻找剩余顶点中仅引用 V^F 中专利的顶点 V_k，

---

① TLS212_CITATION 包含专利的互相引用数据，采用变量为引用专利的发行编号（PAT_PUBLN_ID）和被引用专利的发行编号（CITED_PAT_PUBLN_ID），和专利基本信息之间的联系通过 TLS211_PAT_PUBLN 实现，后者提供了专利的申请编号和发行编号之间的对应关系。

将所有被引用专利的前向路径数加总，作为 V_k 的前向路径数，记为 F_{V_k}；

第四，重复步骤 3，直至所有专利被放入集合 V^F，得到所有专利的前向路径数；

第五，类似地，从终点出发，计算顶点 V_i 的后向路径数 B_{V_i}，将所有专利放入集合 V^B；

第六，在集合 V^F 和集合 V^B 的基础，将前向路径数 F_{V_i} 和后向路径数 B_{V_i} 相乘得到顶点 V_i 的 SPC。

由于同一网络中的总遍历路径数相同，仅比较顶点间的 SPC 即可识别顶点在网络中的重要性。

（5）提取关键路径。比较引用网络中所有专利的 SPC 值，从整个引用网络中 SPC 值最大的点出发，分别寻找它引用和被它引用的 SPC 值最大的专利，以此类推，直至起点/终点。在同一分区内，并非所有的顶点都相互连通，在已确定主路径的基础上，删除与该路径连通的所有专利，继续寻找下一条关键路径，直至穷尽整个网络。在同一分区内，如果存在相互间不存在引用关系的子网络，则能够确定多条主路径，依据提取的次序，被划分为"第一主路径""第二主路径"……

7.3　中国企业和大学在全球创新系统中的嵌入位置刻画

针对大学和企业在基础性研究领域和探索性研究领域的角色差异，特拉坦伯格等（Trajtenberg et al.，1998）、符斯巴根（Verspagen，2006）等在专利引用数据的基础上，利用通用性指标、独创性指标、前向/后向引用数量等指标，从个别专利的性质出发，比较美国大学专利与企业专利。但直接套用这一方法分析中国专利存在障碍。一方面，由于相关检索条件的不完善[①]，早期中国专利局的专利引用数据整体质量不高。另一方面，由于国家对于专利申请的鼓励政策，中国大学和企业存在为了申请专利而进行研究的情况，这些低质量专利不能代表中国大学和企业的实际科研及创新活动。受此影响，无法判断较低的通用性水平和独创性水平究竟是因为中国

---

① 中国专利检索与服务系统项目和中国专利电子审批系统分别于 2008 年和 2010 年起正式运行，在此之前主要依赖人工检索，费时费力。

专利不属于基础性研究，还是因为数据质量较低。相比之下，本书从技术轨道的视角出发，采用主路径分析方法分析大学和企业在全球创新系统中的位置差异。这一分析工具存在两方面的优势：一方面，不依赖于专利引用的绝对数量，主路径分析方法将专利引用网络简化为一条技术轨道，专利的性质取决于它在技术轨道中的位置，不依赖于专利引用/被引用的绝对数量；另一方面，能排除低质量专利的影响，主路径分析将重点放在了专利引用网络中的核心专利上，分析那些能够决定技术轨道发展方向的专利，剔除了低质量专利的影响。

基于网络 2018 共识别出 63224 条主路径，筛选出 330242 条位于主路径中的专利，分布于 42612 个小组中，企业专利数量为 314795 个、占比 95.3%，大学专利数量为 12186、占比 3.7%，联合专利数量为 3261 个、占比 1.0%。在技术轨道演进发展的过程中，美国的企业、大学具有先发优势，在生物医药、信息技术、航空航天等领域具备技术优势，专利数量达到 127906，在全部专利中的占比接近 40%，主导着技术轨道的演进与发展。对于欧洲、日本、中国等后发国家的大学而言，其技术发展过程是一个逐渐融入由美国企业主导的技术体系的过程。通过图 7 - 2 可以看出，日本、中国和欧洲的大学提供的主路径专利集中于 2000 年以后，其中，中国大学的后发嵌入特征尤其明显，主路径专利分布集中于 2005 年以后。

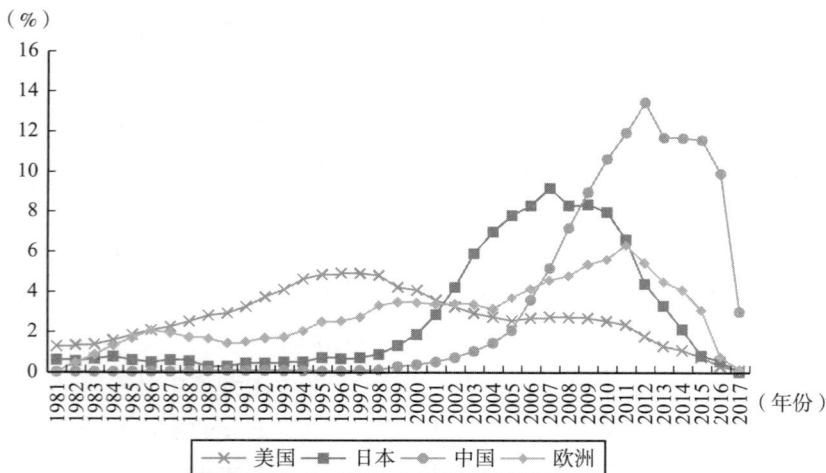

图 7 - 2　各国主路径专利数量的时间分布（1981～2017 年）

资料来源：在 PATSTAT 数据库的基础上，经作者整理得到，图中的点代表特定年份某国主路径专利数量占该国全部主路径数量的比例。

在中国的主路径专利中，企业贡献 13188 个专利，占比 75.2%；大学贡献 3885 个专利，占比 22.2%；联合专利达到 466 个，占比 2.6%。中国的大学专利和联合专利的占比远高于世界平均水平。这意味着中国产学研协同体系更加依赖大学以及大学与企业的合作研发，这样的依赖一方面可能是因为中国大学在产学研协同体系中发挥了更加重要的作用，让中国的创新更具基础性和探索性、技术质量更高；另一方面可能是因为中国大学挤占了企业研发的资源，和企业一样进行应用性研究。要彻底弄清楚这个问题，需要明确中国大学和企业在技术轨道中的位置。

7.3.1　技术轨道之间的嵌入位置对比

考虑到技术轨道的不同，企业专利更容易嵌入积累路径，相比之下，大学专利更加广泛地分散于各种不同的探索路径之中。企业和大学之间的知识流动表现为大学为企业提供更多的技术选择。以第 n 主路径为界，比较两类路径中的专利数量分布可以发现，在美国、日本、欧洲等发达国家和地区，无论 n 取 1 到 11 之间的任意数字，相比于企业专利，大学专利都更加集中于探索路径，而不是累积路径（见图 7-3），作为知识的流出方，能够提供更多的技术可能性供企业选择。

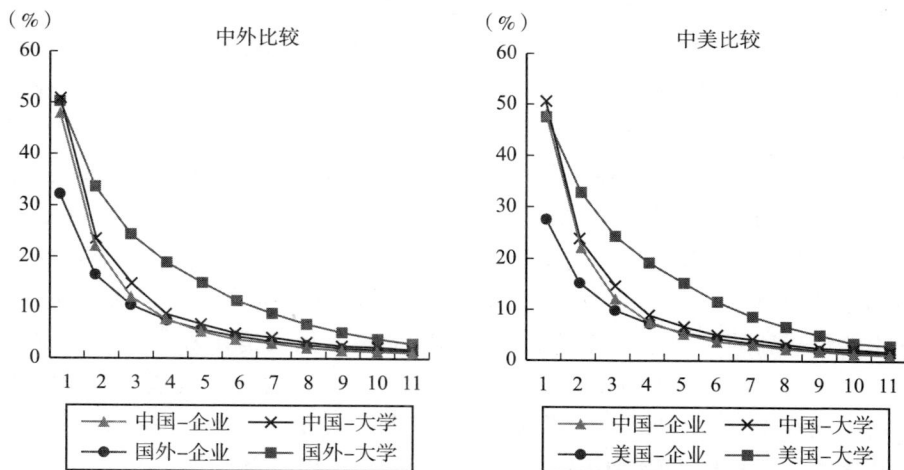

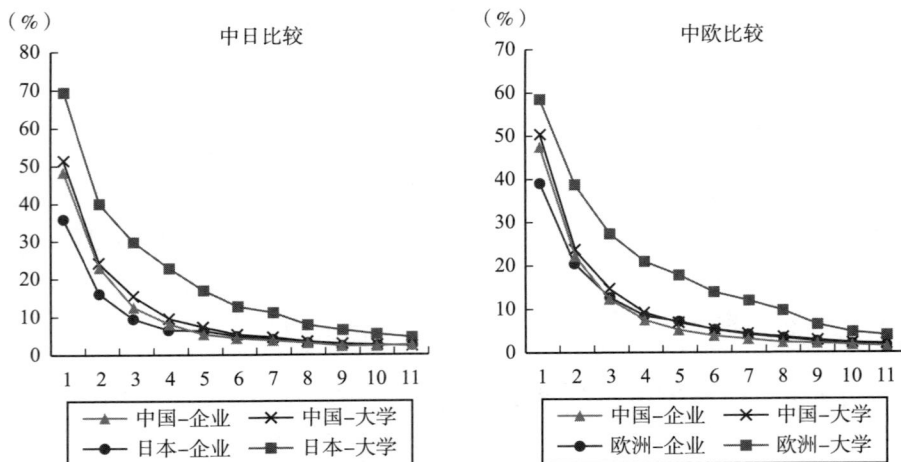

图7-3 探索路径专利数量占比-中国与其他国家的比较

资料来源：在 PATSTAT 数据库的基础上，横轴中的数字代表划分探索路径和累积路径的第 n 主路径，纵轴代表以第 n 主路径为界，探索路径专利的占比。

但这样的规律在中国并不明显，中国大学和企业在探索路径和累积路径中有着相近的分布，介于其他国家大学专利和企业专利之间，并没有形成大学为企业提供技术选择的分工格局。相比于国外大学，中国大学专利集中于累积路径（见图7-3），缺乏对新路径、新技术的探索。相比于国外企业，中国企业的后发嵌入特征决定了它难以在累积性强的技术轨道直面发达国家企业的竞争，更倾向于通过开拓新的技术轨道，实现技术赶超，相关企业专利在累积路径中分布较少（见图7-3）。综合来看，中国企业有技术探索的需求，但中国大学却没有提供足够的技术支持。

技术可能性的匮乏使得国内市场中的企业缺乏技术多样性，随着国家对特定行业的扶持政策，一拥而上抢占市场，出现"全民造车""全民造芯片""5G 概念""养老小镇概念"等热潮，同质化竞争严重，又随着市场热度的退却而迅速变换投资方向。这样的技术探索行为来得快，去得也快，并不能形成新的、稳定的技术轨道。较高的技术探索需求和较低的技术探索效率使得中国专利虽然能够迅速地嵌入美国主导的技术轨道，但会随着新技术出现被迅速淘汰。为了进一步说明这一问题，这里分别对比网络2005 和网络2010、网络2010 和网络2015、网络2015 和网络2018 中的主路径专利，找出那些随着技术轨道演进被淘汰的专利。

通过引用网络之间的对比可以发现，中国近年来迅速地嵌入美国主导的技术体系，主路径专利的数量大幅上升，由 2005 年的364 个和 2010 年的

1081 个增至 2015 年的 12839 个和 2018 年的 13188 个。同一时期内，中国的专利被淘汰率远远高于主要发达国家（见表 7-1），呈现出迅速嵌入又迅速被淘汰的技术发展格局。这意味着不能以传统的技术发展的眼光看待中国的技术积累过程，由于缺乏大学的技术支持，中国企业在某些特定领域追上甚至超越国际先进水平并不等于真正主导了相关领域。这些领域缺乏累积性特征，更容易发生技术更新换代，在下一次技术轨道跃迁发生时，已有的技术积累都会迅速折旧，甚至成为未来技术发展的阻碍。

表 7-1　　　　　主路径专利被淘汰率——中国与其他国家的比较　　　　单位：%

国家（地区）	网络 2005—网络 2010	网络 2010—网络 2015	网络 2015—网络 2018
中国	46.70	57.17	21.83
美国	29.21	25.21	3.93
日本	30.80	29.22	4.36
欧洲	29.95	28.12	4.81
世界	30.30	27.41	5.28

　　资料来源：PATSTAT 数据库，在提取网络 2005、网络 2010、网络 2015 和网络 2018 的主路径的基础上得到。列名称由旧网络和新网络组成，如"网络 2005—网络 2010"中，网络 2005 代表旧网络，网络 2010 代表新网络，被淘汰率等于存在于旧网络（如网络 2005）但不存在于新网络（如网络 2010）中的主路径专利数量和旧网络中的主路径专利数量的比值。

7.3.2　同一技术轨道内的嵌入位置对比

　　美国的产学研实践起步较早，形成了大学负责基础性研究、企业负责应用型研究的分工格局。通过计算主路径专利的技术轨道上游度可以发现（见图 7-4），5198 个美国大学专利中，2884 个专利处于技术轨道的上游，占比为 55.5%；2314 个专利处于技术轨道的下游，占比为 44.5%。整体来看，美国大学专利集中于技术轨道上游，是技术路径的开拓者。相比之下，超过半数的企业专利处于技术轨道的下游，倾向于在成熟的技术轨道中进行渐进式创新。大学和企业联合申请的专利多是联合研发、委托研发的产物，相关的项目着眼于具体问题的解决，以商业化应用为目标，处于技术轨道最下游的位置。在美国的产学研协同体系中，企业发挥着核心作用，是技术轨道的主体，专利占比达到 94.7%；而大学专利处于技术轨道的上游，在主导技术形成的过程中发挥着重要的作用，专利占比 4.35%；联合研发则是针对特定问题的专用解决方案，在产学研协同体系中发挥着补充作用，相关专利占比仅为 0.8%。

　　相比之下，对于欧洲和日本的大学而言，由于产学研合作起步晚于美国，应用前人已有成果、嵌入技术轨道下游无疑是更加有效的选择。只有当技术轨道发生跃迁时，其基础研究能力才能发挥作用。结合网络 2018 的主路径专利来看：首先，产学研协同体系中大学发挥作用有限，数量不足且处于技术轨道下游。在日本，大学专利以及联合申请专利占比极小，仅为 0.6% 和 0.9%。欧洲的情况也类似，两者占比分别为 1.7% 和 0.9%。这些专利不仅数量较少，还集中分布于技术轨道下游。在日本和欧洲，仅有 35% 和 19% 的大学专利处于技术轨道的上游，这一比例远低于美国（见图 7-4）。其次，由于大学在产学研协同体系中参与度不高，企业一定程度上取代了大学在产学研协同体系中的位置，既要进行基础性创新，又要进行应用性创新，相比于美国企业专利，更集中于技术轨道上游（见图 7-4）。最后，无论在日本、欧洲，还是在美国，大学和企业联合申请都处于技术轨道最下游的位置。

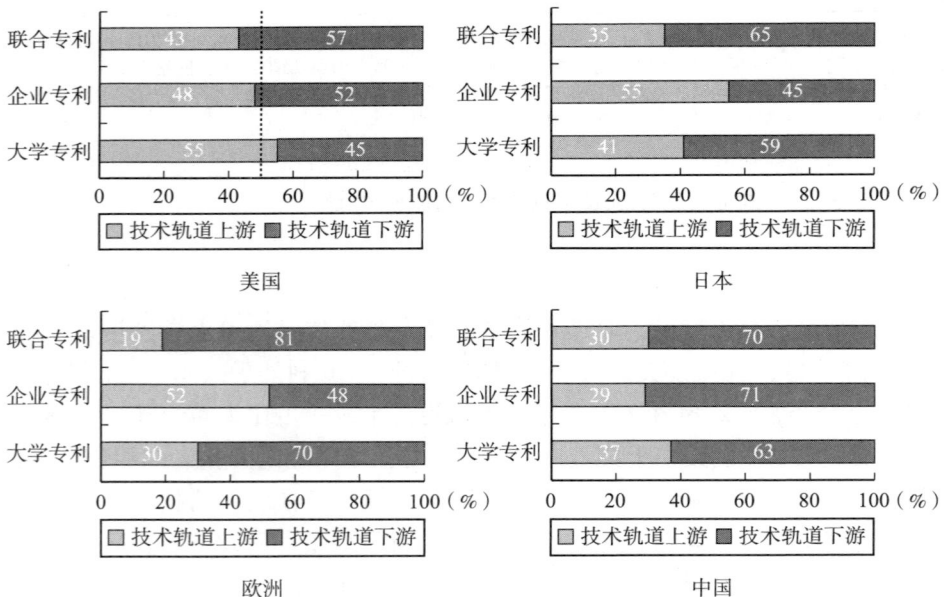

图 7-4　主路径专利在技术轨道上下游的分布

资料来源：PATSTAT 数据库，在网络 2018 的主路径专利的基础上得到。

　　虽然也具有后发嵌入的特征，但中国的情况与日本和欧洲又有所不同。

首先，中国的企业和大学都存在后发嵌入的特征，在国外已有研究的基础上进行应用性创新，并在技术积累的过程中产生对国外核心技术的依赖。通过图 7 - 4 可以看出，中国企业专利和大学专利均集中于技术轨道下游。具体到产业层面，取上游专利占比作为具体行业的上游度，通过表 7 - 2 可以看出，相比于美国，中国企业专利和大学专利在大多数行业都更加集中于技术轨道下游。尤其是在机械设备除外的金属制品，计算机、电子产品和光学产品，电力设备，未另分类的机械和设备，汽车、挂车和半挂车，其他运输设备等技术密集型行业，中国企业和大学的后发嵌入特征更加明显（见表 7 - 2）。其次，与欧洲大学未能充分发挥技术优势的情况不同，中国大学专利在中国产学研协同体系中占比更高，超过 20%，无论是在哪个细分行业，都远高于其他国家大学专利的占比（见表 7 - 2）。虽然科技体制改革一直强调企业在产学研协同体系中发挥的作用，但大学研究挤出企业研究的问题仍未得到彻底的解决。

表 7 - 2　　　　　大学及企业主路径专利的行业上游度——中外比较

行业	行业上游度（中国大学）	行业上游度（美国大学）	行业上游度（中国企业）	行业上游度（美国企业）	大学专利占比（中国）（%）	大学专利占比（其他国家）（%）
食品，饮料和烟草	0.394	0.663	0.394	0.482	16.851	4.490
纺织品，服装和皮革	0.533	0.306	0.346	0.432	12.857	0.989
纸和纸制品制造	0.145	0.444	0.310	0.522	15.909	1.563
焦炭和精炼石油产品	0.429	0.387	0.448	0.487	11.111	1.256
化学品及化学制品	0.459	0.526	0.342	0.482	24.779	4.534
基本医药产品和医药制剂	0.371	0.528	0.315	0.441	28.066	12.034
其他非金属矿物制品	0.398	0.571	0.387	0.465	18.000	2.014
基本金属制造	0.315	0.429	0.254	0.539	26.904	5.469
机械设备除外的金属制品	0.259	0.615	0.265	0.487	21.711	1.341
计算机、电子产品和光学产品	0.379	0.630	0.237	0.495	33.520	4.219
电力设备	0.351	0.585	0.281	0.510	11.534	1.697
未另分类的机械和设备	0.301	0.537	0.254	0.492	20.498	1.440

续表

行业	行业上游度（中国大学）	行业上游度（美国大学）	行业上游度（中国企业）	行业上游度（美国企业）	大学专利占比（中国）（%）	大学专利占比（其他国家）（%）
汽车、挂车和半挂车	0.270	0.605	0.206	0.441	25.926	0.971
其他运输设备	0.248	0.519	0.200	0.468	20.472	1.382
其他制造业	0.394	0.663	0.394	0.482	23.702	2.672

资料来源：同图7－4，取上游专利占比作为具体行业上游度。

7.3.3　全球创新系统嵌入模式对比

整体来看，美国、日本和欧洲、中国的全球创新系统嵌入模式是三种不同的模式。在美国，企业专利集中于技术轨道下游和积累路径，大学为企业提供技术最优解和更多的技术可能性，企业通过应用性研究将大学研究转化为市场产品。在日本和欧洲，由于大学未能充分发挥自身技术优势，企业更多地参与到技术轨道上游的创新活动中。大学研究虽然能够提供更多的技术选择，但相关专利集中于技术轨道下游，还不能决定未来技术发展方向和主导设计。在中国，无论是技术轨道内的嵌入位置的分析，还是技术轨道间嵌入位置的分析，企业与大学专利都有着相近的嵌入位置，是技术的运用者，将国外已有的成熟技术加以改良，实现科研领域和产品领域的"微创新"。对于中国企业而言，这样的后发嵌入是与国外企业竞争的必然选择；但对于中国大学而言，这样的嵌入位置意味着角色错位，其既缺乏技术探索的能力，又不能为企业研发提供主导设计。

相比于美国，中国大学直接进行应用型研究，产学研协同缺乏必要性。这样的结果能够解释为什么中国大学和企业的合作研发意愿不强，但并不能解释为什么中国大学的科研成果转化率反而低于欧美国家。本书认为，虽然中国大学专利相比于国外大学缺乏对新路径、新技术的探索，但这并不意味着中国大学更加关注现实问题，中国大学受限于后发嵌入的局面，像企业一样进行应用性创新，但这些创新不是为了开发新的产品或者满足市场需要，而仅仅是为了完成科研任务，经济价值较低，产学研协同缺乏经济可行性。

为了说明这一问题，通过技术轨道中企业专利数量与大学专利数量之间的比值代表技术轨道的经济价值，比值越高，经济价值也就越高。比较国外大学专利和中国大学专利所处的技术轨道可以发现，中国大学专利更加集中于那些缺乏经济价值的技术轨道，相关领域企业专利数量与大学专利数量之比为2.5，远低于其他国家的3.2。通过表7–3可以看出，这一特征在除了焦炭和精炼石油产品外的所有行业全部成立，且在中国大学嵌入技术轨道后更加明显。去除中国大学专利嵌入以前的专利，仅考虑在中国大学专利基础上展开的技术演进发展过程。此时，技术轨道中大学专利和企业专利的比值接近于1，远远低于其他国家的3.8。尤其是在基本金属制造，计算机、电子产品和光学产品，汽车、挂车和半挂车等行业，大学专利的数量甚至超过企业专利的数量。

表 7 – 3　　　　　大学所处技术轨道的经济价值对比——中外比较

行业	全部专利（世界）	全部专利（中国）	大学专利嵌入以后（世界）	大学专利嵌入以后（中国）
食品，饮料和烟草	3.245	3.042	4.149	2.000
纺织品，服装和皮革	3.424	3.000	14.000	3.867
纸和纸制品制造	3.688	3.000	21.000	2.000
焦炭和精炼石油产品	3.853	4.500	5.571	2.000
化学品及化学制品	2.707	2.307	2.635	1.034
基本医药产品和医药制剂	3.242	2.821	3.132	1.008
其他非金属矿物制品	2.952	2.019	5.815	1.059
基本金属制造	2.500	2.500	0.870	0.809
机械设备除外的金属制品	2.917	2.586	3.750	1.038
计算机、电子产品和光学产品	3.595	2.204	5.680	0.492
电力设备	3.701	2.563	9.167	1.190
未另分类的机械和设备	3.156	2.575	5.339	1.061
汽车、挂车和半挂车	2.928	2.273	6.133	0.643
其他运输设备	3.233	2.889	6.471	1.308
其他制造业	3.389	2.044	5.723	1.553

资料来源：同图7–4。"全部专利"和"大学专利嵌入以后"分别代表两种口径，前者考察的是中国/美国大学专利所处的技术轨道中全部专利中大学专利数量和企业专利数量的比值；后者考察的是中国/美国大学专利嵌入后大学专利数量和企业专利数量的比值，若同一技术轨道内存在多个中国/美国大学专利，则考察第一个专利之后的情形。

在产学研协同体系中，角色错位使得中国大学专利处于一个很尴尬的境地，它既无法为企业提供未来技术发展的方向，也不能为企业提供更多的技术可能性，甚至还缺乏对现实问题的关注。这样的角色错位为理解科技和经济"两张皮"现象提供了一个新的思路，科研成果转化并不存在制度性障碍或者参与主体的认知障碍，其本质是创新资源配置扭曲，大学研究挤占了企业研究在产学研协同体系中的位置，弱化了中国产学研协同体系服务经济发展的功能。从这一角度出发，中国的产学研协同体系面临着两个亟待解决的问题。一是如何让大学现有的应用性研究更具经济价值。当前的科研资助政策和大学考核制度使得大量人员、经费投入应用型研究领域，缺乏对基础理论、学说的深入探讨，并对这样的研究范式形成了路径依赖。我们不能直接否定这样研究逻辑，而是想办法将这些研究资源引入更有经济价值的技术领域，尤其是诸如工业软件、半导体原材料、光刻机等关系中国产业链安全核心技术领域。二是未来发展过程中如何让大学研究向基础性领域和探索性领域转型。基础性研究和探索性研究不同于渐进式创新，具有更强的不确定性，在主导设计和GPT出现前，很难判断哪条技术轨道会成为未来发展的主流，大学的角色转型不能仅依靠政府科研资助的导向作用。在美国，明确的产学研分工基础、多层次的消费市场和强大的资本市场是支撑基础性研究和探索性研究的基础条件。对于中国的产学研协同体系而言，既要积极推动科技体制改革，为大学转型提供更好的基础条件，还要鼓励大学积极融入全球创新系统，在国际研发合作的过程中，逐渐积累基础性和探索性研究领域的技术优势。

7.4 中外产学研协同体系的比较

长期以来，中国的产学研协同一直存在科技和经济"两张皮"现象。首先，中国大学申请的专利数量众多，但科技成果转化率较低。根据《2022年中国专利调查报告》可知，2022年中国高校发明专利实施率为16.9%，产业化率仅为3.9%，相比之下，中国大学专利的许可率、转让率、作价入股比例明显低于企业[①]。其次，产学研协同不足使得中国企业存

---

① 参见国家知识产权局提供的《2022年中国专利调查报告》。

在对国外核心技术的依赖，根据国家知识产权局提供的《2019 年中国专利调查报告》，中国战略性新兴产业中 49.9% 的企业使用过来自美国的专利，且在材料科学、计算机与通信技术、电子技术以及生物技术等领域存在不同程度的引进技术难问题。

针对这一现象的成因，国内学者大都在借鉴国外产学研实践经验的基础上，将大学和企业分别视为知识流出方和知识流入方，分析存在哪些因素阻碍知识的流动（刘泽政和傅正华，2010；叶伟巍等，2014；宗晓华和唐阳，2012；孙大明等，2022；王萧萧等，2022；赵炎等，2023 等）。相比之下，本书认为中国大学存在角色错位的问题，并非产学研协同体系中的知识提供者，并在对比国内外产学研实践经验的基础上，提出一种新的解释——科技和经济"两张皮"现象的根源在于大学缺乏基础性技术领域和探索性技术领域的比较优势，难以作为知识流出方为企业创新提供技术支持。

7.4.1　欧美发达国家的产学研合作实践

在美国，大学研究相比于企业研究具有更高的社会价值，在基础性技术领域和探索性技术领域具备比较优势（Mansfield，1991；Trajtenberg et al.，1997；Verspagen，2006），相关科技成果潜力巨大，但难以直接应用到经济活动中。大学和企业研究的技术优势差异构成了产学研分工的基础。美国大学一直将服务社会（service to the community）视为教学与科研之外的第三使命（Decter，2009），旨在促进产学研协同创新的社会组织早在 20 世纪初就已经初具雏形，比如威斯康星校友研究基金会（Wisconsin Alumni Research Foundation）。这些机构独立于美国大学，负责大学专利池的管理工作（Mowery and Sampat，2001）。此外，大学和企业还通过业务咨询、合作研发、员工培训等方式实现协同创新。

这些自发行为促进了科研成果转化，但还不能完全满足美国经济发展对于科技创新的需求。二战及冷战期间，美国政府投入了大量资金支持大学的科研活动，在这一过程中产生的专利归属政府，这样的产权安排使得部分研究成果未能投入社会生产过程中（Mowery and Sampat，2001）。20 世纪 70 年代末，美国经济面临着增长的相对停滞以及来自德国和日本企业的挑战。在以大学为主的利益集团的游说下，美国政府在 1980 年通过了《拜杜法案》（Bayh - Dole Act），明确政府资助发明的知识产权归属，

推动科技成果的利用和转化（Mowery and Sampat，2005；Aldridge and Au-
dretsch，2017；Cook‐Deegan et al.，2022）。那些获得联邦资金支持的美
国大学迅速建立各自的技术许可/转移办公室（Technology Transfer/
Licensing Offices），申请专利的数量迅速地增加，科技成果转化效率明显
提升，在产学研协同体系中发挥的作用越来越重要（Verspagen，2006；
Mowery and Sampat，2001、2005）。由此，美国重塑了世界科技的领导地
位，《拜杜法案》也受到了其他国家的争相效仿。其中，日本政府在借鉴
美国经验的基础上，于1999年推出《产业活力再生特别措施法》，明确
政府资助科研成果的归属（宗晓华和唐阳，2012；Motohashi and Muramat-
su，2012）；英国政府积极推动"University Challenge""Higher Education
Reach Out to Business and Community"等项目，将大学研究引导至产业发
展亟须的技术领域（Decter，2009）；德国科学和教育部于2002年对大学
专利申请相关政策进行了修改，提升大学研究人员参与专利申请和成果转
化的积极性（Kilger and Bartenbach，2002）；此外，丹麦、法国、挪威等
欧洲国家也制定了类似的政策（Mowery and Sampat，2005；Cook‐Deegan
et al.，2022）。

但需要注意的是，在美国的产学研实践过程中，大学在基础性研究领
域和探索性研究领域的优势构成了产学研分工的基础，大学和企业也具备
产学研结合的意愿和能力，美国产学研结合的核心问题在于相关产权制度
的缺失。因此，《拜杜法案》不能被视为一个外生的政策（宗晓华和唐阳，
2012；Mowery and Sampat，2005；Aldridge and Audretsch，2017），它的颁布
顺应了美国经济发展对于科技创新的需求，是对民间自发产学研合作行为
的认同与推广。对于后来的模仿者而言，它未必拥有美国产学研合作的基
础条件，面对的不只是产权层面的问题，单纯的制度移植并不能保证科研
成果的转化。在欧洲，虽然大学基础科研能力较强，但较低的科研成果转
化率使得欧洲企业在与美国企业竞争的过程中处于弱势地位，欧洲经济和
金融事务委员会（European Commission Directorate General for Economic and
Financial Affairs）将这一现象称为"欧洲悖论"（The European Paradox）。劳
森和索尔特（Laursen and Salter，2004）、博格曼（Bergman，2010）、贝鲁
奇和佩纳切奥（Bellucci and Pennacchio，2016）、马什卡雷尼亚什等（Mas-
carenhas et al.，2018）等从大学和企业合作的意愿和能力出发，认为欧洲
产学研协同体系落后是国家创新系统、法律框架设计、产业结构等诸多方
面的因素共同作用下的结果。符斯巴根（Verspagen，2006）、德科特

（Decter，2009）、欧文 - 史密斯等（Owen - Smith et al.，2002）、斯默克（Schmoch，1999）、怀恩和琼斯（Wynn and Jones，2017）、汉密尔顿和菲尔宾（Hamilton and Philbin，2020）等系统地对比了欧洲国家与美国产学研协同发展过程中的差异，认为"欧洲悖论"不只是产权层面的问题。由于缺乏服务社会意识、科研资金来源集中等诸多历史原因，欧洲大学和企业缺乏产学研合作的习惯和文化，单纯靠合理的产权制度安排和大力推广科研合作项目不能完全解决"欧洲悖论"。

7.4.2　中国的产学研合作实践

在中国，产学研协同体系的发展一方面作为科技体制改革的重要组成部分，另一方面也充分参照了欧美发达国家的经验。1995 年，在中央明确提出"建立社会主义市场经济体制"，改革开放步伐加快的背景下，《中共中央　国务院关于加速科学技术进步的决定》的出台标志着中国科技体制改革进入了新阶段（马名杰和张鑫，2019），从体系构建的角度确立科技体制改革的思路和目标，勾勒出产学研协同的发展蓝图。以此为起点，中国产学研协同体系逐步走上正轨。基于大学和企业在产学研协同中的角色演变，中国产学研协同体系的发展可以划分为以下三个阶段。

首先，1995 ~ 2005 年，这一阶段可以视为产学研协同起步阶段，国家大力推动机构体制改革，并实施了一系列鼓励企业创新的政策，加强企业在产学研协同中的角色与作用。1995 年前后，从专利产出的角度来看，大学及科研机构的专利数量逐渐下降，企业专利数量逐渐上升（见图 7 - 5）。从 R&D 投入的角度来看，大学及科研机构的 R&D 投入下降是这一时段的大趋势（见图 7 - 6），尤其是在 1999 年原国家经贸委10 个国家局所属的 242 家科研院所转制为企业之后。与此同时，随着"以企业为主体，产学研相结合的技术开发体系和以科研机构、高等学校为主的科学研究体系"① 的形成，大学和科研机构与企业联合研发的专利占比逐步上升（见图 7 - 5），产学研协同在企业和大学自发合作的基础上缓慢发展。

---

① 参见《中共中央 国务院关于加速科学技术进步的决定》。

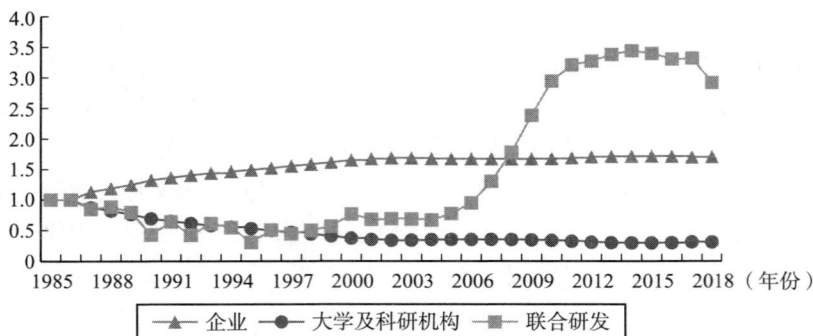

图 7 - 5　企业、大学和联合研发专利产出占比的变化趋势（1985～2018 年）

资料来源：PATSTAT 数据库，经作者整理得到。由于联合研发专利占比远低于企业和大学及科研机构，这里以 1985 年的专利产出占比为 1，重点考察专利产出占比的变化趋势。

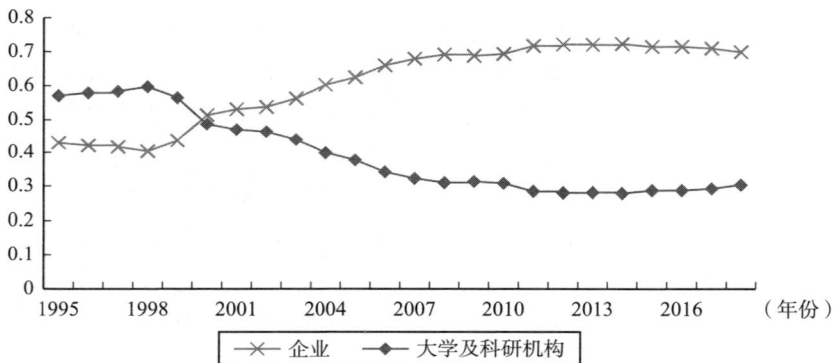

图 7 - 6　企业和大学及科研机构 R&D 投入占比（1995～2018 年）

资料来源：中国科技统计年鉴（2019 年），经作者整理得到。

其次，2006～2012 年，这一阶段可以视为产学研协同快速发展阶段。2006 年，《国家中长期科学和技术发展规划纲要（2006—2020 年)》提出建设创新型国家的重大战略，将建立企业为主体、产学研相结合的技术创新体系上升到国家战略的层面。2007 年，《中华人民共和国科学技术进步法》修订通过，提出了明确职务发明产权、鼓励引导金融信贷支持、加强中介服务等一系列极具特色的规定，以推动职务发明的应用与转化，被视为中国版的《拜杜法案》。2008 年国务院又颁布了《国家知识产权战略纲要》，确定了以鼓励专利发展为核心的国家创新驱动发展战略。企业与科研机构的结构调整告一段落，相关专利产出和 R&D 投入的格局趋于稳定（见图 7 - 5 和图 7 - 6）。参照欧美国家的经验，我国开始重视专利制度安排，加强企业与大学及科研机构之间的合作，促进科研成果转化。由此，大学与企业联合研发专利的数量占比迅速上升（见图 7-5）。此外，根据国家知识产权局知识产权发展研究中心的数据，随着专利市场的活跃，已实施的发明专利转让、许可的比例从 2005 年的 14.4% 上升至 2009 年的 23.7%①。

最后，2012 年至今，这一阶段可以视为产学研协同的发展瓶颈阶段。与欧美国家相比，中国产学研协同体系有着深深的举国体制烙印，这与美国大学服务社会的文化截然不同。中国缺少大学提供基础性和探索性研究、企业负责应用性研究的分工基础，对外开放进程和国家鼓励职务发明的政策使得大学更倾向于应用性研究。一方面，在中国大力推动产学研协同的时候，美国已经凭借其高效的产学研协同体系，占据了先行者优势（Owen-Smith et al.，2002）。面对着国外完善的技术体系和成熟的技术轨道，中国大学在发展过程中不可避免地会利用前人成果，具有"后发嵌入"的特征，缺乏基础性和探索性，不能为中国企业提供足够的知识支持，在很多领域存在对国外研究的路径依赖。另一方面，对于科研人员而言，专利产出是对高校教职工一个重要的考核标准，发明人申请专利的动力则往往是完成科研任务和职称的评定与升迁，科研成果转化提供的潜在收益无法从根本上改变职称和课题制度对发明人的激励。在这样的条件下，科研人员往往会选择研发周期短的应用性技术，而不是具有更高社会价值的基础性研究。通过图 7-5 和图 7-6 可以看出，2012 年以来，大学及科研机构的专利产出和 R&D 投入都趋于稳定，联合申请的专利占比也稳定在 1% 左右，产学研协同的发展出现瓶颈。同一时期内，参考国家知识产权局发布的《2019 年中国专利调查报告》，中国的有效专利许可率和有效专利转让率在近五年出现了不同程度的下降趋势，科技和经济"两张皮"的现象亟待解决。

针对这一问题，教育部、国家知识产权局、科技部于 2020 年联合发布《关于提升高等学校专利质量促进转化运用的若干意见》，再次强调了高校服务经济社会发展的重要作用，将"高价值专利的创造、运用和管理"视为打破产学研协同体系发展瓶颈的重要途径。在学术界，很多学者从大学与企业的合作意愿和能力以及相关制度安排的角度理解中国的产学研协同存在的问题，其中，刘泽政和傅正华（2010）、饶凯等（2013）、叶静怡等（2014）、王瑞敏等（2013）分析了研发投入、大学制度和激励、转化投入等因素对大学技术成果转化的影响，发现中国的产学研结合主要依赖于大

---

① 相关内容见 http：//www.cnipa-ipdrc.org.cn/article.aspx?id=55。

学和企业的研发投入，中介机构和转化投入在其中发挥的作用甚少。叶伟巍等（2014）、何郁冰（2012）则从开放式创新和创新系统的角度理解中国的产学研结合，分析如何提升由企业、大学和中介组织构成的创新网络的运行效率。宗晓华和唐阳（2012）、赵俊芳和李国良（2015）、郭英远和张胜（2015）对比中美产学研制度安排的差异，认为中国在产学研合作中面临"知识转移机构建设滞后""市场意识不足""评价体制不完善"等诸多具体问题。

这些研究虽然研究视角迥异，但都是在借鉴美国产学研实践的基础上展开研究，忽略了中美产学研协同的基础条件差异。相比之下，本书从这样的基础条件差异出发，为解释科技和经济"两张皮"的现象提供了一个新的研究视角，并在此基础上，分析如何推动产学研协同发展，寻找适合中国产学研协同发展的道路。

7.5　本章小结

综上所述，本部分的结论包括两个方面：一方面，中国的大学专利和企业专利在探索路径和累积路径中有着相近的分布，都具有后发嵌入的特征，集中于在全球创新系统技术轨道的下游，是已有成熟技术范式的应用者。在产学研协同体系中，大学存在角色错位问题，在基础性技术领域和探索性技术领域缺乏比较优势，占据了大量的创新资源去完成本该由企业完成的工作。另一方面，中国科技与经济"两张皮"现象的根源在于两方面的因素：一是大学研究以应用性研究为主，产学研结合缺乏必要性；二是大学研究缺乏对现实问题的关注，产学研结合缺乏经济可行性。

从本章的研究出发，中国大学在产学研协同体系中的角色与国外大学相去甚远，在未来的产学研协同发展过程中，不能照搬国外大学的发展经验，而要从自身条件出发，针对不同技术领域选择合适的发展策略。首先，在技术轨道下游应用性技术领域，技术发展的脉络相对清晰，虽然欧美国家能够反制中国的技术升级过程，但国外的技术发展也为我们提供了经验借鉴，只要投入足够多、研发周期足够长，中国必然能够追赶国际先进水平。在这些领域，中国大学积累了一定的技术优势，形成了依赖国外核心技术进行"微创新"的发展模式，所欠缺的仅仅是对现实问题的关注。大学不应该抛弃现有的科研优势，将全部创新资源投入基础性领域和探索性领域，而是和企业一样在关注现实问题和经济可行性的基础上展开研究，积极融入政府主导的重点科研攻关项目，提升整体产学研协同体系的运行效率，逐渐摆脱对国外核心技术的依赖。

其次，在探索性技术领域和基础性技术领域，当前中国缺少美国那样明确的产学研分工基础、多层次的消费市场和强大的资本市场支撑基础性研究成果的转化，在国家逐步推动创新环境变革的同时，大学的人员素质和组织结构决定了它能够在这些技术领域发挥更大的作用。这些领域技术发展的不确定性强，尚未形成市场认可的主导设计，累积性特征不明显，中国大学可以绕过美国政府行政化干预带来的技术壁垒。在国内创新环境尚不完备的情形下，中国大学应当加强与国外大学、科研机构以及研发型企业间的交流，在高水平对外开放的前提下实践"走出去"和"引进来"。一方面积极嵌入全球创新系统服务国外市场、成为知识的提供者，参与主导技术的形成过程；另一方面引入国外创新资源，在主导设计形成之前展开技术合作，更有效地服务国内市场，把中国由世界工厂变成全球技术试验场。

最后，不同的技术领域意味着不同的产学研发展策略，赋予中国大学两种不同的角色：一方面作为知识应用者，向企业看齐，在现有应用性研究的基础上，强化服务实体经济的功能；另一方面作为知识提供者，在积极嵌入国际研发合作的基础上，逐渐向基础性领域和探索性领域转型。其中，前者可以通过产权制度调整和激励政策安排在短期内实现，后者则需要长时间的积淀。这样的发展目标与埃茨科威兹（Etzkowitz，2003）、弗利亚诺等（Forliano et al.，2021）等学者研究的"企业式大学"（Entrepreneurial University）类似，但在产学研协同发展过程中，中国大学的起点与欧美大学完全不同。欧美大学由象牙塔逐渐向着企业式大学转型（Ambos et al.，2008），而中国大学则需要在应用型研究的基础上，增加基础性和探索性研究的比重。企业式大学意味着大学要面对探索性创新和应用性创新这两种相互矛盾的需求，由于欧美大学在发展伊始存在大量的基础性研究成果，技术许可/转移办公室是解决这一矛盾的重要方式。相比之下，中国大学并不存在大量闲置的基础性研究成果，欧美大学在双元创新过程中积累的经验并不适用。如何在现有应用性研究为主的条件下，实现中国大学的双元创新，是未来产学研协同研究需要关注的问题。

第8章 中国企业嵌入全球创新
系统的地位演变

在嵌入位置的基础上，本章将价值链分工体系视为一个有众多参与者的全球创新系统，借鉴技术通用性指标刻画行业在技术维度的异质性，并结合产品维度的差异，将全球创新系统划分为技术提供部门、技术整合部门、技术传递部门、技术使用部门和低技术生产部门五个部门，分析这五个部门具体的技术特征和技术地位，在此基础上判断中国制造业嵌入全球创新系统的地位。就技术特征而言，处于技术链条下游的技术使用者和技术传递者属于熊彼特Ⅱ型，处于技术链条上游的技术提供者和技术整合者属于熊彼特Ⅰ型。从技术链条下游向上游的转型不仅需要企业内部研发决策的转型，还需要产业层面技术的更新换代和创新环境的改变。就技术地位而言，相比于低技术生产部门，技术提供部门、技术整合部门、技术使用部门都表现出更高的技术地位，受制于技术传递部门创新机会少、技术扩散速度慢等因素，技术传递部门的技术更新相对滞后，仅在部分年份显示出对低技术生产部门的技术优势。

在此基础上，本章分别从整体和分部门两种角度评判中国制造业在全球创新系统中的地位。一方面，将中国制造业视为一个整体，分析其在国际分工中的技术地位及演化过程；另一方面，从细分行业的角度出发，将中国制造业视为一个与国外市场存在技术联系的区域创新系统，从系统的角度分析、评判中国制造业细分行业在区域创新系统以及全球创新系统中的地位。在刻画中国企业嵌入全球创新系统的地位的过程中，本章一方面采用了 WIOD 数据库的贸易数据，另一方面采用了 PATSTAT 数据的专利数据。类似地，本书第 9 章和第 10 章的内容基于中国企业嵌入全球创新系统的地位展开，也采用了类似的数据进行实证分析。与国内 GVC 相关研究类似，由于 WIOD 数据库的限制，这里仅能对 2014 年以前的情况展开分析。

8.1　全球创新系统地位的刻画

8.1.1　由"微笑曲线"到全球创新系统

根据"微笑曲线"理论，增值能力强、分工地位高的企业集中于价值链的两端（见图 8-1 中企业 A 与企业 C）。增值能力/分工地位在价值链条中有规律的分布确保企业迈向 GVC 中高端是一个逐渐积累的过程。在图 8-1 中，纵轴的增值能力/分工地位代表了企业的品牌、技术等竞争优势，也反映了该环节的进入门槛。在中间产品生产企业利用自身作为供应商（用户）的优势向下游最终产品生产企业（上游研发型企业）转型的过程中，虽然进入门槛在不断上升，但企业的品牌、技术等竞争优势也逐渐积累。倘若 GVC 中高端在价值链条中的分布是无规律的，企业在上游化/下游化的过程中，可能会在尚未建立品牌优势、创新能力不足的情况下，面临过高的市场进入壁垒，难以完成企业角色的转型。

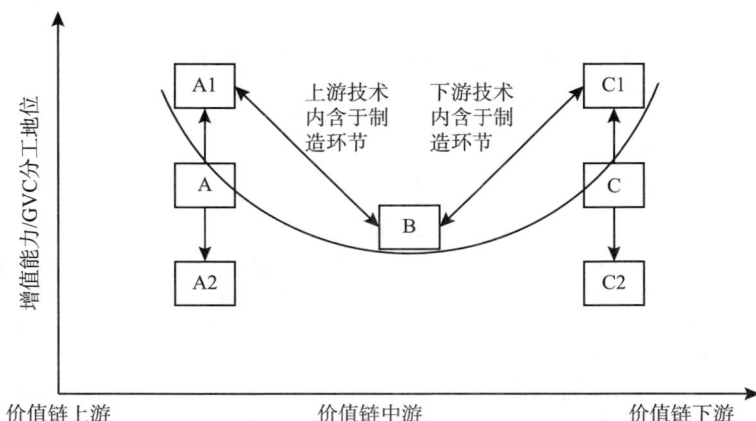

图 8-1　GVC 不同环节的增值能力分布

资料来源：作者整理。

刻画价值链位置的上游度（upstreamness）（Antras and Chor，2014；Fally，2012；Dietzenbacher and Romero，2007）指标被广泛地应用于刻画

GVC 地位的研究中（董有德和唐云龙，2017；王岚和李宏艳，2015；王金亮，2014；马风涛，2015；鞠建东和余心玎，2014），生产集中于中游装配、组装环节被认为是中国制造业价值俘获能力低的重要原因。通过增加值视角的贸易数据，很多学者对增值能力在 GVC 中的分布进行了实证分析（潘文卿和李跟强，2018；倪红福，2016；高翔等，2019；Ye et al.，2015），但并未得出一致的结论。并非所有的价值链条都会表现出"微笑曲线"的特征，在部分行业增值能力的分布会表现出"武藏曲线"① 的特征。

"微笑曲线"成立的前提在于知识的创造依赖于相关的产品生产过程。但企业所提供产品（比如最终产品、中间产品、原材料等）并不能完全体现其技术层面的差异。考虑到技术市场的存在，知识资源的流动性降低了知识对特定生产环节的依赖。当上游环节中的技术研发（见图 8 - 1 中的 A1）和下游环节中的市场品牌（见图 8 - 1 中的 C1）可以由其他环节的厂商（如 B）承担时，若仅从产品维度出发，增值能力在产品链条②中的分布也会失去规律性，企业在上游化/下游化过程中可能会面临着超过其技术能力的进入门槛。

在加入了技术维度后，二维的"微笑曲线"向三维的全球创新系统转变。针对技术维度的定义与刻画，本书借鉴了行业创新系统的研究，引入技术范式的概念，根据不同行业对新技术范式利用程度的不同，刻画技术维度的异质性。

在此基础之上，结合"微笑曲线"基于产品维度的上游、中游、下游的区分，不同的国家、行业被划分到不同的部门③，有着不同的技术特征和技术地位。

---

① "武藏曲线"由日本索尼中村研究所的所长中村末广提出，与"微笑曲线"不同，"武藏曲线"强调精益制造，中游制造部门可以将下游品牌服务、上游技术研发内含于自身生产过程中，提升自身产品的附加价值，增加值在整个价值链条的分布呈现出"中间高，两端低"的局面。

② 为了方便区分，本书将从技术维度分析的生产链条称为"技术链条"，将从产品维度分析的生产链条称为"产品链条"。

③ 针对不同部门的划分，本书主要借鉴了卡斯特拉奇（Castellacci，2008）的分类方法，产品维度的分析仍然以上游度作为标尺，但技术维度的刻画有所不同。具体而言，卡斯特拉奇（2008）将技术维度的异质性理解为技术能力的高低，若仅考虑行业层面差异，这样的理解是可行的，但全球创新链不仅包括行业间的分工，还包括行业内不同国家间的分工，在同一行业内部，即使面对相同的技术研发内容，发展中国家也会表现出较低的技术能力，这样的技术差距与企业所处的全球创新链位置无关，不是本书研究所关注的内容，可以通过时间的积累和自主研发的投入逐渐抹平。同样是芯片生产企业，不能因为台积电和中芯国际的技术水平差距较大就将两者视为不同类型的企业。因此，这里仍采用技术范式的概念刻画参与者在技术链条中的上游度，由于直接刻画技术范式的手段并不存在，这里借助于 GPT 刻画参与者在技术维度的特征。

8.1.2　技术维度的刻画

为刻画行业在技术链条中的位置，本书计算专利的技术通用性指标（generality index），并汇总到行业层面，作为技术维度的行业上游度。

通过分析引用专利的行业分布能够得到被引用专利的通用性水平（Hall et al.，2001；Youtie et al.，2008；Hall and Trajtenberg，2005），专利被引用的范围越广，通用性水平越高，越接近于 GPT 和技术链条的上游。在专利层面，技术通用性指标的计算公式为 $G_i = 1 - \sum \beta_j^2$，其中，β_j 代表引用 i 专利的其他专利中，属于 j 行业专利的占比。

通过这样的方式计算得到的通用性指标存在误差，夸大了技术的通用性水平，被引用数量越大，误差越大。（Hall and Trajtenberg，2001）为此，这里采用的计算方法参考欧洲专利局提供的标准[①]，如式（8-1）所示：

$$G_i = 1 - \sum_j \left(\frac{1}{N} \sum_i \beta_{ij} \right)^2 \tag{8-1}$$

其中，i 代表引用专利，j 代表引用专利所属的小类，β_{ij} 代表 i 专利 j 小类中小组分类占全部引用专利小组分类的比重，N 代表被引用次数，仅考虑 5 年内的专利引用关系。分母中加入被引用次数能够在一定程度上避免通用性指标计算过程中的误差问题。

8.1.3　产品维度的刻画

本书借鉴 GVC 研究中的上游度概念刻画行业在产品维度的异质性，GVC 上游度可以通过 GVC 长度计算得到。对外经贸大价值链数据库提供了基于王等（Wang et al.，2017）计算方法的 GVC 上游度指标，在此基础之上，本书取各行业的基于前向关联的生产长度（plv）为分子，并以基于后向关联的生产长度为分母（ply），得到产品维度相对上游度 pos，如式（8-2）所示：

$$pos = \frac{plv}{ply} \tag{8-2}$$

---

① 被引用次数为 0 的专利，通用性水平也视为 0。参见斯奎恰里尼等（Squicciarini et al.，2013）。

8.1.4　全球创新系统中五部门的角色划分

在考虑技术维度和产品维度的情形下，全球创新系统可以被划分为以下五个部门：技术提供部门（创造技术＋提供中间产品）、技术传递部门（运用技术＋提供中间产品）、技术整合部门（创造技术＋使用中间产品）、技术使用部门（运用技术＋使用中间产品）以及低技术生产部门（见图 8 - 2）。不同部门在全球创新系统中的角色和地位均不相同。

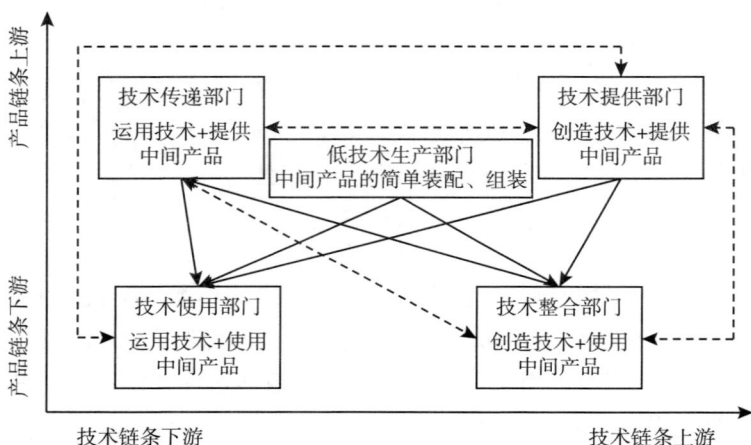

图 8 - 2　基于技术维度和产品维度的五部门角色划分

资料来源：作者整理，图中实线箭头代表基于中间产品的联系，虚线箭头代表技术联系。

技术提供部门处于技术链条和产品链条的上游，所使用的技术以 GPT 为主，广泛地影响着其他行业的技术创新过程。部门内企业与大学、研究所等机构联系密切，通常有自己的实验室或专业研发机构，在基础研发领域涉猎更多，参与技术范式的创造与转变过程。技术使用部门处于技术链条和产品链条的下游，将来自其他行业的中间产品和知识服务整合为符合市场需求的最终产品或服务。相比于技术提供部门和技术使用部门，低技术生产部门既没有基础研究优势，也缺少专用性知识积累和品牌价值，仅能通过廉价的劳动力成本与其他企业进行竞争，完成简单的装配、组装工作。

上述三部门的划分与"微笑曲线"中研发设计环节、装配生产环节和品牌营销环节类似，技术链条上游企业同样是产品链条上游企业。在产品链条中，上游企业提供的产品如高分子材料、化学制品等广泛地被应用于各种下游生产领域，相应的技术对下游创新的影响更加广泛。但随着国际垂直专业化分工细化到研发、设计环节，企业可以在尚未掌握核心技术的情形下，依赖外部的知识支持进入相应的生产环节。考虑到产品生产与技术研发的割裂，三部门的划分不能完整地刻画创新者的角色。

技术传递部门是中间产品提供者，但位于技术链条下游，将来自技术链条上游的知识技术，转化为中间产品，扩散到其他领域，在全球创新系统中发挥着提升生产效率的功能。技术整合部门直接将上游技术运用于最终产品生产过程中，基于需求整合创新资源，减少了需求到技术的传导环节，提升系统整体对需求变动的响应能力。

8.2　全球创新系统中不同部门的技术地位剖析

不同的部门在创新系统中有着不同的技术地位，这一部分在 PATSTAT 专利引用数据的基础上，利用专利引用频率在技术和产品两个维度上的分布，分析不同部门的技术地位。

8.2.1　计量模型的选择

前文分析了不同行业在整体创新系统中的位置及其相应的技术特征，在国际分工背景下，即使处于同一行业，发达国家和发展中国家所处的位置、扮演的角色也不尽相同，这一部分深入到行业内部，分析不同国家在局部市场中的位置，刻画其技术地位与所处位置之间的关系。

在"微笑曲线"理论中，相比于中游装配、制造企业，产品链条中的上游和下游企业掌握关键技术或市场渠道，具有更高的市场地位。这样的逻辑在技术使用者、低技术生产部门、技术提供者的三部门分析中同样成立，此外，技术整合者提升创新效率，技术传递者提升技术运用效率，两者的技术地位也高于低技术生产部门。综合来看，在技术维度和产品维度构成的二维平面中，企业在低技术生产部门的市场地位最低，无论从"技术使用者→低技术生产部门→技术提供者的路径"（路径 1）来看，还是从"技术传递者→低技术生产部门→技术整合者的路径"（路径 2）来看，企业市场地位在全球创新系统中的分布都呈现出"微笑曲线"的特征。

现实中，行业间的引用频率存在大量 0 值，实际发生的引用的样本数量远远少于潜在的行业间引用关系。将这些未发生引用的关系剔除会带来样本选择偏差问题。为处理样本选择偏差问题，在行业间技术的相近性的基础之上，采用赫克曼（Heckman）两阶段分析法，第一阶段研究是否发生知识流动，第二阶段则研究知识流强度的影响因素[①]。首先，利用所有观测数据，对是否发生知识流动采用二值 Probit 模型来分析，回归方程如式（8-3）所示：

$$Pr(YN_{ig,jh,t}) = \alpha_0 + \alpha_1 \times N_{itg} + \alpha_2 \times \sum_T N_{jTh} + \alpha_3 \times D_{ij} + \alpha_4 \times lan_{ij} + \alpha_5 \times T_{ig,jh,t} +$$
$$\alpha_6 \times col_{ij} + \alpha_7 \times y_{ig,jh,t} + \alpha_8 \times e_{ig,jh,t} + \alpha_9 \times tra_{ig,jh,t} \qquad (8-3)$$

其中，$Pr(YN_{ig,jh,t})$ 代表 t 期 i 国 g 行业与 j 国 h 行业是否发生专利引用概率，N_{itg} 和 $\sum_T N_{jTh}$ 分别为 t 期相同技术领域内，知识流出方和知识流入方属于同一技术领域的专利数量，代表行业间的技术相似性程度。N_{itg} 和 $\sum_T N_{jTh}$ 的增加既会提升行业间专利引用的次数，也会提升行业间专利引用的基数，整体来看，对引用频率的影响是不确定的，但直接影响专利引用的发生与否。D_{ij} 为地理距离；lan_{ij} 为虚拟变量，两国语言相同则取 1，不同则取 0；$T_{ig,jh,t}$ 为双方的技术差距；$y_{ig,jh,t}$ 代表路径 1 中的上游度，针对可能存在的 U 型关系，这里还加入了 $y_{ig,jh,t}$ 的平方项；$e_{ig,jh,t}$ 代表对路径 1 的偏离程度；$tra_{ig,jh,t}$ 代表双方之间的贸易强度。

在此基础之上，计算逆米尔斯比率。在第二阶段的回归过程中，将逆米尔斯比率 $\lambda_{ig,jh,t}$ 代入式（8-3），利用发生专利引用的样本分析 $y_{ig,jh,t}$ 和 $e_{ig,jh,t}$ 对知识流强度的影响，如式（8-4）所示：

$$p_{ig,jh,t} = \alpha_0 + \alpha_1 \times D_{ij} + \alpha_2 \times lan_{ij} + \alpha_3 \times T_{ig,jh,t} + \alpha_4 \times col_{ij} + \alpha_5 \times y_{ig,jh,t} +$$
$$\alpha_6 \times y_{ig,jh,t}{}^2 + \alpha_7 \times e_{ig,jh,t} + \alpha_8 \times tra_{ig,jh,t} + \alpha_9 \times control_{ij} \qquad (8-4)$$

相比于第一阶段模型，因变量由是否发生专利引用的概率 $Pr(YN_{ig,jh,t})$ 变为知识流强度 $p_{ig,jh,t}$。自变量方面，去掉了变量 N_{itg} 和 N_{jth}，增加了用来刻画国家、行业等个体特征的其他控制变量 $control_{ij}$，[②] 通常而言，知识产权保护期限为 20 年，实证过程中仅保留引用时间间隔在 20 年以内的样本。由于

---

① 不考虑引用间隔的影响，仅计算 T 时期行业间的全部引用，$\sum f(L)$ 可以视为常数。

② 包括 4 个部分：引用国家、引用行业、被引用国家和被引用行业，根据式（8-4）可知，引用行业信息已经被包含在 y 中，因此这里的 $control_{ij}$ 仅包括引用国家、被引用国家和被引用行业三个部分。

本书在计算引用基数时，已经考虑到了技术的相近性，故在回归过程中不再使用 $prox_{ig,jh,t}$ 作为自变量。

8.2.2　相关指标计算

知识流强度 $p_{ig,jh,t}$。根据杰夫和特拉坦伯格（Jaffe and Trajtenberg，1999）、胡和杰夫（Hu and Jaffe，2001）的研究，地区间或行业间的知识流可以通过专利引用的频率刻画，如式（8 - 5）所示：

$$p_{ig,jh,t} = \frac{C_{ig,jh,t}}{NN_{ig,jh,t}} = \frac{\sum_T C_{itg,jTh}}{\sum_T N_{itg} \times N_{jTh}} \qquad (8-5)$$

其中，$C_{ig,jh,t}$ 代表 i 国 g 行业 t 期的专利对 j 国 h 行业专利引用的数量，代表局部市场中，系统中其他部门（技术提供者、技术整合者等）对最终产品需求方（i 国 g 行业）的知识输出，$NN_{ig,jh,t}$ 代表对应的引用基数，即所有可能发生的引用数量，在杰夫和特拉坦伯格（Jaffe and Trajtenberg，1999）的模型中，引用基数等于 i 国 g 行业 t 期专利申请数量乘以 j 国 h 行业 T 期专利申请数量。

引用的发生并不等同于知识流，单纯的产业集聚也是引用发生的原因。为了排除这一干扰，杰夫等（Jaffe et al.，1993）将相近技术领域专利作为对照组，发现同一地区内的专利引用频率要明显高于地区之间的专利引用频率。在后续的研究中，汤普森和福克斯 - 基恩（Thompson and Fox - Kean，2005）进一步优化了对照组的设置；杜兰顿和欧沃曼（Duranton and Overman，2005）将距离纳入分析框架，分析了企业之间的知识流，发现知识流确实随着距离的增加而减弱；格里菲斯等（Griffith et al.，2011）、费雪等（Fischer et al.，2009）将这一方法进一步推广到国家之间，分析了知识流的集聚特征。

借鉴上述研究设置对照组的思想，本书在 IPC 分类的基础之上，将地区间专利引用的频率改写为[①]式（8 - 6）：

$$p_{itg,jh} = \frac{C_{itg,jh}}{NN_{itg,jh}} = \frac{\sum_T C_{itg,jTh}}{\sum_T \sum_k N_{itgk} \times N_{jThk}} \qquad (8-6)$$

---

① 在汇总计算过程中，为了和引用基数保持一致，仅考虑专利间同一分类内的专利引用。

其中，N_{itgk} 代表 i 国 g 行业 t 期隶属于 k 分类申请专利的数量，N_{jThk} 代表 j 国 h 行业 T 期隶属于 k 分类累积申请专利的数量，两者的乘积代表在 t 期 k 分类中 i 国 g 行业对 T 期 j 国 h 行业的引用基数，将所有 IPC 分类加总后，得到相同 IPC 分类中，t 期 i 国 g 行业对 T 期 j 国 h 行业引用基数。在 IPC 分类体系中，一个专利通常对应多个 IPC 分类，在计算引用基数时，对应多个 IPC 分类的专利被视为多个单独的专利。根据 NACE 行业分类（欧共体经济活动分类体系，Statistical classification of economic activities in the European Community，NACE），多数专利仅属于一个行业，针对少数对应多个行业的专利，PATSTAT 提供了专利隶属于每个行业的权重，这里仅取权重最大的行业作为专利对应的行业。在具体回归过程中，为了避免极值点的影响，对 $p_{ig,jh,t}$ 取对数。

产品链条上游度 $pos_{ig,jh,t}$，在局部市场中，$pos_{ig,jh,t}$ 代表 t 时期 i 国 g 行业最终产品需求和作为中间产品提供方的 j 国 h 行业之间的生产链条长度。数据来自对外经贸价值链数据库，与第 7 章分析不同之处在于，这里取行业间点对点的生产长度（plvy）为分子，并以 j 国 h 行业的下游度（点对面）作为分母，避免 $pos_{ig,jh,t}$ 受到分工复杂程度的影响。

技术链条上游度 $G_{ig,jh,t}$。在局部市场中，与第 8 章的分析相比，除了要考虑不同行业在技术链条中的位置差异，还要考虑行业内不同国家技术水平的高低差异。相比于技术水平较低的发展中国家，发达国家的专利技术含量更高，也更容易被其他专利引用，被引用数量高会带来被引用范围的扩张。在这种情况下，通用性指标不仅受到技术链条上游度的影响，还受到技术质量的影响，若直接使用行业的通用性水平判断其在技术链条中的位置，存在较大误差。另外，专利的被引用数量决定了其对其他行业的知识输出，即本书的自变量，直接使用行业的通用性水平作为自变量是不合适的。为了解决这一问题，本书取专利所在的细分技术领域的高水平专利的通用性作为该专利的通用性水平，消除技术水平差异带来的通用性水平差异，具体而言，将一定时间段内（5 年）细分技术领域①内的专利按照被引用数量由高到低排序，取前 5% 的专利计算其平均通用性水平，作为该时间段内该领域所有专利的通用性水平。

在此基础之上，将专利的通用性水平加总至行业层面，得到行业层面

---

① 这里采用的是国际专利标准分类体系（International Patent Classification，IPC）下的小组（subgroup）分类作为分类标准，同一小组视为同一细分技术领域。

技术链条上游度，加总方法如下：统计引用基数计算过程中涉及的引用方专利（相应的专利数量为 N_{itg}），计算通用性水平均值作为引用方的行业通用性，即引用方的技术链条上游度；统计引用基数计算过程中涉及的被引用方专利（相应的专利数量为 $\sum_T N_{jTh}$），计算通用性水平均值作为被引用方的行业通用性，即被引用方的技术链条上游度。不同的引用关系中，同一引用方或被引用方的嵌入位置也是不同的。在此基础之上，取引用方和被引用方技术链条上游度的均值作为整体技术链条上游度 $G_{ig,jh,t}$。

贸易强度 $tra_{ig,jh,t}$，使用 t 期 j 国 h 行业生产最终产品中含有 i 国 g 行业价值增值的比例，即知识流入方对知识流出方的价值增值，相比之下，知识流出方对知识流入方的价值增值更容易受到产品链条上游度的影响，存在共线性问题，故不采用。

引用数量 N_{itg} 和 N_{jh}，在引用基数的基础上计算得到，其中，$N_{itg} = \sum_k N_{itgk}$，$\sum_T N_{jth} = \sum_T \sum_k N_{jThk}$。

技术差距 $T_{ig,jh,t}$ 通过人均收入、单位时间劳动报酬、产出水平、专利数量和专利被引次数等指标刻画，其中人均收入来自 CEPII 数据库，单位时间劳动报酬和产出水平来自 WIOD 的社会经济账户统计数据（Social Economic Accounts），专利数量和专利被引次数则是通过 PATSTAT 数据整理得到。在此基础之上，得到知识流入方和知识流出方在 t 时期的技术水平 T_{itg} 和 T_{jth}，技术差距可由以下方法得到式（8-7）：

$$T_{ig,jh,t} = \frac{\text{abs}(T_{itg} - T_{jth})}{T_{itg} + T_{jth}} \qquad (8-7)$$

此外，地理距离 D_{ij}、语言虚拟变量 lan_{ij} 等控制变量均来自 CEPII 数据库。基本数据情况见表 8-1。

表 8-1　　　　　　　　技术地位相关数据基本情况

变量	样本数	组数	均值	标准差	最小值	最大值
引用频率（取对数）	4773646	341953	-12.781	1.902	-20.951	0
引用基数（取对数）	4773646	4773646	4.051	1.849	0	12.389
技术链条上游度	4773646	4773646	0.604	0.055	0.023	0.856
产品链条上游度	4773646	4773646	1.745	0.441	0.589	5.842
技术差距	4773646	4773646	0.417	0.274	1.32E-04	0.982

续表

变量	样本数	组数	均值	标准差	最小值	最大值
语言因素	4773646	4773646	0.065	0.247	0	1
地理距离	4773646	4773646	5337.116	4407.945	160.928	18260.39
文化相近性（殖民与否）	4773646	4773646	0.038	0.192	0	1
贸易强度	4773646	4773646	$2.14E-04$	$1.14E-03$	$1.09E-10$	0.183

资料来源：引用频率、引用基数、技术链条上游度来自 PATSTAT 数据库，产品链条上游度和贸易强度来自对外经贸价值链数据库，技术差距、语言因素、地理距文化相近性（殖民与否）等指标来自 CEPII 数据库。

在二阶段回归过程中，参照杰夫和特拉坦伯格（Jaffe and Trajtenberg, 1999）、胡和杰夫（Hu and Jaffe, 2003）的研究，针对可能存在的异方差问题，在第二阶段模型中使用 $\ln(NN_{itg,jth})$ 作为权重进行回归。

8.2.3 结果分析

通过表 8-2 可以看出，逆米尔斯比率在二阶段回归过程中显著为正，样本选择偏差确实存在。无论是 2014 年还是 2001 年，在路径 1 中，行业间的知识引用频率呈现先上升后下降的 U 型关系，说明技术使用部门和技术提供部门在全球创新系统中的地位都要高于低技术生产部门。进一步分析其他年份的情况，发现这一维度的"微笑曲线"是稳定而可信的。

表 8-2   技术地位基准回归结果

变量	回归1	回归2	回归3	回归4
语言因素	0.320 ***	0.405 ***	0.377 ***	0.389 ***
技术差距	−1.335 ***	−0.493 ***	−0.529 ***	−0.468 ***
地理距离	2.65e−0.5 ***	4.00e−0.5 ***	3.80e−0.5 ***	4.17e−0.5 ***
文化相近性	0.177 ***	0.113 **	0.105 **	0.098 **
贸易强度	44.841 ***	42.664 ***	20.500 ***	69.688 ***
e	4.886 ***	−0.207	13.040 ***	0.146
y	−288.984 ***	−227.297 ***	−279.294 ***	−210.220 ***
y 的平方项	235.635 ***	201.475 ***	254.191 ***	183.775 ***
其他控制变量	国家、行业	国家、行业	国家、行业	国家、行业
常数项	81.742 ***	57.146 ***	68.454 ***	59.953 ***

续表

变量	回归 1	回归 2	回归 3	回归 4
年份	2000	2014	2014	2014
逆米尔斯比率	0.767 ***	0.665 ***	0.493 ***	0.677 ***
R	0.5291	0.6121	0.5935	0.6319
样本量	18899	19569	7586	11983
组数	288346	283560	—	—

注：***、** 和 * 分别表示 1%、5% 和 10% 的显著性水平。
资料来源：同表 8 - 1。

相比于低技术生产部门，技术提供部门、技术整合部门、技术使用部门都表现出更高的技术地位，受制于技术传递部门创新机会少、技术扩散速度慢的情况，技术传递部门的技术更新相对滞后，仅在部分年份显示出对低技术生产部门的技术优势。

8.3　中国制造业分部门在全球创新系统中的地位分析

中国制造业的细分行业不仅是全球创新系统中的有机组成部分，还共同构成中国国家创新体系（National Innovation System，NIS），彼此间的技术联系和外溢效应是中国制造业高质量发展的重要动力源泉。国家创新体系的概念可以追溯至 20 世纪 80 年代（Freeman，1987；Lundvall，1992），在创新累积性的前提下，所有与技术学习、搜寻、探索相关的创新主体被联系在一起，形成了一个致力于知识创造、储备、转移及扩散、应用的网络系统。随着研究的深化和 OECD 的积极推动，国家创新体系理论逐渐成为科技政策制定的分析框架和指导工具（Lundvall，2007）。党的十九大报告强调，"要加强国家创新体系建设，强化战略科技力量，深化科技体制改革，建立以企业为主体、市场为导向、产学研深度融合的技术创新体系"[①]，党的二十大报告进一步指出，"统筹推进国际科技创新中心、区域科技创新中

---

① 习近平. 决胜全面建成小康社会　夺取新时代中国特色社会主义伟大胜利——在中国共产党第十九次全国代表大会上的报告（2017 年 10 月 18 日）［R］. 新华社，2017 - 10 - 27.

心建设，加强科技基础能力建设，强化科技战略咨询，提升国家创新体系整体效能"①，将建设国家创新体系提升到国家战略的高度。

在国内大循环为主体、国内国际双循环相互促进的新发展格局下，发展独立自主的国家创新体系不仅是对美国在核心技术领域制裁中国企业的有力回应，还是推动中国制造业转型升级、实现高质量发展的重要保障。当前，中国国家创新体系的发展存在两方面的落后：首先，与发达国家相比，中国在科技领域存在基础科学研究短板依然突出、技术研发聚焦产业发展瓶颈和需求不够、科技管理体制还不能完全适应建设世界科技强国的需要等诸多问题②，大部分中国企业缺少高精尖技术储备，新产品开发速度落后于欧美竞争对手，创新能力较弱；其次，与自身经济发展进程相比，中国的国家创新体系的发展滞后于制造业融入 GVC 的步伐，中国制造企业在参与全球化分工的过程中，借助来自跨国公司的技术授权和转移，在低成本竞争优势的基础之上，从事 GVC 低端加工、制造、生产、装配（卓越和张珉，2008；刘维林，2012；张杰和郑文平，2017；吕越等，2018）。国家创新体系的落后使得中国企业不得不利用国外知识资源满足自身发展需要，快速成长的同时也逐渐形成对国外核心技术、关键环节的外部依赖。根据《中国科技统计年鉴 2019》的统计，2013～2018 年，中国规模以上企业引进国外技术经费支出高达 1754.1 亿元，接近购买国内技术经费支出（1079 亿元）的两倍。由于国内研发能力的欠缺，华为、美的等国内企业也通过建立海外研发中心获取、利用国外创新资源、提高企业技术创新能力。

在中美经贸关系紧张、外部技术封锁的大背景，核心技术缺失的问题被进一步放大，制约着中国制造业的高质量发展。但针对缺失核心技术的重点攻关并不是解决中国国家创新体系滞后问题、支撑中国制造业高质量发展的良策。创新是一个动态的过程，技术的价值会随着时间的流逝逐渐消减，不存在永远处于核心位置的技术。国际竞争中企业的长期竞争力的获得并不是因为掌握了某项核心技术，而是因为它能够持续地创造核心技术，而这与它所处的国家创新体系是分不开的。倘若只盯着特定的核心技术进行攻关，很可能会陷入"追赶—落后—再追赶—再超越"的窘境。要避免这样的问题，需要系统性地理解中国当前面临的创新环境，整体把握

① 高举中国特色社会主义伟大旗帜 为全面建设社会主义现代化国家而团结奋斗——在中国共产党第二十次全国代表大会上的报告（2022 年 10 月 16 日）[R]. 人民日报，2022 - 10 - 26.
② 习近平在中国科学院第十九次院士大会、中国工程院第十四次院士大会上的讲话（2018 年 5 月 28 日）[R]. 人民日报，2018 - 05 - 29.

中国国家创新体系中存在的问题。为此，本书从技术轨道①的角度出发，借鉴行业创新系统的相关理论研究，分析中国国家创新体系存在的系统问题，为创新及科技政策的制定提供理论参考。

国家创新体系的概念自诞生以来，受到了学术界和政策界的广泛关注。本书从"概念框架—系统问题—政策含义"三个方面对国内外已有研究进行梳理，并沿着"概念框架—系统问题—政策含义"的研究思路，针对中国国家创新体系发展面临的形势，借鉴行业创新系统及技术体制的相关研究，为中国创新及科技政策的制定提供新的参考。

针对国家创新体系的概念框架，弗里曼（Freeman，1987）在总结了20世纪七八十年代日本在某些重要新技术领域的成功经验，认为日本之所以能够完成技术赶超，不仅与研发投入的规模和效率有关，还涉及社会、制度等多方面的因素，由此将国家创新体系归纳为"一个由企业、R&D 实验室、大学等机构或组织构成的网络系统"，机构间的相互作用能够带来新技术的创造、扩散和应用。类似地，内尔森等（Nelson et al.，1993）从美国的经验出发，将国家创新体系理解为"决定一国企业创新活动的一组相互作用的机构"；伦德瓦尔（Lundvall，1992）则从供应商、生产企业、用户之间的联系出发研究国家创新体系，分析其对于提升国家、地区的竞争优势的关键作用。

与新古典经济学中的创新过程相比，国家创新体系中创新过程不再局限于企业内部的研发投入过程，公司外部的制度、组织等各类因素构成了不可或缺的一部分（Niosi et al.，1993；Edquist，1997），企业间的知识联系极大地提升了企业的研发效率（Granstrand and Holgersson，2020；Dahesh et al.，2020）。国家创新体系关注创新活动相关机构之间的技术联系，但更侧重于从整体出发，系统性地看待创新过程，这意味着国家创新体系不能简单被视为个体或要素的加总，其发展过程是一个自然演化的过程，不能人为地根据已有的模板进行设计与创造（Nelson et al.，1993；Edquist，2005；Edquist，1997）。这也就决定了基于国家创新体系的创新政策需要从当前国家创新体系的系统失效（Carlsson et al.，1997；Hauknes et al.，1999；Soete et al.，2010；Lenihan et al.，2019；Wanzenböck et al.，2020）、系统问题（Chaminade et al.，2010；Edquist，2011；Uyarra et al.，2019）或系统功能分析（Bergek et al.，2010；Bach et al.，2020；Janssen et al.，

---

① 技术轨道的概念在后文有详细的描述，参见多西（Dosi，1980）。

2022）出发，寻找可行的解决方案，而不是基于一个未来发展愿景，对现有的国家创新体系进行机械化的改造。

在系统问题的基础上，很多学者都针对具体的国家创新系统提出了相应的政策建议。其中，OECD 的研究极大的推动了政策界对国家创新体系的关注。1995 年以来，OECD 发布了一系列关于国家创新体系的政策报告，向成员国推荐采用国家创新体系的概念，并开展对一些国家创新体系和创新政策的评估，影响各国国家创新体系建设。其中，1999 年的研究报告《管理国家创新体系》指出，政府在国家创新体系建设中要扮演知识管理的角色，并通过建构创新文化；加强技术扩散；促进网络化和产业群的发展；平衡 R&D 活动；响应全球化等方式提升国家创新体系的效率。在 2005 年的研究报告《国家创新体系的治理》，更强调政策的一致性与政策间的协调，各国政府要根据经济社会发展的现实情况，调整创新及科技政策，改善国家创新体系的治理。

今天国际环境的变化，对中国国家创新体系关键技术攻关能力提高提出了迫切的要求。由于技术发展的动态性特征，中国国家创新体系的发展过程并不能等同于特定关键技术的获取过程。不能仅从产业链的角度着眼于当前"卡脖子"技术的攻关，还必须深入挖掘中国国家创新体系不能产生核心技术、关键技术的内在原因，深挖根源性问题，并在此基础之上找寻解决之道，制定相应的创新政策，让中国国家创新体系能够持续地创造高精尖技术，走在世界技术发展的前列。当前，国内学者多是从基础创新欠缺、产学研合作体制不健全、创新激励不足、区域发展不平衡等问题出发，探讨完善中国国家创新体系的方法和路径（叶伟巍等，2014；中国社会科学院工业经济研究所课题组，2020；李瑞等，2020；柳卸林等 2018）。

相比之下，本书沿着"概念框架—系统问题—政策含义"的逻辑，从技术的角度出发，借鉴行业创新系统（sectoral innovation system）的思想，分析中国国家创新体系当前存在的系统问题，并在此基础之上寻找相应的政策着力点。与国家创新体系类似，行业创新系统的研究对象也是创新主体及其相互间的技术联系。

通过对中国制造业细分产业的研究，可以看出它们在国家创新体系中扮演的角色。其中，技术提供部门处于技术轨道和产业链的上游，提供的技术以 GPT 和突破性创新为主，广泛地影响着其他行业的技术创新过程。从细分行业来看，基础药品和制剂制造、橡胶制品制造、塑料制品制造等行业中的企业更接近于技术提供部门（见表 8-3）。技术使用部门处于技术轨道和产业链的下游,将来自其他行业的中间产品和知识服务加以整合,提供符合市场需求的最终产品或服务,集中于食品制造、饮料制造、服装制造、计算机及周边设备制造业、家用电器制造等细分行业(见表 8 – 3)。技术传递部门是中间产品提供者,但位于技术轨道下游,将来自技术轨道上游的知识技术,转化为中间产品,扩散到其他领域,在国家创新系统中发挥着提升技术转化效率的功能。典型行业如造纸和纸制品业,石油、煤炭及其他燃料加工业,基础化学品、化肥和氮化合物、塑料及合成橡胶的制造,涂料、油墨、颜料及类似产品制造等(见表 8 – 3)。技术整合部门直接将那些尚未经过市场验证、有成为突破性创新潜力的技术运用于最终产品生产过程中,基于需求整合创新资源,减少了需求到技术的传导环节,提升系统整体对需求变动的响应能力。技术整合部门集中于光学仪器和摄影器材的制造、通信设备制造、消费电子产品制造汽车制造等行业(见表 8 – 3)。

表 8 – 3　　　　　　　细分制造行业在中国国家创新系统中的角色

产业链	技术轨道上游	技术轨道下游
产业链上游	技术提供部门 1. 紧固件及螺旋机制造 2. 输配电及控制设备制造 3. 发动机和涡轮机的制造(飞机、车辆和循环发动机除外) 4. 烘炉、熔炉及电炉制造 5. 纺织业 6. 木材加工(家具除外)和木、竹、藤、棕、草制品业 7. 印刷 8. 杀虫剂及其他农用化学品制造 9. 香水和盥洗制剂制造 10. 人造纤维的制造 11. 基础药品和制剂制造 12. 橡胶制品制造 13. 塑料制品制造 14. 其他非金属矿物制品制造 15. 金属罐、贮水池等金属容器制造 16. 金属的锻造、压制、冲压和轧制;粉末冶金 17. 电子元件的制造 18. 测量、试验和导航仪器制造	技术传递部门 1. 烟草制品业 2. 造纸和纸制品业 3. 石油、煤炭及其他燃料加工业 4. 基础化学品、化肥和氮化合物、塑料及合成橡胶的制造 5. 涂料、油墨、颜料及类似产品制造 6. 肥皂及洗涤剂制造 7. 其他化学制品业 8. 炸药、火工及焰火产品制造 9. 橡胶和塑料制品业 10. 玻璃制品制造 11. 粘土材等建筑材料制造 12. 卫生陶瓷制品制造 13. 石膏、水泥制品及类似制品制造 14. 基本金属制造业 15. 核燃料加工 16. 结构性金属制品制造 17. 蒸汽产生装置(集中供热锅炉除外) 18. 武器弹药制造 19. 金属涂层及处理 20. 刀具等金属工具制造 21. 其他金属制品制造 22. 电子元件及电路板制造 23. 测量、试验和导航仪器及钟表制造

续表

产业链	技术轨道上游	技术轨道下游
产业链上游		24. 磁光记录介质制造 25. 电机、输配电及控制设备制造 26. 电池及蓄能器制造 27. 电线、电缆、光缆及电工器材制造 28. 电线、电缆、光缆制造 29. 通用设备制造 30. 非家用通风设备与空调设备 31. 其他通用设备制造
产业链下游	技术整合部门 1. 光学仪器和摄影器材的制造 2. 通信设备制造 3. 消费电子产品制造 4. 钟表制造 5. 辐照、电疗及电疗设备制造 6. 电照明设备制造 7. 其他电气设备的制造 8. 办公机械和设备（计算机及周边设备除外）的制造 9. 汽车制造 10. 汽车零部件及配件制造	技术使用部门 1. 食品制造 2. 乳制品制造 3. 饮料制造 4. 服装制造 5. 皮革及相关产品制造 6. 计算机及周边设备制造业 7. 家用电器制造 8. 起重及装卸设备的制造 9. 农业和林业机械的制造 10. 金属成型机械和机械的制造 11. 其他专用设备制造 12. 采矿、采石及建筑机械的制造 13. 用于纺织、服装和皮革生产的机械的制造 14. 制浆和造纸专用设备制造 15. 其他运输设备制造 16. 家具制造业 17. 其他制造业 18. 医疗和牙科设备制造

资料来源：根据 PATSTAT 数据及国家统计局提供的 149 部门投入产出表整理得到，专利数据基于欧洲产业分类标准第二版标准，贸易数据基于《全部经济活动国际标准行业分类（第四版）》以及《国民经济行业分类 2019》，三者对应关系见附录。

8.4 中国企业在全球创新系统中的角色演进

8.4.1 中国企业在全球创新系统中的角色演进阶段划分

本书将中国制造业的角色演进过程总结为三个阶段：产品驱动阶段（2000~2005 年）、要素驱动阶段（2005~2010 年）、内需驱动阶段（2010~

2014 年)① （见图 8 - 3）。在产品驱动阶段，中国制造初入国际分工体系，出口品集中于少数具有技术优势的最终产品领域，对外开放倒逼资源流向出口部门，中国制造业的技术优势被放大。这一过程可以理解为通过国际贸易整合中国制造业技术优势为其他国家提供新的产品内容，中国制造业的角色逐渐由低技术生产者向资源整合者转型。

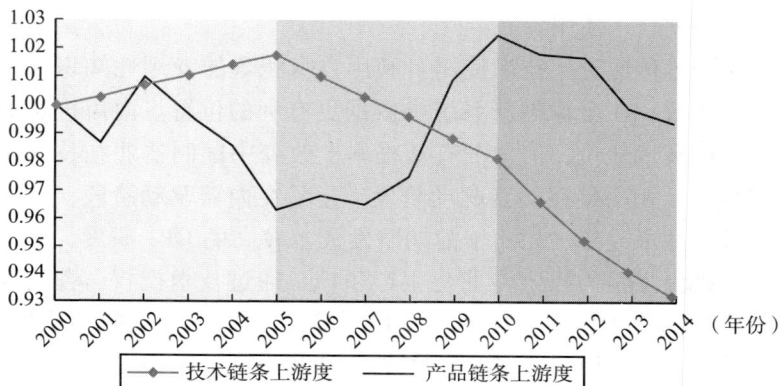

图 8 - 3　中国制造业在全球创新系统中的角色演进（2000 ~ 2014 年）

资料来源：技术链条上游度来自 PATSTAT 数据库，产品链条上游度和贸易强度来自对外经贸价值链数据库。经作者整理后得到，具体方法参见图 8 - 2，以 2005 年的值为 1。

但产品驱动的中国制造业角色演进是不充分的。在初入国际分工体系的情形下，中国制造业的整体技术水平远远落后于发达国家。当产品层面的技术优势被挖掘殆尽后，大量低成本劳动力带来的要素优势驱动中国制造业嵌入 GVC 中的制造、装配环节，中国制造业在全球创新系统中的角色演进过程进入要素驱动阶段。通过 FDI、加工贸易等方式，中国制造业利用自身成本优势，将国外先进技术转化为中间产品，作为技术传递者参与到全球创新系统中。随着产品内贸易规模的扩张，中国制造业的角色逐渐由低技术生产者向技术传递者转型。

2011 年，在国际金融危机爆发，世界经济复苏乏力、持续低迷的大背

① 本章所采用的数据来自 WIOD 数据库，囿于数据限制，仅能研判 2014 年以前中国企业在全球创新系统中的角色演进过程。2014 年后，中国制造业依然处于内需驱动阶段，尤其是 2018 年以来中美贸易摩擦加剧的大背景下，内需驱动在制造业发展过程中扮演的角色越来越重要，但是考虑到数据的局限，本章在划分中国企业在全球创新系统中的角色演进阶段的时候，不考虑 2014 年以后的情况。

景下，中央经济工作会议首次把扩大内需作为"战略基点"，推动内需市场扩张及经济结构转型，内需开始成为中国制造业发展的重要驱动力。在内需驱动阶段，中国制造企业逐渐将生产重心转向国内市场，并利用国际知识网络，在全球范围内搜寻生产所需的关键技术，运用于供给国内需求市场的过程中。资源逐渐由加工、装配环节流向营销、市场、品牌等下游非实体环节，部分中国企业实现了由加工贸易向品牌商的转变，也实现了由低技术生产者向技术使用者的转型。

相比于技术传递者，技术使用者利用自身积累的专用性知识和对消费市场的深入了解，在全球创新系统中占据更有利的位置。内需扩张提升了中国制造业的技术地位，但并没有从根本上改变中国制造业在技术层面的外部依赖特征。无论是在要素驱动阶段，还是在内需驱动阶段，技术维度的下游化趋势并未改变。相比于前期研发成本较高的 GPT 研发，中国制造企业倾向于把更多精力投入专业化生产领域，通过技术授权、咨询等方式利用国外已有的知识资源，借此创造出适合自身生产领域的专业性技术，将已有的技术范式应用到特定需求领域或中间产品生产领域。

8.4.2　中国制造业在全球创新系统中的角色演进路径比较

作为全球创新系统的一部分，中国制造业的角色演变是其迈向 GVC 中高端的具体表现。但迈向 GVC 中高端不等于放弃中国制造业现有的比较优势。本书在考察中国制造业的创新升级路径时，不仅把中国制造业作为全球创新系统的一部分，还把它视为一个区域创新系统。

部门间的技术联系对于区域内的产业发展至关重要，因此，相比于 GVC 研究中的"升级"，创新升级不是一个由低效企业转变为高效企业的过程，而是在已有的技术储备的基础上，区域创新系统不断扩展自身的技术边界，通过自主研发或者引进国外知识资源的形式，丰富区域内的创新参与者类型和技术联系，进而提升整体创新效率的过程。在这一过程中技术范式的转变尤为重要，仅依赖企业角色的转型是不够的，还需要产业层面技术的更新换代和创新环境的改变。

从低技术生产部门出发，中国制造业的创新升级路径既可以表现为"嵌入优先"路径，也可以表现为"能力优先"路径（见图 8 - 4）。在这两种路径中，产品链条中的升级和技术链条中的角色演进都会发生，但顺序有所不同。在"嵌入优先"路径中，企业"先产品升级，后技术升级"，即先借助外部知识资源嵌入上游产品生产环节，并在这些环节逐渐积累技术能力，实现 OEM 向 ODM 和 OBM 的转型，这与刘维林（2012）、苏庆义（2016）等学者提出的"先嵌入再能力提升"的路径类似（苏庆义，2016；刘维林，2012）；"能力优先"路径是"先技术升级，再产品升级"，企业先依托内需市场的扩张在低技术最终产品市场稳脚跟，然后逐渐积累品牌价值，并利用这一优势带来的范围经济，进入高技术最终产品市场，向技术整合者转型，这与"先通过 NVC 构建能力，再加入 GVC"的思路（刘志彪和张杰，2007）近似。在中国制造业 2000 年以来的角色演进过程中，内需驱动阶段低技术生产者向技术使用者的转型属于"能力优先"路径，要素驱动阶段低技术生产者向技术传递者的转型是"嵌入优先"路径的一部分。

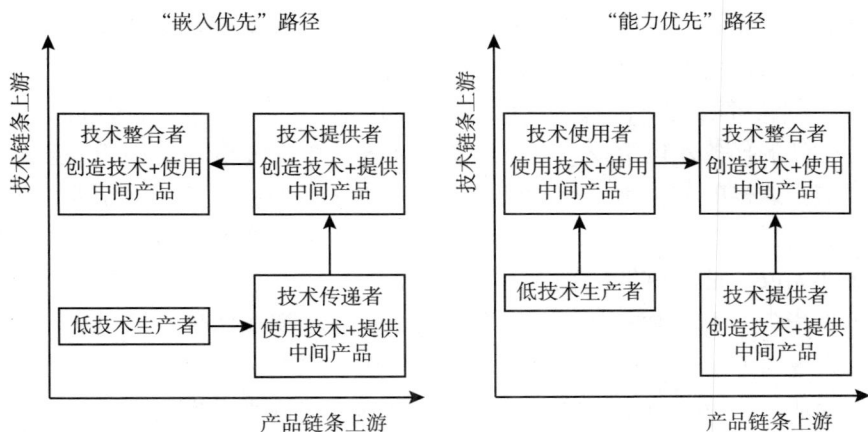

图 8-4　全球创新系统中的创新升级路径

资料来源：作者整理。

相比于"嵌入优先"路径，"能力优先"路径中的障碍更难跨越。在进军技术整合部门之前，作为技术使用者的企业难以积累足够的技术能力，面临着过高的进入门槛，加之企业角色转换的障碍，转型过程并不顺利。

在由技术使用部门向操作系统、芯片制造、汽车行业等为代表的技术整合部门进军的过程中，中国制造企业与发达国家的竞争过程中出现了关键技术"卡脖子"的问题。不同于"微笑曲线"理论中技术研发、生产装配和市场品牌的分工状态，操作系统、芯片制造、汽车的下游生产环节具有更高的技术含量，技术研发和市场品牌的功能都被集成到同一企业内部，生产环节减少，单一环节的进入门槛升高。加之技术使用部门与技术整合部门的竞争关系，中国制造企业难以通过多样化或迂回的升级策略回避竞争，创新升级过程不可避免地会受到来自发达国家链主的"断供"与技术封锁。

由此，华为遭受的贸易制裁可以从另一个角度来看待：在创新升级的路径中，中国半导体行业进军核心技术领域前，并未能积累足够的技术储备和创新能力，过高的门槛限制了中国企业未来的发展。谷歌、ARM（即Acorn RISC Machine，是全球领先的 CPU 设计架构提供商）、台积电等公司的断供对华为的影响巨大，但中国相关领域的半导体企业未能给予华为足够的支持，这也暴露出中国半导体行业整体上的落后状态。

"能力优先"路径中的障碍不仅包括核心技术研发的门槛，还包括企业角色转换的障碍。由技术使用者向技术整合者的转型意味着由渐进性创新向突破性创新转型，但企业积累的持续性创新不仅不能帮助企业实现突破性创新，反而使得企业依赖已有技术路径，忽略新的市场机遇和技术变革，带来"创新者困境"①。在全球创新系统的分工中，技术范式的创造者将持续性创新的任务外包给技术链条下游的企业，将研发资源集中于突破性创新领域。这样的分工是对"创新者困境"的一种解决方式，而企业由技术使用者向技术整合者转型的过程意味着将持续性创新和突破性创新交由同一企业完成，是一种非效率的安排。

以华为、中芯国际为代表的中国制造企业近期在转型升级过程中遭遇的阻力表面上是关键技术的缺失，而深层次的原因则是缺乏创新环境支持导致企业无法转变创新角色。仅依靠企业或个别科研机构实现关键技术的突破能够帮助中国企业缩小与发达国家的技术差距，但不能实现由技术使用者向技术整合者的转型。在技术范式的范畴内，产品和技术都有其生命周期，随着新的技术范式逐渐成熟，技术使用成本的降低使得技术能够被应用于各个专业化生产领域，在模仿的基础上实现的关键技术突破不过是推动了技术范式的应用。当新的技术范式出现时，所谓的关键技术积累并不能保证企业站在技术前沿领域。

受到新冠疫情的影响，逆全球化趋势加剧，美日试图推动制造业供应

---

① 创新者困境是指"企业通过创新尽可能地满足现有客户、挖掘市场潜力的行为反而带来商业上的失败"，其根源在于突破性创新和渐进性创新在企业层面的不兼容。由于研究视角的差异，克里斯滕森并未使用突破性创新和渐进性创新的概念，而是从管理学视角出发，使用破坏性创新（disruptive innovation）和持续性创新（sustaining innovation）的概念（Christensen，1997）。

链回迁战略。这势必打破已有的国际分工格局，带来产业链的"短链化"和"区域化"。全球供应链的"去中国化"不会从根本上改变中国制造在GVC 低端的比较优势，但由此而来的全球创新系统的"去中国化"值得警惕，这不仅制约中国制造业攀升 GVC 中高端，还可能扩大中国制造与发达国家之间的技术世代差距。在这一过程中，技术传递部门中的先进制造业与技术提供者之间的联系加深，将技术创新与市场需求更紧密地结合，倒逼技术整合过程，引发全球创新系统的洗牌与重构，在损失部分生产效率的同时，推动新的技术范式的研发与应用。在未来技术范式和技术标准的竞争中，中国制造业可能陷入被孤立、被封锁的不利局面，若不能紧跟发达国家的创新步伐，中国制造业未来的技术更新换代过程会滞后于发达国家，更遑论攀升 GVC 中高端。

在中国制造业通过"嵌入优先"路径攀升 GVC 中高端的过程中，"创新者困境"依然存在。相比于技术整合部门的高门槛及主导企业的竞争对抗，技术提供部门的分工更加细化，与技术传递部门之间合作多、对抗少。因此，在"嵌入优先"路径中，贸易"断供"与技术封锁难以实现，企业在转型过程中能够逐渐积累创新能力，有可能实现核心技术领域的突破。

在参与产品链条上游生产的过程中，技术传递部门的企业逐渐积累了两方面的优势：一方面，企业在进行突破性创新之前，已经积累了相应的产品生产经验；另一方面，企业由于核心技术欠缺不能攫取产品生产带来的全部收益，突破性创新对于企业的吸引力更大。这样的优势能够助力企业的创新升级过程，但会随着企业技术链条上游度的提升逐渐下降：一方面，在技术链条的上游，创新的通用性水平较高，技术和生产的分离特征更加明显，GPT 持有者倾向于通过技术授权为下游厂商提供知识支持，以"干中学"的方式完成技术积累的方式不再适用；另一方面，随着下游企业逐渐掌握上游技术，突破性创新高风险、高回报的盈利模式与技术传递者低风险、低回报的盈利模式发生冲突，突破性创新带来的收益提升逐渐失去吸引力。

通过图 8－5 可以看出，在技术传递者向技术提供者转型的过程中，技术传递者进行突破性创新的收益逐渐下降，而"创新者困境"带来的价值冲突却随着企业接近技术链条上游更加明显，当成本和收益相抵时，技术传递者的升级之路就会停止在 B 点。单纯依赖企业角色转变完成中国制造业升级的思路并不可行。

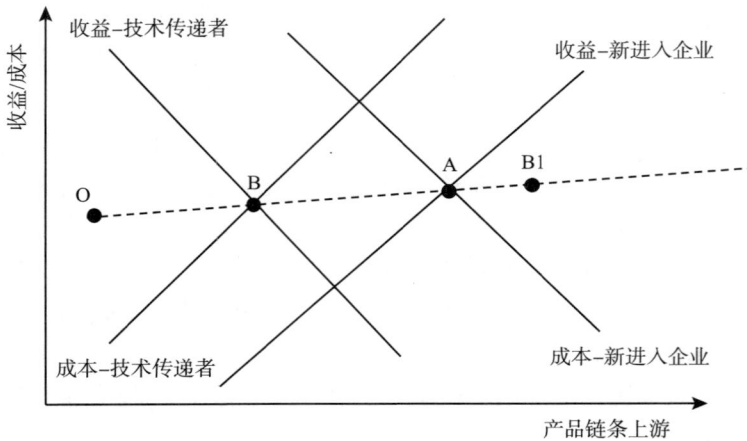

图 8-5 技术传递者和新进入企业进行突破性创新的成本收益分析
资料来源：作者整理。

考虑到技术提供者的技术特征为熊彼特Ⅰ型，小企业和新进入企业发挥着更为关键的作用。相比于熊彼特Ⅱ型创新模式，熊彼特Ⅰ型创新模式参与者众多，分工更加细化，网络化特征明显，创新过程更具开放性，对小企业和新进入企业更加友好。随着技术链条上游度的提升，一方面，创新累积性的下降带来了创新活动壁垒的下降，市场进入成本也随之下降；另一方面，相比于风险厌恶的技术传递者，小企业和新进入企业具有更倾向于突破性创新的高收益特征。以 A 点为起点，在技术链条上游，企业的进入收益逐渐超过进入成本，新企业会持续地出现，带来新的技术尝试，推动制造业转型升级（见图 8-5），这里将 A 点称为"进入起点"。

对于处在技术链条下游的中国制造业而言，这一升级路径表现为"O > B > A"的边界扩张。当 B 点出现在 A 点时，仅凭技术传递者的自发努力和企业层面的升级，中国制造业的技术边界扩张会停滞在 B 点，可能永远不会到达 A 点。虽然国内企业的知识资源整合能够形成更大的合力，但是对于国内企业都未曾涉足的领域，创新不能无中生有。因此，国家创新体系的构建不仅包括了对国内已有技术资源的整合，还应借助国内企业对上游技术的需求将国外研发机构吸引到国内创新网络之中，形成边界超越国内技术资源范畴的区域创新系统（见图 8-5 中 B1 点），当 B1 点落在 A 点右侧时，新进入企业有动力进入技术上游领域，实现中国企业在前沿领域研发突破，提升区域创新系统在技术上游领域的积累，进一步吸引更多的国外研发结构进入，扩展创新系统的边界，形成"边界扩展—技术突破—边界扩展……"的持续升级路径。

相比于"能力优先"路径,"嵌入优先"路径绕过了进入门槛较高的技术整合部门,在由技术传递者向技术提供者转型的过程中,中国制造业得以积累创新能力,为最终进入核心技术领域创造条件。与美日等发达国家的制造业回迁战略一样,中国创新系统的边界扩张同样能够实现产业链的"短链化"和"区域化",防范产业链断链风险,并通过外部知识资源与中国制造业现有比较优势的结合,提升区域创新系统的运行效率,推动中国企业在"嵌入优先"路径中的创新升级。

在此基础之上,针对中国制造业在全球创新系统中的角色地位及创新升级路径,本书得到了以下两个主要结论:

第一,受益于内需扩张,中国制造业在全球创新系统中的地位有所提升,但对外技术依赖的特征并未得到根本性改变。整体来看,中国制造业在全球创新系统中的角色接近低技术生产者,并在近年来呈现出向技术传递者和技术使用者转型的趋势。虽然技术传递者和技术使用者具有更高的技术地位,但仍依赖技术链条上游提供的 GPT 和突破性创新。上游 GPT 的缺失意味着中国制造业的自主创新绝不等于闭门造车,加强国际技术交流与合作更有利于现阶段中国制造业的高质量发展。

第二,考虑到技术维度的异质性,中国制造业攀升 GVC 中高端有多条创新升级路径可供选择,合理的路径规划能够帮助中国制造业避免发达国家链主企业的"断供"与技术封锁。针对中国制造业在全球创新系统中的定位,本章总结出两条可行的创新升级路径。"能力优先"路径能够缩小中国企业与发达国家的技术世代差距,但不能改变中国企业市场追随者的角色定位。相比之下,在"嵌入优先"路径中,中国制造企业嵌入分工细化、无直接竞争关系的技术提供部门,回避与发达国家链主企业的正面竞争,逐渐积累创新能力,更有可能攀升 GVC 中高端。

在新冠疫情带来逆全球化潮流的大背景下,中国制造业攀升 GVC 中高端面临着更大的障碍与挑战。须警惕全球创新系统的"去中国化"趋势,采取一"攻"一"守"的组合拳策略,积极布局新兴技术,推动中国制造业的创新升级。其中,"攻"体现在"嵌入优先"路径,积极吸引国外知识资源,争取国际合作,实现市场追随者向市场主导者的转型;"守"体现在"能力优先"路径,作为市场追随者,努力缩小与发达国家的技术世代差距。具体如下:

其一,以创新能力开放合作为抓手,在"嵌入优先"路径主动出击。

当前，中国制造业的比较优势集中于技术链条中下游，未来发展依赖国外核心技术，创新能力开放合作是改变中国制造业比较优势的重要手段。它能扩展国家创新系统的边界，丰富创新者类型，提升国家创新系统运行效率。与此同时，中国企业也在与国外高技术企业的合作、竞争过程中，积累创新能力，逐渐迈向 GVC 中高端。

具体而言，创新能力开放合作包括"走出去"和"引进来"两方面的内容。其中，"走出去"通过与国外机构的研发合作扩展国家创新系统的边界。应以"一带一路"为契机，改变中国制造被动嵌入全球创新系统的局面，积极参与全球创新治理。尤其是考虑到中国制造业在 GPT 领域的劣势，在"一带一路"共建国家技术优势的基础上，积极推动科技合作交流平台和技术市场的建设，强化双边基础研究成果共享，助力企业挖掘 GPT 的经济价值。针对"一带一路"共建国家在经济社会发展过程中面对的关键共性技术问题，开展技术合作，激发制造企业以及相关的高校、科研院所等技术供给方的在 GPT 领域的创新活力。

"引进来"则在迅速复产复工、新基建投资启动、完善的制造业体系提供生产配套的基础上，以上海、深圳等核心城市的高端产业集群建设为依托，打造创新机会多、技术共享的创新环境，吸引国外知识资源助力国家创新系统发展。对创新活动和创新成果予以充分保护和有效激励，规范技术交易，培育市场化技术转移服务机构，发挥政府、高校、科研机构以及各类商会、协会对企业创新的支持作用，吸引国外知识资源和高精尖缺人才。通过国内外企业间的竞争提供更多技术路线，弥补中国制造在 GPT 技术研发领域的不足，也促使中国企业在合作中积累、在竞争中学习，逐渐由技术标准追随者向技术标准制定者转型。

其二，警惕全球创新系统的"去中国化"趋势，在"能力优先"路径积极防御。

受新冠疫情的影响，全球创新系统的重新布局在所难免，中国制造业决不能任由美日等发达国家孤立封锁、陷入闭门造车的不利局面。应积极争取高技术制造业，多元化布局新兴产业，缩小与发达国家的技术世代差距。

一方面，以自由贸易试验区为抓手，通过放宽市场准入、扩大服务开放、促进投资便利化等手段，提升中国对先进制造业的制度吸引力，充分发挥中国对先进制造业的市场引力，积极争取半导体、工业自动化系统、消费电子、汽车等能将技术研发迅速转化为原型制作和创新生产的先进制造环节。延缓先进制造业回流发达国家的进程，避免中国制造业被孤立、被封锁、技术世代落后的不利局面，为中国制造在"嵌入优先"路径的进程赢得时间。

另一方面，在研发主体多元化和技术来源多元化的基础上，布局5G、新能源、人工智能等潜在GPT技术领域。目前这些领域尚未形成完善的商业生态、突出的主导设计，相应的创新升级过程不能过分依赖重点企业在重点技术领域的研发，而是充分发挥市场机制的作用，通过企业间的竞争为市场提供更多的技术方案，借助市场选择寻找最优的技术路线。其中，实现研发主体的多元化可通过完善资本市场、财税政策支持、发挥采购政策功能等手段加大对中小企业，尤其是研发型企业的支持，提升新进入企业的抗风险能力，降低新进入企业的成本，为市场提供更多的技术路线选择。实现技术来源的多元化，应在自主创新的基础上，密切关注国外技术发展动态，尤其是新的技术范式和主导设计，积极引进、吸收，努力缩小与发达国家的技术世代差距。

8.5　本章小结

本部分将价值链分工体系视为一个有众多参与者的全球创新系统，借鉴技术通用性指标刻画行业在技术维度的异质性，并结合产品维度的差异，将全球创新系统划分为技术提供部门、技术整合部门、技术传递部门、技术使用部门和低技术生产部门五个部门，分析这五个部门具体的技术特征和技术地位。就技术特征而言，处于技术链条下游的技术使用者和技术传递者属于熊彼特Ⅱ型，处于技术链条上游的技术提供者和技术整合者属于熊彼特Ⅰ型。从技术链条下游向上游的转型不仅需要企业内部研发决策的转型，还需要产业层面技术的更新换代和创新环境的改变。就技术地位而言，相比于低技术生产部门，技术提供部门、技术整合部门、技术使用部门都表现出更高的技术地位，受制于技术传递部门创新机会少、技术扩散速度慢等因素，技术传递部门的技术更新相对滞后，仅在部分年份显示出对低技术生产部门的技术优势。在此基础上，本章分析了中国企业在全球创新系统中扮演的角色及其演进过程，总结了"嵌入优先"和"能力优先"两条嵌入路径。

第 9 章　全球创新系统嵌入
与中国企业的研发决策

　　长期以来，基础研究的欠缺和产学研合作机制的不完善使得中国在全球创新系统上游技术领域的研发落后于发达国家，在全球化分工的过程中，中国制造业的技术优势主要集中于应用性技术，相比之下，发达国家的技术优势主要集中于全球创新系统上游技术领域的 GPT 和共性技术，两者形成优势互补。相比之下，在产品维度，中国企业则处于 GVC 的上游环节，在全球创新系统中的角色更接近于技术的传递者。

　　但这样的劣势并未让中国制造业企业同世界先进技术脱节。借助于全球化生产体系，相比于试错成本较高、资金投入巨大的自主研发而言，利用国外厂商提供的高端设备、关键零部件和元器件、关键材料，中国制造业企业可以凭借廉价的生产要素带来的成本优势，在技术储备较少的情形下，通过进入高技术领域的生产，并依赖国外厂商的核心技术完成产品升级和技术革新。

　　在此基础之上，中国制造业企业借助核心企业的知识溢出和技术转移逐步提升技术能力和创新能力，完成由简单代工到 OEM、ODM 甚至 OBM 的转变，实现价值链位置的跃迁和价值攫取能力的提升，同时也实现技术储备从应用性技术领域向共性技术领域的转变。

　　然而，美国对华为的制裁以及日本和韩国关于半导体原材料的禁运提醒我们，这一路线并非一帆风顺，虽然借助国外先进技术能够有效地减少自主研发中的试错成本、提升研发效率，但随着中国企业价值链位置的跃迁和价值攫取能力的提升，升级过程中来自外部的阻力越发明显，核心企业可能会利用自身在价值链中的优势地位，尤其是其他厂商对于其高技术中间产品和服务的依赖，阻碍低端环节厂商的进入。一味依赖发达国家核心技术、关键资源，忽视自身研发能力、创新能力的提升，不能在关键共性技术领域实现自主创新，只会让中国制造业企业在未来发展过程中受制于人。

　　此时，低端环节厂商的技术升级不仅取决于自身的研发、学习能力，还取决于核心企业的支配能力和反制行为。在不同的价值链条中，由于核心企业支配能力和低端环节厂商研发、学习能力的不同，低端环节厂商的技术创新会呈现出不同的路径。通过价值链升级最终完成由弱势的追赶者向市场垄断者转变的例子数不胜数，但由于核心厂商的阻挠和影响，在某些价值链条中，中国制造业企业在 GVC 中的角色可能会由竞争者转变为合作者，放弃对关键共性技术的研发，转而提供特定领域的技术，配合核心厂商的生产决策，这样的选择可能在短期内实现经济效益的提升，但并不利于中国制造业企业的转型升级和价值链攀升过程。在这些领域，政府主导的共性技术研发无疑能发挥更为重要的作用，本书所关心的问题是，在哪些链条，中国制造业企业更倾向于依赖国外关键共性技术，政府支持更有效率？

　　为了回答这一问题，本章区分了共性技术创新和一般性技术创新，借鉴基于顺序生产的价值链分工模型的模型，分析了 GVC 中主导厂商和非主导厂商的研发决策以及非主导厂商技术创新路线的选择。在这一框架下，根据价值链中不同环节替代弹性、生产效率、产品需求弹性等条件的不同，非主导厂商的技术创新呈现出不同路线选择。

9.1　基于顺序生产的价值链分工模型

　　在信息通信技术高度发达的今天，在 GVC 中，核心企业将不同的生产环节分配到不同的国家、地域，虽然分散在世界各地，但同一产品中不同环节的顺序特征仍然存在：生产不可能先于研发、设计，销售也不可能先于产品的生产。

　　生产顺序的存在使得企业间体现出互相依赖的特征，并由于所处价值链位置的不同具有不同的分工地位。在具体研究中，生产顺序的假设也被很多一般均衡模型所采用（Findlay，1978；Dixit and Grossman，1982；Sanyal，1983；Kremer，1993；Kohler，2004；Costinot et al.，2011；Borin and Mancini，2019），用来分析垂直专业化分工下地区间的技术联系、收入分配和经济波动的国际影响等问题。相比之下，易（Yi，2003）、哈姆斯等（Harms et al.，2009）、鲍尔德文和维纳布尔斯（Baldwin and Venables，2010）、安特拉斯和楚尔（Antràs and Chor，2022）等则在顺序生产的前提下分析了贸易成本和贸易量之间的非线性关系。在此基础之上，针对跨国公司一体化决策问题，安特拉斯和楚尔（Antràs and Chor，2013、2022）构建了基于顺序生产的价值链分工模型，分析了需求弹性和中间产品投入之间的替代弹性的大小如何影响价值链中主导企业价值链位置选择和一体化决策，具体而言，需求弹性的扩大使得主导企业倾向于占据价值链的下游环节，中间产品投入之间替代弹性的扩大则使得企业倾向于占据价值链上游的生产。

在这一模型中，核心厂商通过股权投资控制其他生产环节的厂商，进而达到提升自身议价能力，最大化自身收益的目的，但是在有竞争关系的厂商之间，并购和股权投资并不仅取决于核心厂商的选择。本书另辟蹊径，考虑技术对于企业间讨价还价的影响，低端企业的技术研发决策，尤其是对核心共性技术的掌握，能够有效地摆脱对外部技术的依赖，提升自身议价能力，核心企业则通过对所提供的核心技术或高技术中间品定价，确保自身经济利益的最大化。

9.1.1 模型假定

顺序生产。本章考虑了一个多阶段按顺序生产的价值链分工模型，特定产品不同的生产环节用 j 表示，其中 $j \in [0, 1]$，j 越大，生产环节越接近于下游，x(j) 代表 j 环节供应商提供的中间产品。整个产品的生产过程中，拥有关键共性技术的企业在价值链中占据主导地位，可以通过为其他厂商提供核心技术取得超额收益，由于关键共性技术的获取依赖于厂商、科研机构、政府等多方努力，不单纯取决于核心厂商的决策，令核心厂商共性技术在产品生产中的贡献为 G，生产函数为式（9-1）：

$$q = G(\int_0^1 x(j)^\alpha I(j) dj)^{1/\alpha} \qquad (9-1)$$

其他厂商也可以通过研发、学习提升自身的共性技术储备，j 环节供应商的技术储备为 g(j)，其中，$G \geqslant g(j) \geqslant 1$。I(j) 控制了生产过程中的顺序特征，当 j-1 环节供应商完成生产时，I(j) = 1，当 j-1 环节供应商未完成生产时，I(j) = 0。

在这样的条件下，每个环节提供的价值增量都取决于之前环节的生产决策，根据式（9-1）可得，m 环节提供的价值链增量为式（9-2）：

$$q'(m) = \frac{1}{\alpha} G^\alpha x(m)^\alpha q(m)^{1-\alpha} I(m) \qquad (9-2)$$

需求函数。参考安特拉斯和楚尔（Antràs and Chor，2013、2022）的研究，本书所采用的需求函数为式（9-3）：

$$U = (\int_{\omega \in \psi} (\varphi(\omega) \tilde{q}(\omega))^\rho d\omega)^{1/\rho} \qquad (9-3)$$

其中，$\varphi(\omega)$ 代表质量，$\tilde{q}(\omega)$ 代表产量，$1/(1-\rho)$ 代表产品间的需求替代弹性，$0 < \rho < 1$，在既定的预算约束 $\int_{\omega \in \psi} (p(\omega) \tilde{q}(\omega)) d\omega = Z$ 之下（Z 为消费者的总支出），可以得到最终产品供应商的收入为式（9-4）：

$$R = QG^\rho (\int_0^1 x(j)^\alpha I(j) dj)^{\rho/\alpha} \qquad (9-4)$$

其中，$Q = U^{1-\rho}$。根据式（9-4）可以得到各环节的价值增量为式（9-5）：

$$R'(m) = QG^\rho \times \overline{R}'(m) = \frac{\rho}{\alpha} QG^\rho \overline{R}(m)^{(\rho-\alpha)/\rho} x(m)^\alpha \qquad (9-5)$$

其中，$\overline{R}(m) = (\int_0^1 x(m)^\alpha dj)^{\rho/\alpha}$。

在生产发生前，核心企业同各环节的供应商分别签订生产合同，每个环节有多个供应商，供应商申请签订合同，核心企业在每个环节选择一家企业作为合作伙伴。生产按照次序进行，每个环节的厂商根据之前环节厂商的决策确定自身的供给策略，并根据核心企业的技术水平以及价格确定自身的技术研发策略，核心企业可以根据其他环节厂商的生产决策进行支付，并在产品卖出后执行。

各环节供应商的决策行为。不同的生产环节都要应用到关键共性技术，但各环节供应商对关键共性技术的掌握程度并不相同，对 j 环节供应商而言，研发关键共性技术虽然不等于取代核心厂商的支配地位，但较高的技术储备能够为自身提供更高的议价能力，比如在近期中美、日韩的贸易摩擦中，中国、韩国企业对手机操作系统、光刻胶等技术的依赖决定了自身的弱势地位，相关技术的储备虽然不能带来直接的经济利益，但是却能让企业在贸易摩擦中有更多的自主权和谈判筹码。

不失一般性地，令 m 环节供应商的利润函数为式（9-6）：

$$\pi(m) = (1 + \lambda(m)) \left(\frac{\rho}{\alpha} Q \times g(m)^\rho \overline{R}(m)^{(\rho-\alpha)/\rho} x(m)^\alpha \right) - c_1 g(m) - c_2 x(m) \qquad (9-6)$$

其中，c_1 为企业研发、学习关键共性技术的成本，关键共性技术的研发、学习并非无成本的，虽然对于非核心厂商而言，模仿成本要远远低于核心厂商原创的成本，但对关键共性技术的研发、学习会占用企业研发应用性技术的资金，这里用 c_1 作为企业放弃应用性技术研发对企业生产效率带来的负向影响。c_2 为企业的生产成本，$\lambda(m)$ 为核心企业对 m 环节中间产品的定价，且满足 $\lambda(m) > 0$。在这一公式下，m 环节供应商获得的收入大于或等于其按照自身关键共性技术掌握水平 g(m) 进行生产时的收入，若不满足这一条件，供应商可以选择另起炉灶，与核心厂商进行竞争，这种情况超出了本书研究的范围，故不再赘述。

在式（9-6）的基础上，可以得到 m 环节供应商利润最大化的一阶条件，如式（9-7）所示：

$$(1 + \lambda(m))\left(\frac{\rho^2}{\alpha}Q \times g(m)^{\rho-1}\overline{R}(m)^{(\rho-\alpha)/\rho}x(m)^{\alpha}\right) = c_1$$

$$(1 + \lambda(m))(\rho Q \times g(m)^{\rho}\overline{R}(m)^{(\rho-\alpha)/\rho}x(m)^{\alpha-1}) = c_2 \qquad (9-7)$$

求解式（9-7）最终得到 m 环节厂商的研发和生产决策行为[①]为式（9-8）：

$$g(m) = A \times B^C \times \overline{R}(m)D \times \lambda_0$$

$$x(m) = A \times B^{C-1} \times \overline{R}(m)D \times \lambda_0 \qquad (9-8)$$

核心厂商的决策行为。在分工足够细化的情况下，核心厂商将大部分生产环节外包给其他供应商，向研发型企业转型，利用自身的关键共性技术，通过专利授权、核心技术服务、关键组件在全价值链环节中获取收益，以高通为例，2018 年，高通通过专利授权得到的利润接近销售芯片利润的 2 倍。这里不再考虑核心厂商的生产行为，将其视为一个在价值链中基于自身技术优势获取超额利益的存在。在式（9-6）的基础上，可以得到核心厂商的利润函数，如式（9-9）所示：

$$\pi(0) = \int_0^1 [Q \times (G^{\rho} - (1 + \lambda(m))g(m)^{\rho}) \times \overline{R}'(m)]dm \qquad (9-9)$$

这一函数包含两个部分：价值链全部产出，分配给各环节供应商的收入。核心厂商通过选择 $\lambda(m)$ 最大化自身利益，在具体求解过程中，m 环节厂商的关键共性技术研发行为取决于核心厂商的定价 $\lambda(m)$，$\lambda(m)$ 越大，m 环节厂商的研发收益越大，研发投入也越多，因此，对于核心厂商而言，一方面，求解 g(m) 和求解 $\lambda(m)$ 是等价的；另一方面，抑制其他环

---

① 令 $\lambda_0 = (1 + \lambda(m))^{1/(1-\rho-\alpha)}$；$A = \left(\frac{\rho^2 Q}{c_1\alpha}\right)^{1/(1-\rho-\alpha)}$；$B = \frac{c_1\alpha}{c_2\rho}$；$C = (1-\rho)/(1-\rho-\alpha)$；$D = \frac{(\rho-\alpha)}{\rho(1-\rho-\alpha)}$；$E = \rho - \alpha/\rho$。

节供应商的研发行为也会带来供应商中间产品投入的较少，对于整体利润的影响是不确定的，当核心企业为了利润鼓励其他环节供应商的研发行为时，很可能会被后者替代，考虑到这一威胁，核心企业会更倾向于抑制其他环节供应商的研发行为，但这样的抑制行为可能只会在其他环节供应商的威胁摆在眼前时才会被采用，而不是贯彻到企业的日常经营决策中去，就如同美国对于华为的制裁，或早已酝酿，在近期贸易战的形势下才被点燃。因此，将抑制行为纳入模型并不明智，本书仅仅证明了核心企业为了利润鼓励其他环节供应商的研发行为的可能性。

9.1.2　模型求解

首先，将式（9-8）代入式（9-5），可以得到既定研发水平下，各环节的价值增量，如式（9-10）所示。

$$R(m)' = GQ^{\rho}B^{\rho} \times (1-E)^{\frac{E}{1-E}} \times g(m)^{\alpha} \times \left(\int_0^m g(m)^{\alpha}dj\right)^{\frac{E}{1-E}} \quad (9-10)$$

其次，将式（9-8）代入式（9-7），可以得到既定研发水平下，核心厂商的定价，如式（9-11）所示。

$$\lambda_0(m) = A^{-1} \times B^{-\frac{\rho-\alpha}{1-\rho-\alpha}} \times (1-E)^{-\frac{\alpha(\rho-\alpha)}{1-\rho-\alpha}} \times \left(\int_0^m g(m)^{\alpha}dj\right)^{-\frac{\alpha(\rho-\alpha)}{1-\rho-\alpha}} \times g(m)$$
$$(9-11)$$

最后，利用式（9-10）和式（9-11）可以得到核心厂商利润关于 $G(m)$ 的表达式（9-12）：

$$\pi(0) = \int_0^1 \left[\begin{array}{l} \left(GQ^{\rho} \times B^{\rho} \times (1-E)^{(\rho-\alpha)/\alpha} \times g(m)^{\alpha} \times \left(\int_0^m g(m)^{\alpha}dj\right)^{(\rho-\alpha)/\alpha}\right) \\ \times \left(1 - \dfrac{A^{-(1-\rho-\alpha)} \times B^{-\rho+\alpha} \times (1-E)^{-\alpha(\rho-\alpha)} \times \left(\int_0^m g(m)^{\alpha}dj\right)^{-\alpha(\rho-\alpha)} \times g(m)^{1-\alpha}}{G^{\rho}}\right) \end{array} \right] dm$$
$$(9-12)$$

一阶条件为式（9-13）：

$$\frac{\partial\pi}{\partial g(m)} = -\left(C_0\left(\int_0^m g(j)^{\alpha}dj\right)^{(\rho-\alpha)(1/\alpha-\alpha)} + C_0\int_m^1 (\rho-\alpha)(1-\alpha^2)g(i)g(m)^{\alpha-1}\right.$$
$$\times \left(\int_0^i g(j)^{\alpha}dj\right)^{(\rho-\alpha)(1/\alpha-\alpha)-1}di\right) + \left(C_1\alpha g(m)^{\alpha-1}\left(\int_0^m g(j)^{\alpha}dj\right)^{(\rho-\alpha)/\alpha}\right.$$
$$\left. + C_1\int_m^1 (\rho-\alpha)g(i)^{\alpha}g(m)^{\alpha-1} \times \left(\int_0^i g(j)^{\alpha}dj\right)^{(\rho-\alpha)/\alpha-1}di\right) \quad (9-13)$$

其中，$C_1 = GQ^\rho \times B^\rho \times (1-E)^{(\rho-\alpha)/\alpha}$，$C_0 = \dfrac{GQ^\rho \times A^{-(1-\rho-\alpha)} \times B^\alpha \times (1-E)^{(1/\alpha-\alpha)(\rho-\alpha)}}{G^\rho}$。式 (9-13) 的右边共用四项，分别代表 m 环节技术研发对本环节产出的影响、对其他环节产出的影响、对 m 环节供应商收入的影响以及对其他环节供应商收入的影响。根据前文的分析可知，g(m) 的上升意味着核心厂商对 m 环节中间产品的定价提升，对于核心厂商而言，定价提升一方面带来了整体产品收入的上升，另一方面也意味着核心厂商在利益分配中占据的份额更小，两相权衡，核心厂商会选择最优的定价，各环节供应商也会选择最优的技术研发水平 g(m)。

当 $\rho > \alpha$ 时，m 环节供应商的技术研发会提升其下游环节价值增量以及核心环节厂商在这些环节的利润，此时，核心企业更有激励去促进上游供应商的技术研发，本书将这一情形称为"互补状态"；当 $\rho < \alpha$ 时，m 环节供应商的技术研发会降低其下游环节价值增量以及核心环节厂商在这些环节的利润，上游供应商的研发行为会受到核心环节厂商的抑制，本书将这一情形称为"替代状态"。在后文的求解过程中，模型的解也验证了这样的性质。

整理后得到 g(m) 的表达式为式 (9-14)：

$$g(m) = \frac{H_1}{H_2}$$

$$= \left(\frac{\begin{array}{l} C_1\alpha(\int_0^m g(j)^\alpha dj)^{(\rho-\alpha)/\alpha} + C_1\int_m^1 (\rho-\alpha)g(i)^a(\int_0^i g(j)^\alpha dj)^{(\rho-\alpha)/\alpha-1}di \\ -C_0\int_m^1 (\rho-\alpha)(1-\alpha^2)g(i)(\int_0^i g(j)^\alpha dj)^{(\rho-\alpha)(1/\alpha-\alpha)-1}di \end{array}}{C_0(\int_0^m g(j)^\alpha dj)^{(\rho-\alpha)(1/\alpha-\alpha)}} \right)^{1/(1-\alpha)}$$

$$(9-14)$$

H_1 中的三项分别为 m 环节技术研发对本环节产出的影响、对其他环节产出的影响以及 m 环节技术研发对其他环节供应商收入的影响，对 m 求导结果为式 (9-15)：

$$\frac{\partial H_1}{\partial m} = (\rho-\alpha)(1-\alpha^2)g(m)C_0(\int_0^i g(j)^\alpha dj)^{(\rho-\alpha)(1/\alpha-\alpha)-1} \quad (9-15)$$

H_2 代表了 m 环节技术研发对 m 环节供应商收入的影响，对 m 求导结果为式 (9-16)：

$$\frac{\partial H_2}{\partial m} = (\rho-\alpha)\frac{(1-\alpha^2)}{\alpha}g(m)^\alpha C_0(\int_0^i g(j)^\alpha dj)^{(\rho-\alpha)(1/\alpha-\alpha)-1}$$

$$= \frac{\partial H_1}{\partial m} \times \frac{1}{\alpha} g(m)^{1-\alpha} \qquad (9-16)$$

这里并不考虑核心厂商通过在某一环节获取负的利润，并通过提升这一环节产出提升整体产出的情形，这样的状态通常会发生在企业内部而不是市场之中。因此，核心企业在各环节获得的利润均为正，根据式（9-14）可得式（9-17）：

$$C_1 g(m)^{\alpha} \times (\int_0^m g(m)^{\alpha} dj)^{(\rho-\alpha)/\alpha} > C_0 g(m) (\int_0^m g(m)^{\alpha} dj)^{-\alpha(\rho-\alpha)}$$

$$(9-17)$$

根据式（9-17）可以看出，在 H_1 中，当 $\rho > \alpha$ 时，m 环节技术研发对其他环节产出的影响大于 m 环节技术研发对其他环节供应商收入的影响，H_1 永远为正。$\frac{\partial \pi}{\partial g(m)}$ 在 $g(m) = 0$ 时接近于正无穷大，并随着 $g(m)$ 的上升而递减，因此在 $[0, +\infty]$ 的区间内，存在 $g^*(m)$ 是核心厂商决策的最优解。当 $\rho < \alpha$ 且 m 较小时，H_1 为负，$\frac{\partial \pi}{\partial g(m)}$ 在 $[0, +\infty]$ 的区间内均小于 0，对于核心企业而言，$g(m)$ 越小越好；当 $\rho < \alpha$ 且 m 较大时，H_1 为正，与 $\rho > \alpha$ 时类似，在 $[0, +\infty]$ 的区间内，存在 $g^*(m)$ 是核心厂商决策的最优解。

根据设定，技术水平应满足 $g(m) > 1$，不存在使得中间产品生产效率下降的技术，这意味着在求解过程中 $H_1 < H_2$ 的解会被舍弃。则厂商的决策行为修正为：

$$g(m) = \frac{H_1}{H_2}$$

$$= \max \left[\left(\frac{\begin{matrix} C_1 \alpha (\int_0^m g(j)^{\alpha} dj)^{(\rho-\alpha)/\alpha} \\ + C_1 \int_m^1 (\rho-\alpha) g(i)^a (\int_0^i g(j)^{\alpha} dj)^{(\rho-\alpha)/\alpha-1} di \\ - C_0 \int_m^1 (\rho-\alpha)(1-\alpha^2) g(i) (\int_0^i g(j)^{\alpha} dj)^{(\rho-\alpha)(1/\alpha-\alpha)-1} di \end{matrix}}{C_0 (\int_0^m g(j)^{\alpha} dj)^{(\rho-\alpha)(1/\alpha-\alpha)}} \right)^{1/(1-\alpha)}, 1 \right]$$

$$(9-18)$$

根据式（9-18），可进一步得到 m 变化对 $g(m)$ 的影响如下：

$$\frac{\partial g(m)}{\partial m} = \frac{1}{(1-\alpha)} \left(\frac{H_1}{H_2} \right)^{1/(1-\alpha)} \left(-\frac{1}{\alpha} g(m)^{1-\alpha} H_1 + H_2 \right) \frac{\partial H_1}{\partial m} \quad (9-19)$$

通过分析式（9-19）可知，$\frac{\partial g(m)}{\partial m}$ 的符号取决于 $\frac{\partial H_1}{\partial m}$ 的符号。当 $\rho > \alpha$ 时，$\frac{\partial g(m)}{\partial m} < 0$；当 $\rho < \alpha$ 时，$\frac{\partial g(m)}{\partial m} > 0$。

引理1：在互补状态下（$\rho > \alpha$），产品的需求弹性大于生产过程中中间产品之间的替代弹性，相比于下游供应商，上游供应商的核心技术研发更多；在替代状态下（$\rho < \alpha$），产品的需求弹性小于生产过程中中间产品之间的替代弹性，相比于上游供应商，下游供应商的核心技术研发更多。

不同环节之间较低的替代弹性意味着，在生产层面，核心企业对上游供应商的依赖更强，在利润最大化的前提下，相比于下游企业，核心企业对上游供应商提供的中间产品定价更高，较高的定价使得上游供应商更有动力进行共性技术研发，在这种情形下，当不同环节之间替代弹性足够大时，上游供应商的共性技术积累能够帮助它摆脱核心企业的控制，由市场追随者向市场主导者转变。

当需求弹性较低时，下游供应商的中间产品更难被取代，此时，企业能够更好地利用关键共性技术研发带来的技术优势，并将其转化为议价能力的提升，在非核心厂商中，下游供应商的关键共性技术积累更多，也更有可能成为新的市场主导者（见图9-1）。

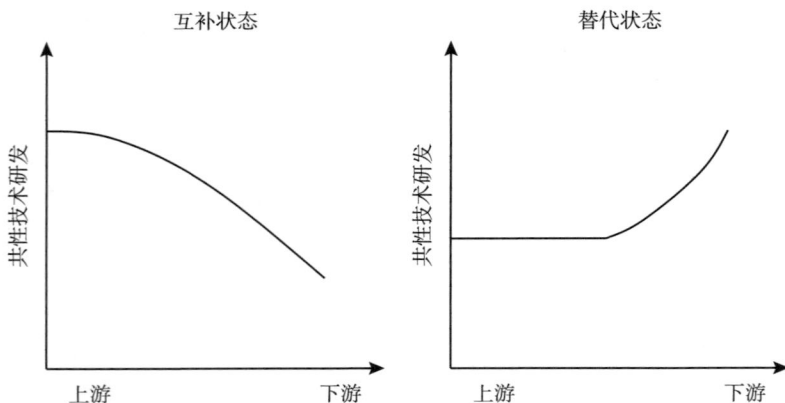

图9-1 共性技术研发在 GVC 不同位置的分布

9.1.3 模型的扩展

研发成本的影响。在本书的分析框架中，核心企业可以通过与供应商之间的利益分配确定资源在价值链不同环节间的分配，供应商则可以决定同一环节内资源用于生产领域还是研发领域。在式（9 - 14）中，分子中第一项和分母代表了环节内的决策行为，分子中第二项和第三项则代表了环节间的决策行为。

在前文的分析中，并未考虑供应商的研发成本的异质性，不同环节间企业的研发成本均为 c_1。这一部分将考虑企业间研发成本的不同，令 m 环节供应商的研发成本为 $c_1(m)$。则式（9 - 14）可以改写为式（9 - 20）：

$$g(m) = \max\left[\left(\frac{\begin{array}{l}D \times c_1(m)^{\rho-\alpha-1}\left(\begin{array}{l}\alpha(\int_0^m c_1(m)^\rho g(j)^\alpha dj)^{(\rho-\alpha)/\alpha} + \\ (\rho-\alpha)\int_m^1 g(i)^\alpha(\int_0^i c_1(m)^\rho g(j)^\alpha di)^{(\rho-\alpha)/\alpha-1} di\end{array}\right) \\ -\int_m^1 (\rho-\alpha)(1-\alpha^2)g(i)(\int_0^i c_1(m)^{\alpha+1} g(j)^\alpha dj)^{(\rho-\alpha)(1/\alpha-\alpha)-1} di\end{array}}{(\int_0^m c_1(m)^{\alpha+1} g(j)^\alpha dj)^{(\rho-\alpha)(1/\alpha-\alpha)}}\right)^{1/(1-\alpha)}, 1\right]$$

$$(9 - 20)$$

其中，$D = G^{-\rho}\rho^{2-\rho+\alpha}Q\alpha^{\rho-\alpha-1}c_2^{\alpha-\rho}(1-E)^{(\rho-\alpha)\alpha}$。仅考虑环节内的资源配置，无论是在互补状态下，还是在替代状态下，当研发成本下降时，供应商会选择将资源更多地投入研发领域，提升自身的议价能力。环节间的资源配置问题相对复杂一些，对于核心企业而言，m 环节研发成本的下降，意味着 m 环节资源利用效率和生产投入的下降，在替代状态（$\rho < \alpha$）下，其他中间品的生产难以替代 m 环节的中间产品，核心企业会选择将资源更多用于 m 环节，以弥补其生产投入的下降；在互补状态（$\rho > \alpha$）下，其他中间品的生产能够替代 m 环节的中间产品，核心企业会选择将资源更多用于其他环节，就能弥补 m 环节生产投入的不足，还能避免 m 环节对资源的低效利用。

综合环节内决策和环节间决策，在互补状态下，研发成本的下降会带来相应厂商技术水平的提升。在替代状态下，最终结果取决于供应商在价值链中的位置，当供应商位于价值链上游时，它的生产决策能够影响的其他环节更多，环节间决策更加重要，根据式（9 - 20）可知，当 m 足够小时，$g(m)$ 为 $c_1(m)$ 的减函数，研发成本的降低对于供应商掌握关键共性技术并无帮助；当供应商在价值链下游时，对其他环节的影响较小，研发成本降低的效果取决于环节内决策，通过降低研发成本能够提升供应商的研发激励。

引理 2：在互补状态下，研发成本的降低能够激励供应商对关键共性技术的研发；在替代状态下，研发成本的降低提升下游供应商的研发行为，抑制上游供应商的研发行为。

通常认为，技术补贴能够提升供应商的技术研发激励，但是在价值链生产过程中，这一规律不见得适用，技术补贴使得供应商将更多的资源投入研发领域而非生产领域，对于核心厂商而言，技术补贴的存在降低了相应环节的资源利用效率，会将更多的资源投入于其他环节，在替代状态下，且供应商在价值链上游时，技术补贴变得没有效率，会削弱企业参与价值链生产的积极性，或者让企业将研发精力集中于应用性领域，加深对核心企业关键共性技术的依赖。

核心企业价值链位置的影响。在安特拉斯和楚尔（Antràs and Chor，2015）的模型中，环节间的相互影响有两种，一是基于 CES 生产函数的中间产品之间的相互替代，二是基于函数 I(j) 控制的上游环节对下游环节的决定作用。这样的设定存在矛盾，对于 m 环节的供应商而言，上游企业产出为零和未进行生产，最终结果应当是一样的，但是在安特拉斯和楚尔（Antràs and Chor，2015）的模型中，这两种情形并不相同，上游企业已完成生产但产出为零，I(m)=1，最终产出不为零；上游企业未进行生产 I(m)=0，最终产出为零。这一矛盾产生的原因在于，环节间的两种影响模式并不是独立的，CES 生产函数中，中间产品之间的替代是无视顺序的，那么函数 I(j) 控制的顺序生产与 CES 生产函数存在矛盾。以汽车生产为例，在 CES 生产函数中，轮胎是可以替代车身的，但是基于函数 I(j)，只有当轮胎的生产先于车身时，轮胎才能够替代车身。

考虑到共性技术能够应用于多个生产领域的特征，环节间的替代并非体现在某一种中间产品能够替代另一种中间产品，而是在缺失某一种中间产品（比如中间产品 A）的情形下，另一种中间产品（比如中间产品 B）仍能够应用于其他生产领域。相比于安特拉斯和楚尔（Antràs and Chor，2015）的研究，本书的关注点不再是厂商在单一价值链中的绝对位置，而是厂商在价值链中的相对位置。

在这一假设下，CES 生产函数仍然维持了原有的形态：$q = G(\int_0^m x_j^\alpha dj)^{1/\alpha}$，将同一产品应用于多个生产领域意味着中间产品可以在多个最终产品的生产过程中实现其价值，不失一般性地，这里直接计算了 m 环节以前中间产品的产量，需求函数则代表了消费者对中间产品的引致需求。m 环节的供应商可以涉足其他生产领域解决其他环节生产的不足的问题，但这一过程存在两方面的效率损失，以中间产品 A 和中间产品 B 为例，中间产品 A 的供给不足对中间产品 B 的影响取决于两个方面：其一，中间产品 B 对中间产品 A 的依赖程度，比如钢材的制作完全依赖于铁矿石的供应，在缺失铁矿石的状态下，钢材的产量也会下降，相应的生产设备也难以应用于其他生产领域，相比之下，轮胎和车身虽然都应用于汽车制造中，但彼此间的依赖程度很低，车身生产的缺失对轮胎生产的影响较小，这里将由对中间产品 A 的依赖产生的损失称为专用性损失；其二，中间产品 B 的应用广泛程度，当中间产品 B 能够在多个生产领域实现经济价值时，单一生产领域中间产品的供给不足的影响不是致命的，这里将中间产品 B 泛用性不足带来的损失称为共用性损失。安特拉斯和楚尔（Antràs and Chor，2015）模型中的函数 I(j) 可以改写为式（9 – 21）：

$$I(m, j) = \phi(m, j) \times \gamma(g(m)) \qquad (9-21)$$

$\phi(m, j)$ 代表专用性损失，由 m 环节和 j 环节的技术性质决定的，$\gamma(g(m))$ 代表共性技术损失，取决于 m 环节共性技术和核心企业共性技术的差距。生产顺序取决于 I(m, j) 和 I(j, m) 的大小，没有弹性的中间产品的生产决策在前，有弹性的中间产品生产在后。当 I(m, j) < I(j, m) 时，j 环节中间产品能够替代 m 环节中间产品，但 m 环节中间产品不能替代 j 环节中间产品，j 环节生产决策在前，m > j。CES 生产函数 $q = G(\int_0^m x(j)^\alpha I(j)dj)^{1/\alpha}$ 中的替代弹性仅仅是 m 环节中间产品对其上游环节的替代能力，这一弹性取决于 m 环节对 [1, m – 1] 区间内所有环节的替代能力，CES 生产函数可以转化为式（9 – 22）：

$$q = G(\int_0^m x(j)^{\varphi(m,j) \times \gamma(g(m))} I(j)dj)^{1/\alpha} \qquad (9-22)$$

I(m, j) 仅仅取决于 m 环节和 j 环节的技术性质，不具有传递性，m 环节不能替代 m – 1 环节和 m – 1 环节不能替代 m – 2 环节并不意味着 m 环节不能替代 m – 2 环节，即 I(m, m – 1) 和 I(m – 1, m – 2) 的值并不能决定 I(m, m – 2) 的值。除了靠近 m 环节的上游环节外，其余环节中的 $\phi(m, j)$ 可以视为独立而随机的，则替代弹性 α 取决于 m 环节共性技术的积累。当下游厂商共性技术积累足够高时，它可以选择将自身中间产品投入其他最终产品生产领域，避免了对上游厂商的依赖；而当下游厂商共性技术积累较少时，企业只能在既定的生产领域进行生产，依赖其他环节的中间产品的供给。

价值链升级路径。价值链升级是价值链参与者由价值链低端向价值链高端，由低附加值环节向高附加值环节，由低技术生产领域向高技术生产领域移动的过程。针对价值链升级能够自发进行的争论由来已久，本章的模型给这一问题提供了一个新的研究思路。

随着中国制造业企业逐渐缩小与发达国家生产能力和技术积累的差距，已有的通过劳动力成本优势嵌入 GVC 的发展模式渐渐失去了吸引力，在进入核心环节、高技术环节的过程中，虽然劳动力成本优势仍然有作用，但关键技术，尤其是关键共性技术的缺失是致命的。因此，企业能否在向核心环节、高技术环节移动的过程中完成关键共性技术的积累是企业实现价值链升级的关键。

这一问题取决于两方面的因素，首先，核心环节在价值链中的位置会影响企业的价值链升级过程，核心企业的位置一方面决定了其他企业价值链升级的方向，另一方面也决定了价值链环节间的替代状态，具体而言，当核心企业在上游时，下游厂商为关键共性技术积累相对薄弱的非核心企业，对于非核心企业而言，生产函数中的替代弹性较低，依赖其他环节，尤其是核心企业的中间产品供给，价值链条更容易表现为互补状态，在互补状态下，上游企业的共性技术研发激励更充分，随着下游厂商逐渐上游化、向核心环节迈进，企业能够积累关键共性技术，为自身的价值链升级过程助力。当核心企业在下游时，它对其他环节中间产品的依赖较弱，较高的共性技术水平决定了生产函数中的替代弹性较高，价值链条表现为替代状态，此时下游化使得企业更接近于核心生产环节的同时，也帮助企业提升了自身技术积累。

其次，产品需求的弹性也会影响企业的价值链升级过程，当核心企业在上游时，环节间替代弹性较低，一般状态下，非核心企业的价值链升级之路是畅通的，但如果产品需求弹性较小时，价值链条会偏离互补状态，考虑到价值链中的整体收益，核心企业会抑制上游企业的关键共性技术研发，非核心企业的上游化过程并不能得到共性技术研发的助力，价值链升级会遭遇障碍。类似地，当核心企业在下游时，虽然环节间替代弹性较高，但价值链条能够表现为替代状态，还取决于产品需求弹性的大小，当产品需求弹性很高时，核心企业会对下游企业采取反制手段，抑制其关键共性技术研发，此时非核心企业下游化的难度提升。

引理 3：当核心企业在上游（下游），产品需求弹性较高（低）时，非核心企业上游（下游）化过程能够积累关键共性技术，实现价值链升级过程；当核心企业在上游（下游），产品需求弹性较低（高）时，非核心企业上游（下游）化过程会受到核心企业的抑制，不能有效地积累价值链升级过程所需的关键共性技术。

引理 2 可以视为引理 3 的一个特例，当核心企业在上游，且产品需求弹性较低时，非核心企业上游化的过程会受到抑制，随着非核心企业的上游化，抑制效果越发明显，直至技术补贴也无法促进非核心企业的关键共性技术研发。

9.2　基于顺序生产的价值链分工模型的实证检验

9.2.1　关键技术的定义及识别

共性技术最早由美国经济学家塔西（Tassy，1997）正式提出，塔西构建了一个"以技术为基础的经济增长模型"，并围绕该模型提出了共性技术的概念，认为共性技术研究是技术研究的第一个阶段。此后，学者们就共性技术的识别、评价、开发应用等展开了研究（Keenan，2003；Mowatt et al.，1997；Maine and Garnsey，2006）。

国内学者对于共性技术的概念（李纪珍；2006）、重要性（易将能，2005）、研发组织模式（李纪珍，2004；周国林，2010；马晓楠和耿殿贺，2014；郑赛硕等，2021；张帆等，2022）以及扩散机制（李纪珍，2011）有深入的研究。虽然对于共性技术的定义不尽相同，但大多数研究都认同"基础性"和通用性"作为共性技术的显著特征（Tassy，1997；Keenan，2003；Mowatt et al.，1997；李纪珍，2006）。其中，产业共性技术的基础性是其最基本的技术特征，它是指产业共性技术的研发成果处于基础性地位，为后续技术开发提供技术支持，为后续技术的推广应用提供产业技术基础。而通用性则体现了共性技术影响广泛的特征，相关成果经常会涉及多个学科的相关知识，并对多产业部门的具体技术产生影响。

国内针对共性技术的测度主要有三种方法：德尔菲法、共现网络方法以及共度性指数。其中，德尔菲法利用对专业人士的调查问卷筛选出前沿技术领域中关键共性技术，能够比较专业地反映单个技术或某技术领域在未来技术发展中的重要地位（Keenan，2003；袁思达，2009）。德尔菲法虽然能够专业而深入地挖掘技术本身的性质，但调查问卷的方法仅适合对特定技术领域和特定技术的分析，针对国家、行业层面海量的技术信息，专利提供了一个可行的分析方法，共现网络方法以及共度性指数是国内研究中常见的区分共性技术和一般技术的方法。共现网络方法通过分析同一专利、技术的行业分类信息，利用技术共现率和技术共现强度等指标刻画专利、技术涉及领域的广泛程度，广泛的应用也体现了共性技术的通用性特征（栾春娟，2012；栾春娟等，2011；汪明月等，2023；唐玉洁等，2023）。共度性指数法借鉴技术的通用性指数（Trajtenberg et al.，1997），在专利间引用关系的基础上，分析特定专利、技术对其他技术领域的影响，影响越广泛，说明专利、技术的通用性水平越高（许端阳和徐峰，2010；郑彦宁等，2016；单晓红等，2022；储节旺，2023；张帆等，2022）。

共现网络方法以及共度性指数在测度共性技术的过程中，仅仅考虑了技术的通用性特征，而没有考虑技术的基础性特征，所识别的技术更接近于GPT而非共性技术。为了更好地区分共性技术和一般性技术，本章在共度性指数之外，还考虑了专利对非专利文献的引用，以区分技术在基础性上的差异。相比于对其他专利的引用，对非专利文献的引用体现了技术本身和基础研究的联系（Narin et al.，1997；Callaert et al.，2006；Branstetter，2005），更能体现共性技术在基础研究和应用性研究之间的桥梁作用，加入这一指标能够弥补共度性指数的不足。

关键共性技术的识别。本书从两个方面测度技术的共性程度，一方面，借鉴共度性指数，通过测算技术应用的广泛性程度，计算技术的共性程度，为了确保研究的稳健性，本章采用了技术通用性（Generality）、技术独创性（Originality）、被引用数量等三种指标，其中，技术通用性和技术独创性类似，均体现了技术影响的广泛程度（Trajtenberg et al.，1997；Hall and Trajtenberg，2004），以专利i为例，技术通用性计算了引用i专利的其他专利的行业分布，计算公式为式（9-23）：

$$G_i = 1 - \sum \beta_j^2 \qquad (9-23)$$

β_j代表引用i专利的其他专利中，属于j行业专利的占比。类似的，技术原创性计算了被i专利引用的其他专利的行业分布，参考斯奎卡里尼等（Squicciarini et al.，2013）的研究，这里仅考虑了引用时间间隔在5年以内的专利引用关系。

另一方面，本书采用对非专利文献的引用代表技术基础性（basicness），对非专利文献的引用体现了专利接近基础科学研究的程度（Trajtenberg et al.，1997），由于引用非专利文献的专利数量较少且引用数量差别较大，这里用引用非专利文献的专利的占比代表某国、某行业技术研究的基础性。

企业的技术路线识别。在核心企业掌握关键共性技术的前提下，非核心企业有两条技术路线可选，一是进行关键共性技术研发，与核心企业直接竞争；二是选择应用性研究，利用核心企业的技术咨询或中间产品提升自身生产效率。但是，企业的技术路线并非完全由核心企业的技术状态以及价值链地位决定，更应聚焦于核心企业对非核心企业的影响，本章分析了行业间的专利引用频率，相比于直接分析专利，专利引用能够体现技术之间的相互影响和彼此依赖特征，尤其是一种技术如何在前人研究的基础上产生、发展。

考虑到不同的技术路线，非核心企业对核心企业的专利引用可以表现为应用性技术对关键共性技术的引用，也可以表现为关键共性技术之间的引用，前者代表应用性研究，后者则是关键共性技术研发。从技术层面来讲，有两种方法可以分析价值链位置对于非核心企业技术路线的影响：一是计算行业层面引用专利和被引用专利共性程度的差距，并分析价值链位置对这一差距的影响；二是计算行业层面全部专利的共性程度的差距，分析这一差距以及价值链位置对于专利间引用频率的联合影响。

相比于后者，前者仅仅考虑了发生引用关系的专利，涵盖面较小，并不能体现出行业的整体技术路线特征，以行业 s 为例，考虑行业 s 中引用其他行业的专利，行业 s 在 t 期申请的专利共性程度较高，在 t+1 期申请的专利共性程度较低，并不能说明行业 s 在 t+1 期改变技术路线，提升了对外部关键共性技术的依赖，这里采用了后一种方法，并借鉴知识流模型对本书关心的问题进行研究。

价值链位置和产品需求弹性。本书计算企业在价值链中的上游度的方法来自王等（Wang et al. , 2017）的生产长度，这一方法在平均生产步长（average production length）的基础上，剔除贸易中的重复计算部分，将生产长度细分为价值链生产长度和国内生产长度，提供了更加稳健（不随行业加总层次变化而变化）、准确的企业价值链位置测算。数据来自对外经贸大价值链数据库。

针对进口需求弹性，本章借鉴陈勇兵（2013）、顾振华（2015）的研究，利用来自 CEPII 的贸易数据以及来自世界银行的宏观经济数据，通过系统 GMM 方法测算了世界各国贸易品分产品的需求弹性，并将其加总至行业层面，得到各国分行业的需求弹性。

9.2.2　计量模型的构建

在数据汇总过程中，实际发生的引用的样本数量远远少于潜在的行业间引用关系。未发生引用很可能是因为行业间并无技术相关性，将这些没有发生引用的关系直接放入回归之中并不合适，但只选取有专利引用发生的行业会带来样本选择偏差，影响回归的准确性。

为了处理样本选择偏差问题，可以在行业间技术的相近性的基础之上，采用赫克曼（Heckman）两阶段分析法，分别研究是否发生专利引用和知识流强度。首先，利用所有观测数据，对是否发生专利引用采用二值 Probit 模型来分析，回归方程如式（9－24）所示：

$$\Pr(YN_{iTg,jth}) = \alpha_0 + \alpha_1 \times N_{iTg} + \alpha_2 \times N_{jth} + \alpha_3 \times D_{ij} + \alpha_4 \times lan_{ij}$$
$$+ \alpha_5 \times T_{iTg,jth} + \alpha_6 \times \Delta G_{iTg,jth} + \alpha_7 \times pl_{iTg,jth}$$
$$+ \alpha_8 \times pl_{iTg,jth} \times \Delta G_{iTg,jth} + \alpha_9 control_{ij} \qquad (9-24)$$

其中，$\Pr(YN_{iTg,jth})$ 代表是否发生专利引用的概率，N_{iTg} 和 N_{jth} 分别为相同 IPC 分类内，引用方和被引用方的专利数量，代表行业间的技术相似性程度。N_{iTg} 和 N_{jth} 的增加既会提升行业间专利引用的次数，也会提升行业间专利引用的基数，整体来看，对引用频率的影响是不确定的，但会直接影响专利引用的发生与否。D_{ij} 为地理距离；lan_{ij} 为虚拟变量，两国语言相同时取 1，不同时取 0；$T_{iTg,jth}$ 为引用方和被引用方的技术差距，通过国家人均收入水平刻画；$\Delta G_{iTg,jth}$ 代表行业间的共性程度的差距，利用通用性差距、原创性差距、基础性差距、被引用数量差距等指标进行分析。$control_{ij}$ 为其他控制变量，包括行业类型和行业间的前向关联。在此基础之上，计算逆米尔斯比率，将逆米尔斯比率（即 $\lambda_{iTg,jth}$）带入第二阶段的回归模型，如式（9－25）所示，在专利引用数量大于 0 的样本的基础上，根据需求弹性和替代弹性的大小，在引理 3 的基础上，对样本进行分组，分析不同组别中通用性差距等因素对知识流强度的不同影响，如式（9－25）所示。

$$p_{iTg,jth} = \alpha_0 + \alpha_1 \times D_{ij} + \alpha_2 \times lan_{ij} + \alpha_3 \times T_{iTg,jth} + \alpha_4 \times \Delta G_{iTg,jth}$$
$$+ \alpha_5 \times pl_{iTg,jth} + \alpha_6 \times pl_{iTg,jth} \times \Delta G_{iTg,jth} + \alpha_7 control_{ij} \qquad (9-25)$$

其中，$p_{iTg,jth}$ 代表 i 国 g 行业 T 期对 j 国 h 行业 t 期专利引用的频率，$\Delta G_{iTg,jth}$ 的系数代表了非核心企业的技术路线选择，系数为正说明共性程度差距加深了行业间的技术依赖，行业间的技术影响以关键共性技术对应用性技术的影响为主；$pl_{iTg,jth}$ 代表引用方在价值链中的位置；第六项为价值链位置和共性程度差距交互项的系数，α_6 反映了非核心企业技术路线选择如何随着价值链位置的变化而变化。$control_{ij}$ 为其他控制变量，相比于一阶段模型，加入了刻画国家、行业等个体特征的变量。

基于 WIOD 数据和 PATSTAT 的专利数据，本章选取了世界中主要的 43

个国家或经济体，仅考虑了共性程度较低行业对共性程度较高行业的引用[1]。参照杰夫和特拉坦伯格（Jaffe and Trajtenberg，1999）、胡和杰夫（Hu and Jaffe，2003）的研究，针对可能存在的异方差问题，在第二阶段模型中使用 $\ln(NN_{iTg,jth})$ 作为权重进行回归。

9.2.3 结果分析与讨论

本书以 WIOD 提供的国家行业为基准，选取了 1995～2014 年 38 个国家的制造业行业数据，样本共计 447798 个，其中能观测到专利引用频率的样本为 46281 个（见表 9－1），通用性差距、原创性差距、基础性差距以及引用数量差距均是由行业间的差值除以行业间均值得到，当行业间均值为零时，存在部分样本缺失。生产率和劳动生产率数据来自 WIOD 的社会经济账户（Socio Economic Accounts）。

表 9－1　　基于顺序生产的价值链分工模型的主要变量的描述性统计

变量名称	变量代码	观测值（单位：千）	均值	标准差
专利引用频率	X	46.3	－12.34	1.69
引用基数	np	447.80	4.40	1.78
通用性差距	gg	437.89	1.32	0.69
原创性差距	oo	440.72	1.12	0.75
基础性差距	nn	432.26	1.28	0.74
引用数量差距	cc	442.83	1.31	0.66
价值链位置	pl	447.80	1.03	0.18
生产率	va	446.17	0.78	0.53
劳动生产率	comp	446.17	0.76	0.56

资料来源：在 WIOD 数据库和 PATSTAT 数据库的基础上，经作者整理得到。

首先，从环节间的替代弹性出发，根据被引用行业和引用行业所处价值链位置的不同，这里将样本区分为核心企业在上游的情形和核心企业在

---

[1] 行业间的引用通常是相互的，A 行业引用 B 行业可能是由于 B 行业对 A 行业的引用而发生的，在这组关系中，技术水平较高、共性程度较高的行业占据主导地位，这里计算了引用行业和被引用行业的全部时间点所有共性程度代理指标的均值，只有当被引用行业所有共性程度代理指标均高于引用行业时，这组引用关系才会被采用。

下游的情形。根据前文的分析可知，核心企业在上游的情形中，环节间的替代弹性更高，价值链生产更容易表现出互补状态，上游企业对共性技术的研发更多；相比之下，核心企业在下游的情形中，环节间的替代弹性更低，价值链生产更容易表现出替代状态，下游企业对共性技术的研发更多。

其次，从产品需求弹性出发，根据核心企业面临的需求弹性的不同，样本可以继续细分①，其中，高需求弹性（$\rho > \rho_{med}$）意味着价值链生产更容易表现出互补状态，低需求弹性（$\rho < \rho_{med}$）意味着价值链生产更容易表现出替代状态。

最后，将上述两种情形合并，考虑核心企业在下游时面临的需求弹性②，这里将样本分为6组，分析不同需求弹性下价值链生产的状态，以及非核心企业的技术路线选择。

利用通用性指标作为共度性的衡量指标，通过逆米尔斯比率可以看出，样本选择偏差的确存在，在控制了样本选择偏差后，不同分组中企业的研发决策表现出明显的差异。根据表9-2中回归2和回归3可以看出，在高需求弹性（$\rho > \rho_{med}$）和低替代弹性的情形下，不同环节在价值链生产过程中处于互补状态，整体来看，专利引用频率会随着通用性差距的扩大而降低，在加入通用性差距和价值链位置的交互项后，通用性差距的影响随着引用方的上游化而扩大，上游企业同核心企业的专利引用集中于通用性相近的技术之间，下游企业同核心企业的专利引用则表现为应用性技术对共性技术的引用。相比于下游企业，上游企业更多地参与到共性技术的研发之中。

表9-2　　　　　　　　　　基于通用性水平的基准回归结果

变量	弹性小	弹性大	核心企业在上游	核心企业在下游
pl	-1.195 ***	-0.443 ***	1.526 ***	-1.202 ***
gg	-0.824	-0.077	0.754 ***	-0.529 ***
gg × pl	0.308 ***	-0.289 ***	-1.281 ***	0.125
收入差距	-	-	-	-

---

① 相比于非核心企业的需求弹性，核心企业的需求弹性能够完整地反映核心企业所处的全部价值链链条的状态。

② 在非核心企业在下游的情形中，非核心企业的需求弹性并不能完全反映核心企业所处的全部价值链链条的状态，故不再对这一情形进行细分。

变量	弹性小	弹性大	核心企业在上游	核心企业在下游
语言因素	+	+	+	+
距离	−	−	−	−
贸易联系	+	+	+	+
常数项	− 8.433 ***	− 2.743 ***	− 6.987 ***	− 5.585 ***
逆米尔斯比率	0.596 ***	0.644 ***	0.641 ***	0.606 ***
R	0.604	0.603	0.607	0.606
（二阶段）样本量	437892	437892	437892	437892
组数（单位：千）	23103	23178	19772	26509

注：*** 表示 10% 的显著性水平。
资料来源：在 WIOD 数据库和 PATSTAT 数据库的基础上，经作者整理得到。

　　相比之下，在低需求弹性（ρ < ρ$_{med}$）和高替代弹性的情形下，不同环节在价值链生产过程中处于替代状态，考察通用性差距和价值链位置的交互项可以看出，通用性差距的影响随着引用方的上游化而缩小，上游企业同核心企业的专利引用则表现为应用性技术对共性技术的引用。相比于上游企业，下游企业更多地参与到共性技术的研发之中。

　　针对基础性指标的分析结果也类似，唯一的区别在于高替代弹性的情形下，通用性差距和价值链位置的交互项系数为负，但不显著。根据前文的分析可知，在替代状态下，对于上游度较高的企业而言，共性技术研发一直维持在最低水准，并不会随着价值链位置的变化而变化，在高替代弹性的状态下，引用方集中于价值链上游，价值链位置的变化对企业研发决策的影响难以体现，通用性差距和价值链位置的交互项系数也不显著。

　　为了保证结论的稳健性，本书还用原创性指标和被引用次数代替通用性指标进行分析，结果也保持一致。

9.3　本章小结

　　本章在安特拉斯和楚尔（Antràs and Chor，2015）提出的基于顺序生产的价值链分工模型的基础上，考虑技术对于企业间讨价还价的影响，得到非核心企业的技术研发决策，分析需求弹性、中间品替代弹性等因素对于企业研发决策的影响。主要结论如下：

首先，在互补状态下，产品的需求弹性大于生产过程中中间产品之间的替代弹性，相比于下游供应商，上游供应商的共性技术研发更多；在替代状态下，产品的需求弹性小于生产过程中中间产品之间的替代弹性，相比于上游供应商，下游供应商的共性技术研发更多。

其次，在互补状态下，研发成本的降低能够激励供应商对关键共性技术的研发；在替代状态下，研发成本的降低提升下游供应商的研发行为，抑制上游供应商的研发行为。

最后，当核心企业在上游（下游），产品需求弹性较高（低）时，非核心企业上游（下游）化过程能够积累关键共性技术，实现价值链升级过程；当核心企业在上游（下游），产品需求弹性较低（高）时，非核心企业上游（下游）化过程会受到核心企业的抑制，不能有效地积累价值链升级过程所需的关键共性技术。

第 10 章　中国嵌入全球创新系统过程中存在的问题及解决之道

　　第 7 章至第 9 章的内容围绕全球创新系统嵌入展开，分别分析了中国企业嵌入全球创新系统的位置、地位演变以及嵌入其中的企业的研发决策。在这些研究的基础上，本书第 10 章进一步分析中国嵌入全球创新系统过程中存在的问题，并寻找解决之道。在分析过程中，这一章主要借鉴了社会网络分析方法分析不同部门、不同行业间的专利引用，将其视为一个有向网络。其中，网络中的顶点（vertices）由制造业细分行业组成①。顶点间的弧（arcs）的方向取决于引用与被引用关系，由被引用方指向引用方，代表知识流动的方向。专利引用的数量 N_{ij} 和频率 c_{ij} 代表了弧的权重，且满足式（10 - 1）。

$$c_{ij} = \frac{N_{ij}}{NN_{ij}} \qquad\qquad (10 - 1)$$

　　其中，N_{ij} 代表 i 部门对 j 部门的专利引用数量，考虑到专利的保护期通常为 20 年，这里仅计算引用间隔在 20 年内专利引用②。NN_{ij} 代表引用基数，也就是所有可能发生的专利引用组。

　　在此基础之上，这一部分着重剖析中国国家创新体系中不同部门、不同行业在系统中的地位以及对外技术依赖状态，并在此基础上总结出三方面的系统问题，为创新及科技政策的制定提供参考。

---

　　① PATSTAT 提供了基于 NACE 第二版标准的专利行业信息，可以作为本书行业划分的依据。但由于专利往往存在多重行业属性，因此某些专利并不能简单地归入某一细分行业，比如专利 A 的技术既涉及测量、试验和导航仪器制造，又涉及钟表制造，此时无法将它归入上述行业中的任何一个，只能归入测量、试验和导航仪器及钟表制造。这样的分类受到专利自身性质的影响，不能进行简单的合并或拆分，因此，这里以 PATSTAT 提供的行业信息为基础展开研究。此外针对少数对应多个行业的专利，PATSTAT 提供了专利隶属于每个行业的权重，这里仅取权重最大的行业作为专利对应的行业。

　　② 考虑到专利的保护期通常为 20 年，行业间的引用关系采用 t 期发生的行业间所有引用间隔不超过 20 年的专利引用。对于引用行业而言，参与到引用网络中的专利是 t 期所有的专利；对于被引用行业而言，参与到引用网络中的专利是 t - 20 期至 t 期间所有的专利。

10.1　中国嵌入全球创新系统过程中存在的问题 *

问题一：中国在逐渐缩小与世界的技术水平差距，但技术体制的差别更加明显，四部门间发展不均衡的现象日渐凸显。变革技术体制、改变技术范式是当前中国国家创新体系发展过程中的必由之路。

作为知识的流出方，被引用行业更能代表国家创新体系的发展状态，在被引用行业内部，被引用数量体现了不同行业在国家创新体系中的重要程度和地位。从被引用行业的表现来看，2005～2014 年①，整体来看中国国家创新体系中专利的技术水平显著提升（见图 10 - 1），但部门间结构的变化放大了中国与国外的技术体制差异（见图 10 - 2）。

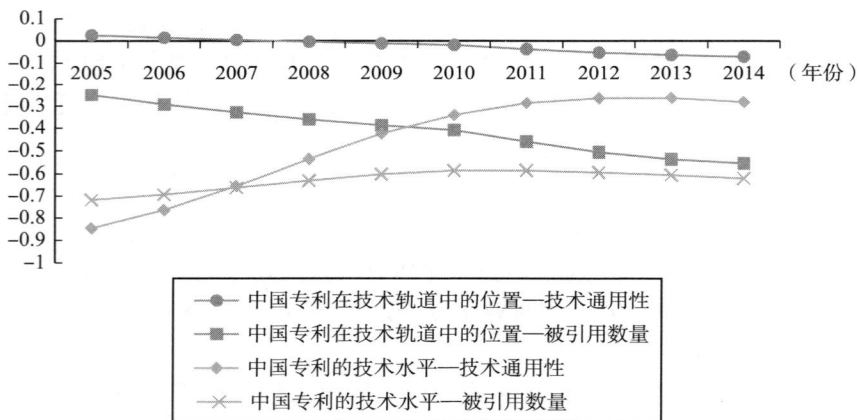

图 10 - 1　中国专利在技术轨道中的位置及技术水平变化趋势（2005～2014 年）
资料来源：PATSTAT 数据库及 WIOD 数据库，经作者整理得到。

---

* 本章所采用的数据来自 WIOD 数据库，囿于数据限制，仅能分析 2014 年以前中国企业嵌入全球创新系统的位置。与 GVC 嵌入位置类似，中国企业嵌入全球创新系统的位置相对稳定，不会在短期内发生明显的变化，由此划分的最终产品提供部门、中间品加工部门、大规模生产部门以及专业化供应商部门同样不会随着时间的推移发生突变。加之专利数据先于其他经济指标的特征，使用 2014 年的专利数据分析中国企业在技术层面的问题，依然能够解释如今中国企业核心技术受制于人、在关键技术领域面临"卡脖子"问题的不利局面。

① 选择 2005 年，是因为之前年份中国专利积累较少，可能存在误差。

最终产品提供部门

引用数量
发明专利占比
专利族规模
被引用数量
通用性水平
部门规模

0　0.2　0.4　0.6　0.8　1.0　1.2

　最终产品提供部门（2014年）
　最终产品提供部门（2005年）

中间品加工部门

引用数量
发明专利占比
专利族规模
被引用数量
通用性水平
部门规模

0　0.2　0.4　0.6　0.8　1.0　1.2

　中间品加工部门（2014年）
　中间品加工部门（2005年）

大规模生产部门

引用数量
发明专利占比
专利族规模
被引用数量
通用性水平
部门规模

0　　　0.5　　　1.0　　　1.5

　大规模生产部门（2014年）
　大规模生产部门（2005年）

专业化供应商部门

引用数量
发明专利占比
专利族规模
被引用数量
通用性水平
部门规模

0　　　0.5　　　1.0　　　1.5

　专业化供应商部门（2014年）
　专业化供应商部门（2005年）

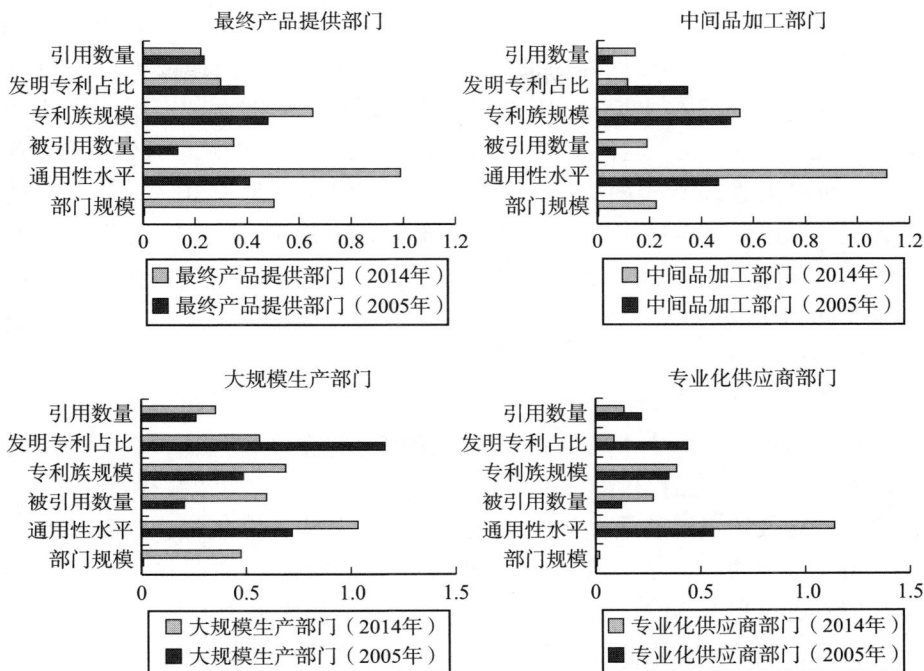

图 10 - 2　四部门技术水平相关指标比较（2014 年和 2005 年）

资料来源：PATSTAT 数据库及 WIOD 数据库，经作者整理得到。

部门内技术水平的提升。从专利数量的角度来看，2005～2014 年，四部门的规模都有所扩张，其中，2014 年期间，最终产品提供部门中国专利国内被引数量在全球范围内的占比已经超过了一半，相比之下，专业化供应商部门的扩张相对有限，中国专利国内被引数量在全球范围内的占比还不到 2%。从专利质量的角度来看，2005～2014 年，无论是在哪个部门，中国专利的通用性水平、被引用数量和专利规模均有显著提升，与世界技术水平的差距在逐渐缩小（见图 10 - 2）。但发明专利占比的下降说明中国专利更加集中于实用新型专利和外观专利，并没有真正进入相关技术领域的核心位置。此外，在专业化供应商部门和最终产品提供部门，虽然中国专利被引用数量逐渐向世界平均水平迈进，但是引用国内专利的数量却明显下降，这说明中国的技术发展并不是在整合国内创新资源的基础上实现的，依赖国外技术的探索与试错。

部门间结构的变化。2005～2014 年，国家创新体系中的核心部门逐渐由大规模生产部门向最终产品提供部门转变，发展不平衡的现象日渐凸显。

在 2005 年，被引用数量占比接近一半的部门是位于技术轨道上游的大规模生产部门，最终产品提供部门的引用贡献仅为 41%。相比之下，在 2014 年，最终产品提供部门贡献了国家创新体系超过一半的专利引用，超过 80 万次。此外，专业化供应商部门在国家创新体系中的重要性也大幅下降，被引用数量占比由 2005 年的 9% 降低到 2014 年的 1%（见表 10 -1）。技术轨道代表技术沿着既定技术范式、技术标准渐进式演进的过程，随着中国参与到 GVC 分工之中，中国制造逐渐向技术轨道下游移动，借助国外已有的技术基础和知识积累展开研究。这样的转变一方面帮助中国企业节省了技术研发的前期投入，另一方面使得中国企业应用研究多、基础研究少，成熟技术多、技术试错少。同时，跨国公司也更愿意将技术轨道下游已经成熟的技术转移至生产成本较低的发展中国家进行生产，但这种转移并不是无限制的，最终产品提供部门和大规模生产部门虽然都可以提供最终产品，但两者有着截然不同的技术体制和生产逻辑。其中，大规模生产部门与大学、研究机构的关系更加紧密，创新的开放性特征更加明显，将最新的技术研究成果与市场需求相结合，通过市场试错探索未来的技术发展方向；相比之下，最终产品提供部门处于国家创新体系的末端，在内部开发新产品和新工艺的能力有限，是成熟技术的使用者。对于中国制造而言，由于缺乏开放包容的创新环境、支撑市场试错的金融资源、企业研发惯性等一系列助力技术体制转型的条件，只能被动地成为 GVC 中的成熟技术使用者。

表 10 -1　　　　中国国家创新体系的结构比较（2014 年和 2005 年）

部门	部门规模 （2014 年）（次）	被引用数量占比 （2014 年）（%）	部门规模 （2005 年）（次）	被引用数量占比 （2005 年）（%）
最终产品提供部门	858893	59.26	4954	41.50
中间品加工部门	209272	14.44	272	2.28
大规模生产部门	366538	25.29	5691	47.67
专业化供应商部门	14583	1.01	1021	8.55

资料来源：PATSTAT 数据库，经作者整理得到。

从这个角度来看，价值链升级过程并不是一个由技术轨道下游向上游移动的过程，技术的渐进式发展是一个不可逆的过程，发达国家企业之所以能够处于 GVC 的核心位置，并不是因为他们占据了技术轨道上游的创新，而是因为他们能够持续地开创新的技术轨道，永远处于技术轨道的上游。对于发展中国家企业而言，对特定技术的模仿只是带来了更多的技术转移，真正改变对外部技术的依赖需要企业在融入全球化分工体系和实现技术体制转型的基础上逐渐参与到新的技术轨道的发展过程中。

　　从国家创新体系的运行效率出发，相比于技术轨道上游的创新，技术轨道下游的创新过程更加封闭，相关技术的影响力和辐射能力较弱，创新个体、研发环节之间存在天然的隔离与屏障。在非均衡发展的趋势下，中国国家创新体系表现为一个个"技术孤岛"，而不是一个协调运作的系统，这也体现在中国专利构成的创新网络中。借助 pajek 软件计算不同行业的加权中心度，包括加权出度中心度和加权入度中心度，其中权重的计算采用两种方式：引用数量（取对数）和引用频率。当以行业间的专利的引用数量作为边的权重时，加权中心度较高、处于创新网络中心位置的行业以最终产品提供部门为主，比如其他专用设备制造、钟表制造、通用设备制造等细分行业（见表 10 - 2）。但若以引用频率为权重，上述行业不再出现在创新网络的中心位置，取代它们的以专业化供应商部门和大规模生产部门为主，比如人造纤维的制造、纺织品制造、塑料制品制造等（见表 10 - 3）。最终产品提供部门之所以在国家创新体系中举足轻重，是因为该部门专利数量众多，而不是因为该部门专利质量高、影响大。相比于其他部门，过多的专利集中于最终产品提供部门降低了国家创新体系整体的技术联系与专利引用。将专利引用加总至部门层面，结论并不会发生本质的变化，从引用数量的层面考虑，最终产品提供部门是国家创新体系中的核心部门，但从引用频率的层面考虑，最终产品提供部门是最边缘的部门（见表 10 - 4）。

表 10 - 2　　中国国家创新体系中部分行业的加权中心度——基于引用数量的计算

序号	行业名称	基于被引用角度的部门划分	加权入度中心度	序号	行业名称	基于引用角度的部门划分	加权出度中心度
1	其他专用设备制造	最终产品提供部门	29.91	1	其他专用设备制造	最终产品提供部门	28.51
2	初级化学品、化肥和氮化合物、塑料及合成橡胶的制造	中间品加工部门	26.43	2	初级化学品、化肥和氮化合物、塑料及合成橡胶的制造	专业化供应商部门	27.46

续表

序号	行业名称	基于被引用角度的部门划分	加权入度中心度	序号	行业名称	基于引用角度的部门划分	加权出度中心度
3	钟表制造	最终产品提供部门	25.19	3	钟表制造	最终产品提供部门	22.70
4	其他通用设备制造	最终产品提供部门	21.92	4	其他通用设备制造	最终产品提供部门	22.37
5	锻压机械及机床制造	最终产品提供部门	20.81	5	电子元件及电路板制造	最终产品提供部门	18.84
6	通用设备制造	最终产品提供部门	20.65	6	通用设备制造	最终产品提供部门	18.83
7	通信设备制造	最终产品提供部门	17.09	7	锻压机械及机床制造	最终产品提供部门	18.03
8	电子元件及电路板制造	最终产品提供部门	17.07	8	家用电器制造	最终产品提供部门	17.11
9	家用电器制造	最终产品提供部门	16.72	9	通信设备制造	大规模生产部门	16.18
10	计算机及周边设备制造业	最终产品提供部门	16.47	10	汽车制造	大规模生产部门	15.90

资料来源：PATSTAT 数据库，经作者整理得到。

表 10-3　中国国家创新体系中部分行业的加权中心度——基于引用频率的计算

序号	行业名称	基于被引用角度的部门划分	加权出度中心度	序号	行业名称	基于被引用角度的部门划分	加权入度中心度
1	香水和盥洗制剂制造	专业化供应商部门	4.69E-05	1	肥皂和洗涤剂、清洁和抛光制剂制造	中间品加工部门	4.53E-05
2	肥皂和洗涤剂、清洁和抛光制剂制造	中间品加工部门	4.11E-05	2	香水和盥洗制剂制造	专业化供应商部门	3.70E-05

续表

序号	行业名称	基于被引用角度的部门划分	加权出度中心度	序号	行业名称	基于被引用角度的部门划分	加权入度中心度
3	电子元件的制造	大规模生产部门	2.93E-05	3	人造纤维的制造	专业化供应商部门	3.48E-05
4	人造纤维的制造	专业化供应商部门	2.70E-05	4	印刷和与印刷有关的服务活动	专业化供应商部门	2.81E-05
5	纺织品制造	大规模生产部门	2.55E-05	5	电子元件的制造	大规模生产部门	2.62E-05
6	塑料制品制造	专业化供应商部门	2.07E-05	6	纺织品制造	大规模生产部门	2.60E-05
7	其他非金属矿物制品制造	大规模生产部门	1.75E-05	7	纸及纸制品制造	中间品加工部门	2.39E-05
8	金属锻造、冲压、压轧及滚压成形和粉末冶金	大规模生产部门	1.75E-05	8	橡胶制品制造	专业化供应商部门	2.13E-05
9	橡胶制品制造	专业化供应商部门	1.61E-05	9	金属锻造、冲压、压轧及滚压成形和粉末冶金	大规模生产部门	1.86E-05
10	涂料、油墨、颜料及类似产品制造业	中间品加工部门	1.60E-05	10	塑料制品制造	专业化供应商部门	1.72E-05

资料来源：PATSTAT 数据库，经作者整理得到。

表 10-4　　　　中国国家创新体系中不同部门的加权中心度

部门	以引用频率为权重		以引用数量为权重	
	加权入度中心度	加权出度中心度	加权入度中心度	加权出度中心度
最终产品提供部门	3.57E-07	3.85E-07	42.12	44.39
中间品加工部门	1.94E-06	3.45E-06	35.51	42.15
大规模生产部门	8.33E-07	7.09E-07	41.00	40.56
专业化供应商部门	4.11E-06	2.70E-06	39.40	30.93

资料来源：PATSTAT 数据库，经作者整理得到。

问题二：与企业专利类似，中国大学的创新在国家创新体系中同样存在非均衡发展现象，产学研结合带来的互补效应有限，单纯依赖创新资源配置和加强技术合作并不能解决国家创新体系的非均衡发展问题。

通常而言，大学等科研机构更注重基础性创新，处于技术轨道的上游，而企业更注重应用性技术，处于技术轨道的下游。但中国国家创新体系发展不均衡并不是由于产学研合作不足或者大学等科研机构的缺失，恰恰相反，在技术轨道上游，中国的大学专利扮演着更加重要的角色。通过图 10 - 3 可以看出，中国的大学专利在专业化供应商部门和大规模生产部门分别创造了 56.09% 和 19.27% 的专利引用，相比之下，国外的大规模生产部门和专业化供应商部门并不依赖大学等科研机构，大学专利被引用数量不超过 10%。此外，在中国国家创新体系中，大学企业联合申请的专利在专业化供应商部门和大规模生产部门创造的专利引用占比也远高于国外。

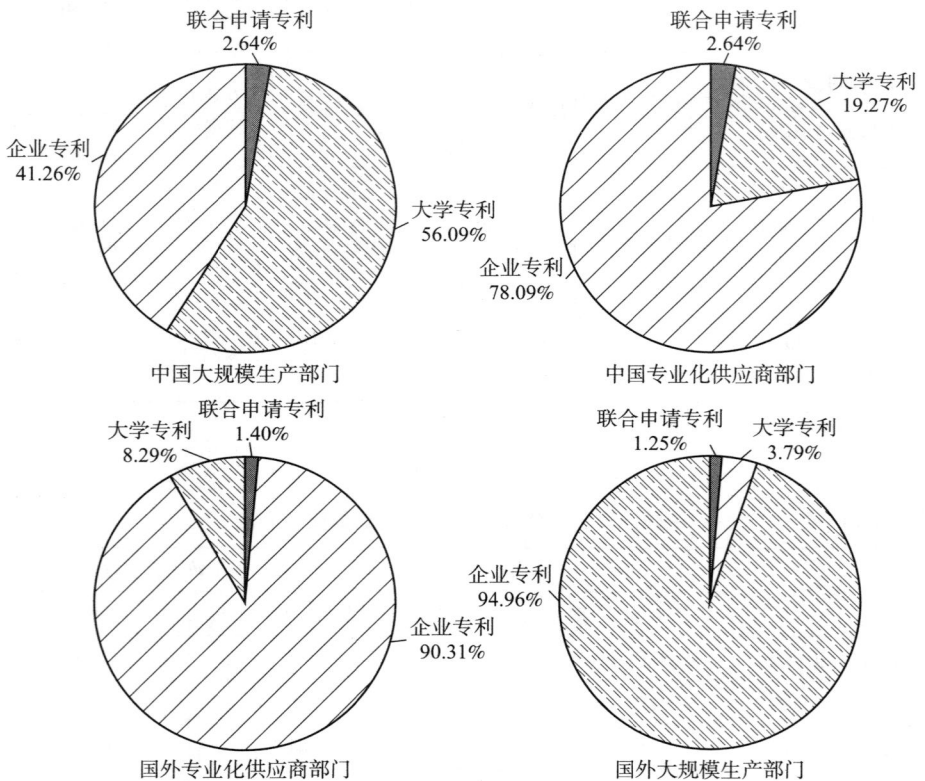

图 10 - 3 专业化供应商部门和大规模生产部门中不同主体申请专利被引用数量占比

资料来源：PATSTAT 数据库，经作者整理得到。

　　从网络分析的角度入手，将企业专利、大学专利、联合申请专利在四部门的表现作为国家创新体系中的顶点，仅仅考虑大学和企业之间的技术联系①，计算这些顶点的加权出度中心度，可以发现，中国的大学专利在专业化供应商部门和大规模生产部门处于网络中心，是知识流出的源头，而在国外的专业化供应商部门和大规模生产部门中，企业专利有着更高的加权出入中心度（见图 10 – 4）。这进一步印证了大学专利在中国国家创新体系中的重要性。

中国国家创新体系　　　　　　　　　　　　其他国家创新体系

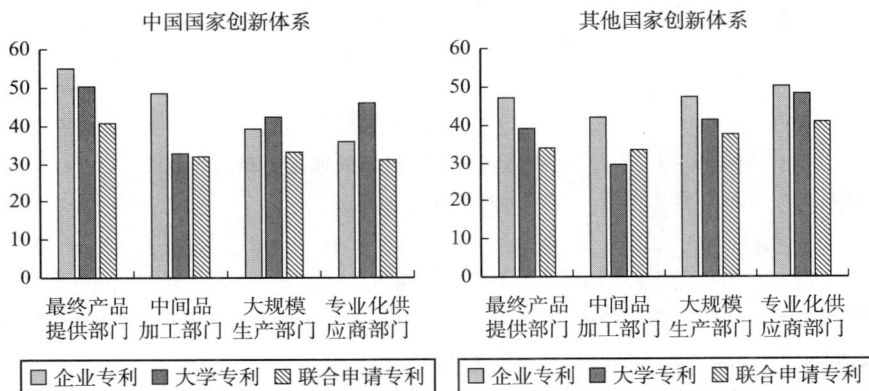

图 10 – 4　不同部门不同主体申请专利在国家创新体系中的加权出度中心度比较

资料来源：PATSTAT 数据库，经作者整理得到。

　　相比于国外大学，中国的大学在技术轨道相对下游的位置，大学专利在国家创新体系中也存在发展不均衡的现象。通过图 10 – 5 可以看出，中国的大学专利虽然比中国的企业专利更集中于技术轨道上游的专业化供应商部门和大规模生产部门，但相比国外水平仍有明显的差距，尤其是在专业化供应商部门。产学研合作与大学科研资源的高效利用能够在一定程度上改善中国国家创新体系发展不均衡的状态，但要完全解决这一问题，大学和企业的研究方向都须进行调整，由技术轨道下游向技术轨道上游移动。

---

　　① 具体而言，这里的技术联系包括大学专利和企业专利之间的相互引用、大学专利和联合申请专利之间的相互引用、企业专利和联合申请专利之间的相互引用。

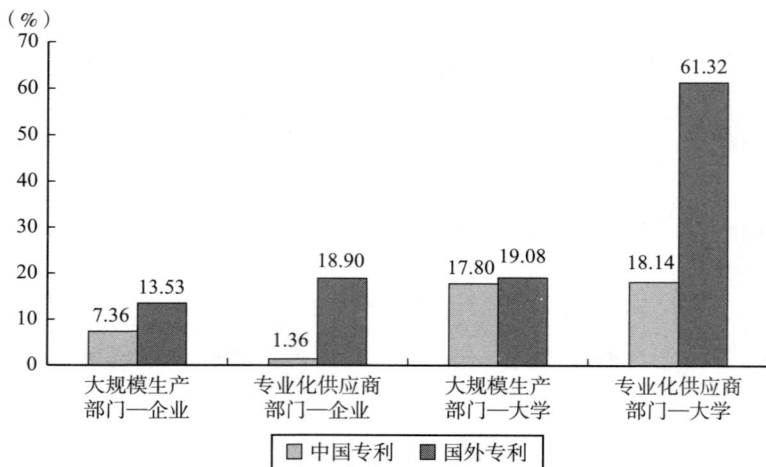

图 10 - 5　大学/企业专利分布于技术轨道上游部门的占比

资料来源：PATSTAT 数据库，经作者整理得到。

问题三：中国国家创新体系的非均衡发展带来了对国外技术的系统性依赖和非系统性依赖，考虑到其他部门对专业化供应商部门的系统性依赖，技术联系替代战略是扭转非均衡发展局面的手段。

技术范式的差别和技术水平的差距决定了中国国家创新体系的对外技术依赖。其中，技术范式的差别意味着中国对外技术依赖发生在部门之间。通过表 10 - 5 可以看出，通过引用国外专利和被国外专利引用，中国国家创新体系在中间品加工部门和专业化供应商部门的缺失得到了一定程度的弥补。在单纯依赖国内循环的情况下，最终产品提供部门和大规模生产部门在国家创新体系中的地位远高于其他两个部门，但在考虑国内循环国际循环的情形下，四部门之间的差距明显缩小。（见表 10 - 6）如何克服国家创新体系发展不均衡带来的对国外技术的系统性依赖是当前国家创新体系发展中面临的重要课题。

表 10 - 5　不同口径下中国国家创新体系的结构比较（国际 + 国内循环与国内循环）

部门	部门规模（中国国内循环）（次）	被引用数量占比（中国国内循环）（%）	部门规模（国际循环 + 国内循环）（次）	被引用数量占比（国际循环 + 国内循环）（%）
最终产品提供部门	858893	59.26	1149195	49.76
中间品加工部门	209272	14.44	374509	16.22

续表

部门	部门规模（中国国内循环）（次）	被引用数量占比（中国国内循环）（%）	部门规模（国际循环＋国内循环）（次）	被引用数量占比（国际循环＋国内循环）（%）
大规模生产部门	366538	25.29	541603	23.45
专业化供应商部门	14583	1.01	244312	10.58

资料来源：PATSTAT 数据库，经作者整理得到。

表 10 - 6　　　　　不同口径下四部门加权中心度比较
（国际＋国内循环、国内循环、国际循环）

部门	国际循环＋国内循环		国内循环		国际循环	
	加权出度中心度	加权入度中心度	加权出度中心度	加权入度中心度	加权出度中心度	加权入度中心度
最终产品提供部门	47.89	48.17	86.67	87.75	40.15	34.26
中间品加工部门	46.04	41.03	76.79	70.80	39.88	33.08
大规模生产部门	44.79	48.30	79.16	86.32	39.00	34.12
专业化供应商部门	43.21	44.45	55.14	75.04	42.84	38.27

资料来源：PATSTAT 数据库，经作者整理得到。

　　相比之下，非系统性依赖出现在相近领域的技术之间，随着中国逐渐缩小与世界的技术水平差距，非系统性依赖的问题也逐渐得到缓解，尤其是在最终产品提供部门和大规模生产部门。

　　对于不同部门而言，系统性依赖和非系统性依赖的表现不尽相同，应结合部门特点进行具体分析、判断。首先，2005～2014 年，最终产品提供部门的非系统性依赖得到了极大的缓解，但系统性依赖的问题仍然存在，这一阶段的发展逻辑是依托国际创新资源，迅速实现技术积累与赶超，也就是在对国外技术的系统性依赖的前提下，解决非系统性依赖的问题。通过图 10 - 6 可以看出，2014 年，在最终产品提供部门引用的本部门专利中，国外引用占比远低于国内引用占比，而在引用的其他部门专利中，国内引用相对较少，尤其是在中间品加工部门和专业化供应商部门。价值链参与和内需市场扩张是最终产品提供部门迅速发展并解决非系统性依赖的关键动力，一方面，在价值链参与的过程中，中国制造企业通过技术授权、咨询等方式利用国外已有的知识资源，借此创造出适合自身生产领域的专业

· 203 ·

性技术，将已有的技术范式及通用型技术应用到特定生产领域；另一方面，借助国内需求市场的扩张，中国制造企业利用国际知识网络，在全球范围内搜寻生产所需的关键技术，运用于供给国内需求市场的过程中，并在这一过程中逐渐打造竞争优势。在这两方面因素的作用下，最终产品提供部门的发展远远领先其他部门，这种非均衡的发展的最终产品提供部门存在对国外技术的系统性依赖。

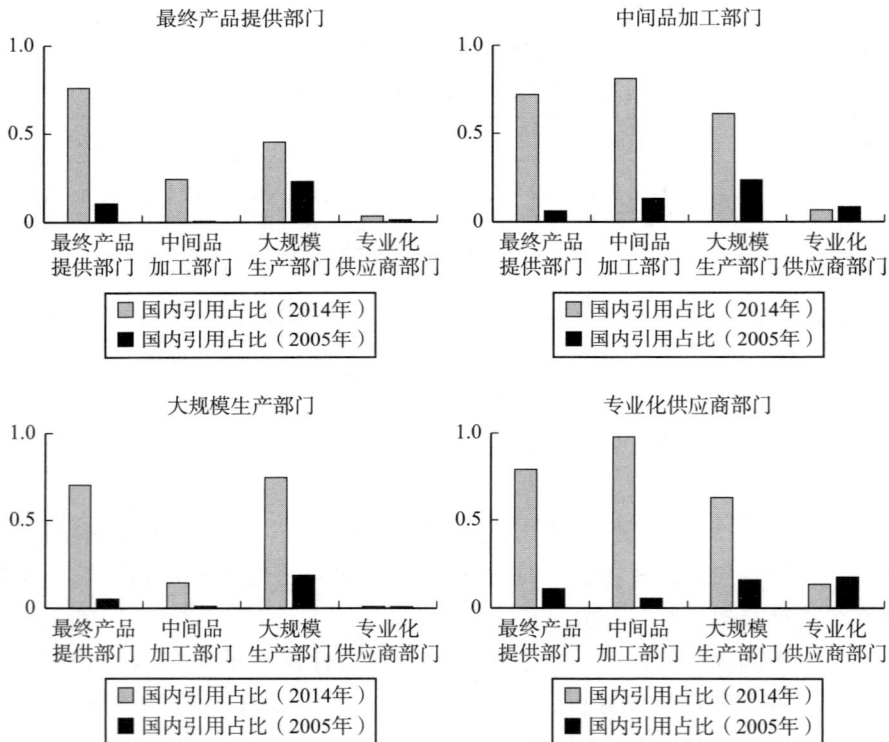

图 10 - 6　不同部门的对外技术依赖情况（2014 年和 2005 年）

资料来源：PATSTAT 数据库，经作者整理得到。

其次，中间品加工部门和大规模生产部门面临的主要问题也是系统性依赖，尤其是对专业化供应商部门的依赖（见图 10 - 6）。其中，中间品加工部门处于产品链条上游，主要依赖价值链参与带来的技术转移和技术学习实现技术赶超，加工贸易和低技术中间品贸易虽然帮助中国企业快速地嵌入前沿生产领域，但价值链"低端锁定"限制了中国企业进一步的发展。

相比之下，大规模生产部门处于技术轨道上游，技术的积累性特征不明显，赶超战略的作用有限，但借助国内需求的扩张，中国企业也逐渐摸索出相对自主的技术发展路线，并在整合国外技术的过程中实现核心技术领域的突破，也催生了阿里巴巴、腾讯等一大批平台型龙头企业。

最后，专业化供应商部门处于技术轨道和产业链的上游，与市场之间的距离限制了它的技术探索进程，而技术体制则决定了它难以通过价值链参与过程利用来自国外的技术转移与技术溢出。专业化供应商的发展远远落后于其他部门，相比于 2005 年，2014 年对本部门的国内引用占比不升反降（见图 10 - 6）。专业化供应商部门的发展滞后使得中国企业在某些关键技术领域的发展受制于人，其他三部门的发展都存在对专业化供应商部门的系统性依赖。在当前中美经贸关系紧张、外部技术封锁的大背景下，这些关键技术领域的"卡脖子"现象不仅阻碍了国家创新体系的顺畅运行，还极大地损害了中国经济的自主性与产业安全。

对特定技术进行重点攻关能够在一定程度上缓解关键技术"卡脖子"问题，但不能真正改变国家创新体系非均衡发展的格局，即使解决了当前特定技术领域的"卡脖子"问题，未来随着技术的发展，关键技术"卡脖子"的现象还会出现。从国家创新体系的角度出发，均衡发展的关键在于专业化供应商部门的发展，重点领域的技术攻关与专业化供应商部门发展之间存在两方面的矛盾：首先是技术赶超战略与技术体制特征之间的矛盾，重点领域的技术攻关成立的前提是已知未来的技术发展方向，但专业化供应商部门位于技术轨道的上游，创新的累积性特征并不明显，技术轨道的跃迁和变化具有较大的不确定性，资源的集中容易，但重点突破的发力点却不易锁定。其次是局部发展和整体发展之间的矛盾，重点领域的技术攻关着眼于国家创新体系局部的发展，但中国在专业化供应商部门的问题不仅是技术水平差距带来的非系统性依赖，还是多种核心技术缺失带来的其他部门对国外技术的系统性依赖。倘若不改变这种系统性依赖，任由专业化供应商部门内的企业闭门造车，那么新的技术是否能够满足其他部门的需要？即使我们以发达国家的技术发展路线为蓝本，尽可能地复制发达国家的国家创新体系，但核心技术的取得并不是一蹴而就的过程。以当前华为等企业面临的芯片供应问题为例，中国缺少的不仅仅是芯片生产行业，还有芯片生产相关的设计工具、核心设备、半导体原材料等，这些环节在生产过程中必不可少。针对众多的"卡脖子"技术，要先发展哪个领域，后发展哪个领域，还是众多领域齐头并进？

针对上述问题，要从国家创新体系整体出发统筹专业化供应商部门的发展，先纠正国家创新体系对国外技术的系统性依赖，再缩小与发达国家技术水平的差距。纠正对外系统依赖意味着主动放弃与国外技术的技术联系，在中国现有技术条件的基础上寻求技术发展的方向。由此，当前中国国家创新体系面临的问题不再是"为了生产发达国家的高精尖产品，我们在哪些环节存在技术缺失？"而是"在现有的生产条件和技术条件下，我们能够生产出怎样的产品来和发达国家的高精尖产品竞争？"相比之下，重点领域的技术攻关是国内技术对国外核心技术的替代发展战略，而纠正国家创新体系的关键在于通过国内技术联系替代国家技术联系，并在此基础之上打通专业化供应商部门与产业链下游厂商之间的联系、消除核心技术获取与市场需求之间的障碍，让市场决定国家创新体系的技术路线与发展方向。

10.2　解　决　之　道

本书沿着"概念框架—系统问题—政策含义"的研究思路，参考行业创新系统的概念，将国家创新体系划分成最终产品提供部门、中间品加工部门、大规模生产部门和专业化供应商部门，从这四个部门的具体表现入手，测度中国嵌入全球创新系统的地位，并分析中国国家创新体系在当前中美经贸关系紧张、外部技术封锁的大背景下存在的系统问题，并归纳为"发展不均衡、产学研互补效应弱、对外技术依赖"三个方面的问题。其中，针对前两个问题，政策的着力点在于改变现有的技术体制；针对后一个问题，政策的着力点在于技术联系替代战略。

技术体制的改变不仅要打破知识技术之间的壁垒，还要打破知识技术与市场之间的壁垒。由于处于技术轨道的下游，中国国家创新体系表现为联系不够紧密的技术孤岛，打破知识技术之间的壁垒只是治标，要真正提升国家创新体系的运行效率，需要中国企业更多地参与到技术轨道早期的创新过程中去，将未成熟的技术和产品投入市场，承担技术不确定性风险的同时，在市场竞争过程中实现技术的迭代与发展。由此，政府的创新及科技政策可以从以下三个方面展开：（1）稳定可控的产业链供应链支撑体系，产业链供应链的稳定可控意味着知识产权自主可控、制造过程自主可控、核心零部件供给自主可控，这样的生产环境将研发机构、供应商、制造商、分销商、最终用户等通过完整的功能网络结构联结起来，实现技术向市场的快速转化，并降低这一过程中的额外成本；（2）实现研发主体的多元化，可通过完善资本市场、财税政策支持、发挥采购政策功能等手段加大对中小企业，尤其是研发型企业的支持，提升新进入企业的抗风险能力，降低新进入企业的成本，为市场提供更多的技术路线选择；（3）先进技术路线监视与引进。应在自主创新的基础上，密切关注国外技术发展动态，尤其是尚未成为主导设计、GPT，但潜力巨大的新技术，积极引进、吸收，努力缩小与发达国家的技术世代差距。

　　技术联系替代的核心目的是在制造领域为中国国家创新体系的运行寻找可供试错的市场，并在逐渐成熟、发展的过程中反哺中国制造业的高质量发展。由于主动放弃对国外技术的依赖势必带来短期内生产效率的下降和高昂的试错成本，技术联系替代战略的实施一方面离不开政府的大力支持，另一方面需要局限在特定行业。针对政府在这一过程中扮演的角色，马祖卡托（Mazzucato，2013）提出的创业型国家和使命导向创新政策值得借鉴，面对技术发展的不确定性，政府不能满足于解决市场失灵的问题，可以像企业家那样，承担风险，创造市场，引领发展。对于中国政府而言，可以在借鉴美国国防高级研究计划署、欧洲信息技术研究与开发战略计划、日本第五代计算机计划等机构或项目的经验教训，着眼于社会、企业、民生发展过程中的共性问题、重大问题，通过政府出资、政府引导等方式培育新市场和新业态。针对实施范围，一方面，政府要从技术联系的角度，而不是产业联系的角度，考虑新市场、新业态与中国现有的国家创新体系之间关联，并在科学判断未来技术发展方向的前提下选择投资范围。另一方面，政府需要根据产业链位置和技术轨道位置遴选目标企业参与到技术联系替代的进程中，遴选的标准包括但不限于：（1）与专业化供应商技术联系紧密，能够充分利用相关企业提供的产品或者技术；（2）处于产业链下游；（3）技术对外依赖程度低，且研发能力较强等。

参 考 文 献

［1］白重恩，张琼．中国的资本回报率及其影响因素分析［J］．世界经济，2014（10）：3-30.

［2］陈爱贞，刘志彪．决定我国装备制造业在全球价值链中地位的因素——基于各细分行业投入产出实证分析［J］．国际贸易问题，2011（4）：115-125.

［3］陈傲，柳卸林，吕萍．创新系统各主体间的分工与协同机制研究［J］．管理学报，2010，7（10）：1455-1462.

［4］陈慧琪，刘敏榕．专利质量影响因素研究：一项三水平元分析［J］．情报杂志［2023-07-06］：1-9.

［5］陈劲，陈钰芬．开放创新体系与企业技术创新资源配置［J］．科研管理，2006（3）：1-8.

［6］陈雯，黄浩溢，陈鸣．目的地收入与中国出口企业国际分工地位——论"低端锁定"效应［J］．经济科学，2023（1）：84-99.

［7］陈钰芬，陈劲．开放式创新促进创新绩效的机理研究［J］．科研管理，2009，30（4）：1-9，28.

［8］储节旺，安怡然，李佳轩．面向关键核心技术攻关的知识生态系统：融合、演化、协同与冲击［J］．情报学报，2023，42（3）：255-267.

［9］戴翔，刘梦．人才何以成为红利——源于价值链攀升的证据［J］．中国工业经济，2018（4）：98-116.

［10］戴翔，徐柳，张为付．"走出去"如何影响中国制造业攀升全球价值链？［J］．西安交通大学学报（社会科学版），2018，38（2）：11-20.

［11］戴翔．营商环境优化能够提升全球价值链分工地位吗［J］．经济理论与经济管理，2020（5）：48-61.

［12］戴翔，郑岚．制度质量如何影响中国攀升全球价值链［J］．国际贸易问题，2015（12）：51-63，132.

［13］董有德，唐云龙．中国产业价值链位置的定量测算——基于上游度和出口国内增加值的分析［J］．上海经济研究，2017（2）：42-48，71.

[14] 芬斯特拉，泰勒．高级国际贸易学 [M]．北京：中国人民大学出版社，2013．

[15] 高碧聪．创新活跃度、劳动收入份额与经济高质量发展 [J]．技术经济与管理研究，2023，321（4）：31－37．

[16] 高良谋，马文甲．开放式创新：内涵、框架与中国情境 [J]．管理世界，2014（6）：157－169．

[17] 高翔，黄建忠，袁凯华．价值链嵌入位置与出口国内增加值率 [J]．数量经济技术经济研究，2019，36（6）：41－61．

[18] 郭庆旺，贾俊雪．中国全要素生产率的估算：1979—2004 [J]．经济研究，2005（6）：51－60．

[19] 洪银兴．参与全球经济治理：攀升全球价值链中高端 [J]．南京大学学报（哲学·人文科学·社会科学），2017，54（4）：13－23，157．

[20] 洪银兴．围绕产业链部署创新链——论科技创新与产业创新的深度融合 [J]．经济理论与经济管理，2019（8）：4－10．

[21] 胡大立，殷霄雯，谌飞龙．战略隔离、能力丧失与代工企业低端锁定 [J]．管理评论，2021，33（9）：249－259．

[22] 胡峰，袁讯，俞荣建，向荣，谢杰，张月月．后发装备制造企业价值链转型升级路径分析——逃离"俘获型"价值链 [J]．科研管理，2021，42（3）：23－34．

[23] 黄鲁成，蔡爽．基于专利的技术轨道实证研究 [J]．科学学研究，2009，27（3）：363－367．

[24] 黄先海，刘毅群．设备投资、体现型技术进步与生产率增长：跨国经验分析 [J]．世界经济，2008（4）：47－61．

[25] 黄先海，刘毅群．物化性技术进步与我国工业生产率增长 [J]．数量经济技术经济研究，2006，23（4）：52－60．

[26] 鞠建东，余心玎．全球价值链上的中国角色——基于中国行业上游度和海关数据的研究 [J]．南开经济研究，2014（3）：39－52．

[27] 李传超，杨蕙馨．技术通用性、全球创新链嵌入与国际知识流 [J]．南方经济，2020（2）：1－19．

[28] 李纪珍．产业共性技术：概念、分类与制度供给 [J]．中国科技论坛，2006（3）：45－47，55．

[29] 李纪珍．产业共性技术供给体系 [M]．北京：中国金融出版社，2004．

［30］李纪珍．共性技术供给与扩散的模式选择［J］．科学学与科学技术管理，2011，32（10）：5-12．

［31］林毅夫，任若恩．东亚经济增长模式相关争论的再探讨［J］．经济研究，2007（8）：4-12．

［32］刘皖青，张战仁，张润强，占正云．中国全球创新链嵌入模式探析［J］．世界地理研究，2018，27（6）：127-133．

［33］刘维林．产品架构与功能架构的双重嵌入——本土制造业突破GVC低端锁定的攀升途径［J］．中国工业经济，2012（1）：152-160．

［34］刘维林，李兰冰，刘玉海．全球价值链嵌入对中国出口技术复杂度的影响［J］．中国工业经济，2014（6）：83-95．

［35］刘伟，张辉．中国经济增长中的产业结构变迁和技术进步［J］．经济研究，2008（11）：4-15．

［36］刘云，谭龙，李正风，程旖婕，刘立．国家创新体系国际化的理论模型及测度实证研究［J］．科学学研究，2015，33（9）：1324-1339．

［37］刘云，叶选挺，杨芳娟，谭龙，刘文澜．中国国家创新体系国际化政策概念、分类及演进特征——基于政策文本的量化分析［J］．管理世界，2014（12）：62-69，78．

［38］刘志彪．从后发到先发：关于实施创新驱动战略的理论思考［J］．产业经济研究，2011（4）：1-7．

［39］刘志彪．从全球价值链转向全球创新链：新常态下中国产业发展新动力［J］．学术月刊，2015，47（2）：5-14．

［40］刘志彪，张杰．从融入全球价值链到构建国家价值链：中国产业升级的战略思考［J］．学术月刊，2009（9）：59-68．

［41］刘志彪，张杰．全球代工体系下发展中国家俘获型网络的形成、突破与对策——基于GVC与NVC的比较视角［J］．中国工业经济，2007（5）：39-47．

［42］柳卸林．构建均衡的区域创新系统，科学出版社，2011．

［43］卢福财，胡平波．全球价值网络下中国企业低端锁定的博弈分析［J］．中国工业经济，2008（10）：23-32．

［44］吕越，陈帅，盛斌．嵌入全球价值链会导致中国制造的"低端锁定"吗？［J］．管理世界，2018，34（8）：11-29．

［45］马风涛．中国制造业全球价值链长度和上游度的测算及其影响因素分析——基于世界投入产出表的研究［J］．世界经济研究，2015（8）：

3 – 10，127.

［46］马琳，吴金希. 全球创新网络相关理论回顾及研究前瞻［J］. 自然辩证法研究，2011，27（1）：109 – 114.

［47］马晓楠，耿殿贺. 战略性新兴产业共性技术研发博弈与政府补贴［J］. 经济与管理研究，2014（1）：73 – 78.

［48］倪红福. 全球价值链中产业"微笑曲线"存在吗？——基于增加值平均传递步长方法［J］. 数量经济技术经济研究，2016，33（11）：111 – 126，161.

［49］潘文卿，李跟强. 中国制造业国家价值链存在"微笑曲线"吗？——基于供给与需求双重视角［J］. 管理评论，2018，30（5）：19 – 28.

［50］蒲欣，李纪珍. 中国彩电产业的技术演进路径研究［M］//创新与创业管理（第3辑）. 北京：清华大学出版社，2007：25 – 48.

［51］宋冬林，王林辉，董直庆. 资本体现式技术进步及其对经济增长的贡献率（1981—2007）［J］. 中国社会科学，2011（2）：91 – 106.

［52］宋敏，张学人，聂聪. 中美专利影响力研究：基于PageRank算法［J/OL］. 科学学研究：1 – 23［2023 – 07 – 06］. https：//doi. org/10. 16192/j. cnki. 1003 – 2053. 20230619. 001.

［53］单晓红，郝秀艳，刘晓燕. 融合技术社会影响力的关键共性技术识别研究［J］. 情报理论与实践，2022，45（11）：115 – 125，97.

［54］苏庆义. 中国国际分工地位的再评估——基于出口技术复杂度与国内增加值双重视角的分析［J］. 财经研究，2016，42（6）：40 – 51.

［55］苏屹，姜雪松，雷家骕，林周周. 区域创新系统协同演进研究［J］. 中国软科学，2016（3）：44 – 61.

［56］孙大明，原毅军，郭然. 多主体协同创新对区域产业升级的影响——基于空间溢出视角［J］. 科研管理，2022，43（5）：154 – 163.

［57］唐玉洁，李阳. 基于时序指数随机图模型的共性技术涌现动力机制研究——以超级电容器绿色储能技术为例［J/OL］. 科技进步与对策：1 – 10［2023 – 06 – 26］. http：//kns. cnki. net/kcms/detail/42. 1224. G3. 2023 0522. 1230. 002. html.

［58］万小萍，刘向，闫肖婷等. 基于关联分析的技术演进路径发现［J］. 情报学报，2018，37（11）：1087 – 1094.

［59］汪明月，李颖明，王子彤，曹湘杰，史文强. 创新链视角下企业共性技术创新参与对绿色技术创新的影响研究［J/OL］. 管理学报：1 – 11

[2023 – 06 – 26]. https：//kns. cnki. net/kcms/detail/42. 1725. C. 20230324. 1528. 012. html.

[60] 王建华. 地理距离、法律制度临近与国际知识扩散模式 [J]. 科学学研究，2015，33（7）：1069 –1080.

[61] 王建华，卓雅玲. 全球研发网络、结构化镶嵌与跨国公司知识产权保护策略 [J]. 科学学研究，2016，34（7）：1017 –1026，1120.

[62] 王金亮. 基于上游度测算的我国产业全球地位分析 [J]. 国际贸易问题，2014（3）：25 –33.

[63] 王岚，李宏艳. 中国制造业融入全球价值链路径研究——嵌入位置和增值能力的视角 [J]. 中国工业经济，2015（2）：76 –88.

[64] 王林辉，董直庆. 资本体现式技术进步、技术合意结构和我国生产率增长来源 [J]. 数量经济技术经济研究，2012（5）：3 –18.

[65] 王钦. 技术范式、学习机制与集群创新能力——来自浙江玉环水暖阀门产业集群的证据 [J]. 中国工业经济，2011（10）：141 –150.

[66] 王萧萧，朱桂龙，王中和. 筑好巢搭好桥：产学研合作知识耦合、信任与组织双元学习关系研究 [J]. 科技进步与对策，2022，39（16）：58 –66.

[67] 王小鲁，樊纲，刘鹏. 中国经济增长方式转换和增长可持续性 [J]. 经济研究，2009（7）：44 –47.

[68] 文嫣，张生丛. 价值链各环节市场结构对利润分布的影响——以晶体硅太阳能电池产业价值链为例 [J]. 中国工业经济，2009（5）：150 –160.

[69] 向希尧，蔡虹. 试论地理距离与社会距离对知识溢出的影响——基于专利引用研究视角 [J]. 外国经济与管理，2008（11）：18 –26，42.

[70] 熊彼特. 经济发展理论 [M]. 北京：中国社会科学出版社，2009.

[71] 熊彼特. 资本主义、社会主义与民主 [M]. 北京：商务印书馆，1999.

[72] 薛澜，柳卸林，穆荣平. OECD 中国创新政策研究报告 [M]. 北京：科学出版社，2011.

[73] 杨锐，刘志彪. 新一轮高水平对外开放背景下中国企业技术能力升级框架与思路 [J]. 世界经济与政治论坛，2015（4）：141 –159.

[74] 叶伟巍，梅亮，李文，王翠霞，张国平. 协同创新的动态机制与激励政策——基于复杂系统理论视角 [J]. 管理世界，2014（6）：79 –91.

[75] 易将能. 区域创新网络与共性技术研发对产业创新能力的影响研究 [D]. 重庆大学, 2005.

[76] 占丽. 人口结构转型能否重塑攀升价值链新动力？[J]. 世界经济研究, 2019 (2): 61 – 73, 136.

[77] 张帆, 冯国栋, 叶建木等. 产业共性技术创新失败项目挽救对象甄选体系设计 [J]. 科技和产业, 2022, 22 (10): 20 – 27.

[78] 张杰, 刘志彪. 需求因素与全球价值链形成——兼论发展中国家的"结构封锁型"障碍与突破 [J]. 财贸研究, 2007, 18 (6): 1 – 10.

[79] 张杰, 郑文平. 全球价值链下中国本土企业的创新效应 [J]. 经济研究, 2017, 52 (3): 151 – 165.

[80] 张磊, 刘长庚. 研发创新驱动产业迈向全球价值链中高端——来自中国制造产业的经验证据 [J]. 产业组织评论, 2019, 13 (4): 44 – 64.

[81] 张振刚, 陈志明, 李云健. 开放式创新、吸收能力与创新绩效关系研究 [J]. 科研管理, 2015, 36 (3): 49 – 56.

[82] 赵炎, 李璐莹, 孟庆时等. 虚拟现实行业创新生态系统的协调机制研究 [J]. 科学学研究, 2023, 41 (4): 718 – 731.

[83] 赵志耘, 吕冰洋, 郭庆旺, 等. 资本积累与技术进步的动态融合: 中国经济增长的一个典型事实 [J]. 经济研究, 2007 (11): 18 – 31.

[84] 郑赛硕, 王学昭, 陈小莉. 共性技术识别方法构建与实证研究——以集成电路行业为例 [J]. 图书情报工作, 2021, 65 (15): 130 – 139.

[85] 中国经济增长与宏观稳定课题组. 资本化扩张与赶超型经济的技术进步 [J]. 新华文摘, 2010 (5): 43 – 47.

[86] 中国社会科学院工业经济研究所课题组, 张其仔. "十四五" 时期我国区域创新体系建设的重点任务和政策思路 [J]. 经济管理, 2020, 42 (8): 5 – 16.

[87] 周国林. 产业共性技术产学研联盟组织模式的述评 [J]. 经济学动态, 2010 (4): 90 – 93.

[88] 周勤, 周绍东. 产品内分工与产品建构陷阱: 中国本土企业的困境与对策 [J]. 中国工业经济, 2009 (8): 58 – 67.

[89] 卓越, 张珉. 全球价值链中的收益分配与 "悲惨增长"——基于中国纺织服装业的分析 [J]. 中国工业经济, 2008 (7): 131 – 140.

[90] Abernathy W J, Clark K B. Innovation: Mapping the Winds of Creative Destruction [J]. Research Policy, 1985, 14 (2): 3 – 22.

[91] Acemoglu D, Johnson S, Robinson J A. Reversal of Fortune: Geography and Institutions in the Making of the Modern World Income Distribution [J]. Quarterly Journal of Economics, 2001, 117 (4): 1231 – 1294.

[92] Acemoglu D, Johnson S, Robinson J A. The Colonial Origins of Comparative Development: An Empirical Analysis [J]. Journal of Economic History, 2001, 61 (2): 517 – 517.

[93] Adams – Prassl A, Boneva T, Golin M, et al. Inequality in the Impact of the Coronavirus Shock: Evidence from Real Time Surveys [J]. Journal of Public Economics, 2020, 189: 104245.

[94] Adner R. When are Technologies Disruptive? A Demand – Based View of the Emergence of Competition [J]. Strategic Management Journal, 2002, 23 (8): 667 – 688.

[95] Agarwal R, Gort M. Firm and Product Life Cycles and Firm Survival [J]. American Economic Review, 2002, 92 (2): 184 – 190.

[96] Aghion P, Akcigit U, Howitt P. Chapter 1—What Do We Learn From Schumpeterian Growth Theory? [J]. Handbook of Economic Growth, 2014, 2: 515 – 563.

[97] Aghion P, Bergeaud A, Boppart T, et al. A Theory of Falling Growth and Rising Rents [R]. National Bureau of Economic Research, 2019.

[98] Aghion P, Bergeaud A, Boppart T, et al. Missing Growth from Creative Destruction [J]. American Economic Review, 2019, 109 (8): 2795 – 2822.

[99] Aghion P, Bergeaud A, Van Reenen J. The Impact of Regulation on Innovation [R]. National Bureau of Economic Research, 2021.

[100] Aghion P, Bloom N, Blundell R, Griffith R and Howitt P. Competition and Innovation: An Inverted U Relationship [J]. Quarterly Journal of Economics, 2005, 120, 701 – 728.

[101] Aghion P, Howitt P. A Model of Growth Through Creative Destruction [C]. Econometrica, 1989: 323 – 351.

[102] Aghion P, Prantl S. The Effects of Entry on Incumbent Innovation and Productivity [J]. Cepr Discussion Papers, 2009, 91 (1): 20 – 32.

[103] Agrawal A, Kapur D, McHale J. How Do Spatial and Social Proximity Influence Knowledge Flows? Evidence from Patent Data [J]. Journal of Urban

Economics, 2008, 64 (2): 258 – 269.

[104] Agrawal A K, Gans J S, Goldfarb A. Similarities and Differences in the Adoption of General Purpose Technologies [R]. National Bureau of Economic Research, 2023.

[105] Aizenman J, Pinto B, Radziwill A. Sources for Financing Domestic Capital—Is Foreign Saving a Viable Option for Developing Countries? [J]. Ssrn Electronic Journal, 2004, 26 (5): 682 – 702.

[106] Akcigit, Ufuk, Kerr, William R. Growth Through Heterogeneous Innovations [J]. Social Science Electronic Publishing, 2015.

[107] Aldridge T T, Audretsch D. The Bayh – Dole Act and Scientist Entrepreneurship [M]//Universities and the Entrepreneurial Ecosystem. Edward Elgar Publishing, 2017: 57 – 66.

[108] Amin S. Imperialism and Unequal Development [M]. Monthly Review Press, 1977.

[109] Anderson P, Tushman L. Managing Through Cycles of Technological Change [J]. Research and Technology Management, 1991, 34 (3): 26 – 31.

[110] Ansari S, Garud R, Kumaraswamy A. The Disruptor's Dilemma: TiVo and the US Television Ecosystem [J]. Strategic Management Journal, 2016, 37 (9): 1829 – 1853.

[111] Antras P, Caballero R J. Trade and Capital Flows: A Financial Frictions Perspective [J]. Scholarly Articles, 2007, 117 (4): 701 – 744.

[112] Antràs P, Chor D. Global Value Chains [J]. Handbook of International Economics, 2022, 5: 297 – 376.

[113] Antràs P, Chor D. Organizing the Global Value Chain [J]. Econometrica, 2013, 81 (6): 2127 – 2204.

[114] Aoki S. Pareto Distributions and the Evolution of Top Incomes in the US [J]. Mpra Paper, 2013.

[115] Arora A, Gambardella A. The Market for Technology [J]. Handbook of the Economics of Innovation, 2010, 1, 641 – 678.

[116] Arthur W B. The Nature of Technology: What It Is and How It Evolves [J]. Penguin Books, 2009.

[117] Arts S, Appio F P, Van Looy B. Inventions Shaping Technological Trajectories: Do Existing Patent Indicators Provide a Comprehensive Picture [J].

Scientometrics, 2013, 97 (2): 397 –419.

[118] Bacchiocchi E, Montobbio F. International Knowledge Diffusion and Home-bias Effect: Do USPTO and EPO Patent Citations Tell the Same Story [J]. Scandinavian Journal of Economics, 2010, 112 (3): 441 –470.

[119] Bach H, Bergek A, Bjørgum Ø, et al. Implementing Maritime Battery-electric and Hydrogen Aolutions: A Rechnological Innovation Aystems Analysis [J]. Transportation Research Part D: Transport and Environment, 2020, 87: 102492.

[120] Bair J, Peters E D. Global Commodity Chains and Endogenous Growth: Export Dynamism and Development in Mexico and Honduras [J]. World Development, 2006, 34 (2): 203 –221.

[121] Baldwin R, Robert – Nicoud F. Trade-in-goods and Trade-in-tasks: an Integrating Framework [J]. Journal of International Economics, 2014, 92 (1): 51 –62.

[122] Barbieri, Nicolò, Alberto Marzucchi, and Ugo Rizzo. Knowledge Sources and Impacts on Subsequent Inventions: Do Green Technologies Differ from Non-green Ones? [J]. Research Policy, 2020, 49 (2): 103901.

[123] Barro J. Convergence and Modernization Revisited [J]. Social Science Electronic Publishing, 2012, 125 (585).

[124] Barro R J, Sala – I – Martin X. Convergence [J]. Papers, 1991, 36 (1): 223 –251.

[125] Bartelsman E, Scarpetta S, Schivardi F. Comparative Analysis of Firm Demographics and Survival: Evidence from Micro – level Sources in OECD Countries [J]. Industrial & Corporate Change, 2005, 14 (3): 365 –391.

[126] Bayus L, Agarwal R. Product Technology Strategies and Firm Survival: The Personal Computer Industry 1974 – 1994 [J]. Ssrn Electronic Journal, 2007, 53.

[127] Benhabib J, Bisin A, Shenghao Zhu. The Distribution of Wealth and Fiscal Policy in Economies with Finitely Lived Agents [J]. Econometrica, 2011, 79 (1): 123 –157.

[128] Benner M J, Tushman M L. Exploitation, Exploration, and Process Management: The Productivity Dilemma Revisited [J]. Academy of Management Review, 2003, 28 (2): 238 –256.

［129］ Bhattarai K, Ghatak S. FDI, Investment and Growth in OECD Countries ［J］. Economics Discussion Papers, 2010.

［130］ Bils M, Klenow J. The Acceleration in Variety Growth ［J］. American Economic Review, 2001, 91 (2): 274 – 280.

［131］ Binz C, Truffer B, Coenen L. Why Space Matters in Technological Innovation Systems—Mapping Global Knowledge Dynamics of Membrane Bioreactor Technology ［J］. Research Policy, 2014, 43 (1): 138 – 155.

［132］ Binz C, Truffer B. Global Innovation Systems—A Conceptual Framework for Innovation Dynamics in Transnational Contexts ［J］. Research Policy, 2017, 46 (7): 1284 – 1298.

［133］ Bonadio B, Huo Z, Levchenko A A, et al. Globalization, Structural Change and International Comovement ［R］. National Bureau of Economic Research, 2023.

［134］ Borin A, Mancini M. Measuring What Matters in Global Value Chains and Value-added Trade ［J］. World Bank Policy Research Working Paper, 2019 (8804).

［135］ Bower L. Disruptive Technologies: Catching the Wave ［J］. Harvard Business Review, 1995, 73 (1): 43 – 53.

［136］ Breschi S, Malerba F, Orsenigo L. Technological Regimes and Schumpeterian Patterns of Innovation ［J］. The Economic Journal, 2000, 110 (463): 388 – 410.

［137］ Bresnahan F, Greenstein M, Henderson M. Schumpeterian Competition and Diseconomies of Scope; Illustrations from the Histories of Microsoft and IBM ［J］. Ssrn Electronic Journal, 2011.

［138］ Bresnahan T F, Trajtenberg M. General Purpose Technologies "Engines of Growth"? ［J］. Journal of Econometrics, 1995, 65 (1): 83 – 108.

［139］ Bresnahan T. General Purpose Technologies ［J］. Handbook of the Economics of Innovation, 2010, 2, 761 – 791.

［140］ Brynjolfsson E, Rock D, Syverson C. The Productivity J-curve: How Intangibles Complement General Purpose Technologies ［J］. American Economic Journal: Macroeconomics, 2021, 13 (1): 333 – 372.

［141］ Campbell R. Entry, Exit, Embodied Technology, and Business Cycles ［J］. Review of Economic Dynamics, 1998, 1 (2): 371 – 408.

［142］Campos F, Kinoshita Y. Foreign Direct Investment as Technology Transferred: Some Panel Evidence from the Transition Economies ［J］. Social Science Electronic Publishing, 2002, 70（3）: 398 – 419.

［143］Cantner U, Vannuccini S. A New View of General Purpose Technologies ［J］. Jena Economic Research Papers, 2012: 71 – 96.

［144］Cantwell J, Iammarino S. EU Regions and Multinational Corporations: Change, Stability and Strengthening of Technological Comparative Advantages ［J］. Industrial and Corporate Change, 2001, 10（4）: 1007 – 1037.

［145］Cardoso F H, Fernando H, Enzo F. Dependency and Development in Latin America ［M］. Berkeley, University of California Press, 1979.

［146］Carlsson B. Internationalization of Innovation Systems: A Survey of the Literature ［J］. Research Policy, 2006, 35（1）: 56 – 67.

［147］Castellacci F. Technological Paradigms, Regimes and Trajectories: Manufacturing and Service Industries in a New Taxonomy of Sectoral Patterns of Innovation ［J］. Research Policy, 2008, 37（6 – 7）: 978 – 994.

［148］Castellacci F. Technological Regimes and Sectoral Differences in Productivity Growth ［J］. Industrial and Corporate Change, 2007, 16（6）: 1105 – 1145.

［149］Chai A, Rohde N, Silber J. Measuring the Diversity of Household Spending Patterns ［J］. Journal of Economic Surveys, 2014, 29: 423 – 440.

［150］Chenery B. Patterns of Industrial Growth ［J］. American Economic Review, 1960, 50: 624 – 653.

［151］Chen N, Juvenal L. Markups, Quality, and Trade Costs ［J］. Journal of International Economics, 2022, 137: 103627.

［152］Chen N, Juvenal L. Quality, Trade, and Exchange Rate Pass-through ［J］. Journal of International Economics, 2016, 100: 61 – 80.

［153］Chen S H. Taiwanese IT firms' Offshore R&D in China and the Connection with the Global Innovation Network ［J］. Research Policy, 2004, 33（2）: 337 – 349.

［154］Chen T, Qian L, Narayanan V. Battle on the Wrong Field? Entrant type, Dominant Designs, and Technology Exit ［J］. Strategic Management Journal, 2017, 38（13）: 2579 – 2598.

［155］Chesbrough H. Open Innovation ［M］. Boston: Harvard Business

School Press, 2003.

[156] Chesbrough H. Open Innovation: Where We've Been and Where We're Going [J]. Research – Technology Management, 2012, 55 (4): 20 – 27.

[157] Christensen C M, McDonald R, Altman E J, et al. Disruptive Innovation: An Intellectual History and Directions for Future Research [J]. Journal of Management Studies, 2018, 55 (7): 1043 – 1078.

[158] Christensen M, Bower L. Customer Power, Strategic Investment, and the Failure of Leading Firms [J]. Strategic Management Journal, 1996, 17 (3): 197 – 218.

[159] Christensen M, Raynor M E. Innovator's Solution [M]. Perseus Books, 2013.

[160] Christensen M, Rosenbloom S. Explaining the Attacker's Advantage: Technological Paradigms, Organizational Dynamics, and the Value Network [J]. Research Policy, 1995, 24 (2): 233 – 257.

[161] Christensen M. The Innovator's Dilemma: When New Technologies Cause Great Firms to Fail [J]. Social Science Electronic Publishing, 1997, 8 (97): 661 – 662.

[162] Christensen M. The Ongoing Process of Building a Theory of Disruption [J]. Journal of Product Innovation Management, 2006, 23 (23): 39 – 55.

[163] Clark C. The Conditions of Economic Progress [M]. London: Macmillan, 1957.

[164] Coccia M. The Source and Nature of General Purpose Technologies for Supporting Next K-waves: Global Leadership and the Case Study of the US Navy's Mobile User Objective System [J]. Technological Forecasting and Social Change, 2017, 116, 331 – 339.

[165] Coccia M, Watts J. A Theory of the Evolution of Technology: Technological Parasitism and the Implications for Innovation Magement [J]. Journal of Engineering and Technology Management, 2020, 55: 101552.

[166] Coenen L, Benneworth P, Truffer B. Toward a Spatial Perspective on Sustainability Transitions [J]. Research Policy, 2012, 41 (6): 968 – 979.

[167] Crinò R, Epifani P. Productivity, Quality and Export Behaviour [J]. Economic Journal, 2012, 122 (565): 1206 – 1243.

[168] Coenen L, Díaz López F J. Comparing Systems Approaches to Innova-

tion and Technological Change for Sustainable and Competitive Economies: An Explorative Study into Conceptual Commonalities, Differences and Complementarities [J]. Journal of Cleaner Production, 2010, 18 (12): 1149 – 1160.

[169] Coenen L, Morgan K. Evolving Geographies of Innovation: Existing Paradigms, Critiques and Possible Alternatives [J]. Norsk Geografisk Tidsskrift – Norwegian Journal of Geography, 2020, 74 (1): 13 – 24.

[170] Constantinescu C, Mattoo A, Ruta M. Does Vertical Specialisation increase Productivity? [J]. The World Economy, 2019, 42 (8): 2385 – 2402.

[171] Cook – Deegan R, Kesselheim A S, Sarpatwari A. Updating the Bayh-dole Act: March-in Rights and Transparency [J]. JAMA, 2022, 327 (10): 923 – 924.

[172] Cooley F, Greenwood J, Yorukoglu M. The Replacement Problem [J]. Journal of Monetary Economics, 1997, 40 (3): 457 – 499.

[173] Crafts N, Woltjer P. Growth Accounting in Economic History: Findings, Lessons and New Directions [J]. Journal of Economic Surveys, 2021, 35 (3): 670 – 696.

[174] Cummins G, Violante L. Investment – Specific Technical Change in the United States (1947 – 2000): Measurement and Macroeconomic Consequences [J]. Ssrn Electronic Journal, 2002, 5 (2): 243 – 284.

[175] Dahesh M B, Tabarsa G, Zandieh M, et al. Reviewing the Intellectual Structure and Evolution of the Innovation Systems Approach: A Social Network Analysis [J]. Technology in Society, 2020, 63: 101399.

[176] Dahlin K B, Behrens D M. When Is an Invention Really Radical [J]. Research Policy, 2005, 34 (5): 717 – 737.

[177] Danneels E. The Dynamics of Product Innovation and Firm Competences [J]. Strategic Management Journal, 2002, 23 (12): 1095 – 1121.

[178] David A. The Dynamo and the Computer: An Historical Perspective on the Modern Productivity Paradox [C]. Process Innovation, 1994: 355 – 361.

[179] David P A, Wright G. General Purpose Technologies and Surges in Productivity: Historical Reflections on the Future of the ICT Revolution [C]. // David P A, Thomas M (eds). The Economic Future in Hostorical Perspective: Vol. 13. Oxford: Oxford University Press/British Academy, 2006.

[180] Dietzenbacher E, Romero I. Production Chains in an Interregional

Framework: Identification by Means of Average Propagation Lengths [J]. International Regional Science Review, 2007, 30 (4): 362 – 383.

[181] Djankov S, Lopez – de – Silanes F. Shleifer A. The Regulation of Entry [J]. Quarterly Journal of Economics, 2002, 117: 1 – 37.

[182] Doms M, Dunne T. Capital Adjustment Patterns in Manufacturing Plants [J]. Review of Economic Dynamics, 1998, 1 (2): 409 – 429.

[183] Dooley P, Folkerts – Landau D, Garber M. Direct Investment, Rising Real Wages and the Absorption of Excess Labor in the Periphery [M]. National Bureau of Economic Research, Inc, 2007.

[184] Dosi G, Marengo L, Pasquali C. How Much Should Society Fuel the Greed of Innovators [J]. Research Policy, 2006, 35 (8): 1110 – 1121.

[185] Dosi G, Marengo L, Pasquali C. How Much Should Society Fuel the Greed of Innovators?: On the Relations Between Appropriability, Opportunities and Rates of Innovation [J]. Research Policy, 2006, 35 (8): 1110 – 1121.

[186] Dosi G. Technological Paradigms and Technological Trajectories: a Suggested Interpretation of the Determinants and Directions of Technical Change [J]. Research Policy, 1982, 11 (3): 147 – 162.

[187] Duranton G, Puga D. Micro-foundations of Urban Agglomeration Economies [J]. Handbook of Regional and Urban Economics, 2004, 4: 2063 – 2117.

[188] Dyer J H, Singh H, Hesterly W S. The Relational View Revisited: A Dynamic Perspective on Value Creation and Value Capture [J]. Strategic Management Journal, 2018, 39 (12): 3140 – 3162.

[189] Enrique G, Mendoza, Jose – Victor Rios – Rull. Financial Integration, Financial Development, and Global Imbalances [J]. Journal of Political Economy, 2009, 117 (3): 371 – 416.

[190] Esteve – Pérez S, Pieri F, Rodriguez D. Age and Productivity as Determinants of Firm Survival over the Industry Life Cycle [J]. Industry and Innovation, 2018, 25 (2): 167 – 198.

[191] Fally T. Production Staging: Measurement and Facts [M]. Boulder, Colorado, University of Colorado Boulder, 2012 (5): 155 – 168.

[192] Fernald J G. Productivity and Potential Output Before, During, and After the Great Recession [J]. NBER Macroeconomics Annual, 2015, 29 (1):

1 – 51.

　　[193] Ferreira J, Coelho A, Moutinho L. Dynamic Capabilities, Creativity and Innovation Capability and Their Impact on Competitive Advantage and Firm Performance: The Moderating Role of Entrepreneurial Orientation [J]. Technovation, 2020, 92: 102061.

　　[194] Figueiredo O, Guimarães P, Woodward D. Industry Localization, Distance Decay, and Knowledge Spillovers: Following the Patent Paper Trail [J]. Journal of Urban Economics, 2015, 89, 21 – 31.

　　[195] Finon D, Staropoli C. Institutional and Technological Co-evolution in the French Electronuclear Industry [J]. Industry and Innovation, 2001, 8 (2): 179 – 199.

　　[196] Fischer M M, Scherngell T, Jansenberger E. Geographic Localisation of Knowledge Spillovers: Evidence from High-tech Patent Citations in Europe [J]. The Annals of Regional Science, 2009, 43 (4): 839 – 858.

　　[197] Fisher J D M. The Dynamic Effects of Neutral and Investment – Specific Shocks [J]. Journal of Political Economy, 2006, 114 (3): 413 – 451.

　　[198] Forliano, Canio, Paola De Bernardi, Dorra Yahiaoui. Entrepreneurial Universities: A Bibliometric Analysis Within the Business and Management Domains [J]. Technological Forecasting and Social Change, 2021 (165): 120522.

　　[199] Frank G. Capitalism and underdevelopment in Latin America [M]. Monthly Review Press, 1969.

　　[200] Freeman C, Clark J, Soete L. Unemployment and Technical Innovation [M]. London: Pinter, 1982.

　　[201] Freeman C. Japan: A New National Innovation Systems? [C]//G Dosi, C Freeman, R R Nelson, G Silverberg, L. Soete (eds.). Technology and Economic Theory. London: Pinter Publishers, 1988.

　　[202] Freeman C, Louca F. As Time Goes by: From the Industrial Revolutions to the Information Revolution [M]. Oxford: Oxford University Press, 2001.

　　[203] Gabaix X, Lasry J M, Lions P L. The Dynamics of Inequality [J]. Nber Working Papers, 2015.

　　[204] Freeman C. Networks of Innovators: a Synthesis of Research Issues [J]. Research Policy, 1991, 20 (5): 499 – 514.

　　[205] Freeman C. Technology, Policy, and Economic Performance: Les-

sons from Japan [M]. London: Pinter Publishers, 1987.

[206] Frenken K. A Fitness Landscape Approach to Technological Complexity, Modularity, and Vertical Disintegration [J]. Structural Change and Economic Dynamics, 2006, 17 (3): 288 – 305.

[207] Fuenfschilling L, Binz C. Global Socio-technical Regimes [J]. Research Policy, 2018, 47 (4): 735 – 749.

[208] Galor O. From Stagnation to Growth: Unified Growth Theory [J]. Working Papers, 2004, 1 (1): 806 – 828.

[209] Galor O. Unified Growth Theory [M]. Princeton University Press, 2011.

[210] Gambardella A, Giarratana M S. General Technological Capabilities, Product Market Fragmentation, and Markets for Technology [J]. Research Policy, 2013, 42 (2): 315 – 325.

[211] Gambardella A, McGahan A M. Business-model Innovation: General Purpose Technologies and Their Implications for Industry Structure [J]. Long Range Planning, 2010, 43 (2 – 3): 262 – 271.

[212] Gereffi G. Global Sourcing in the U. S. Apparel Industry [J]. Journal of Textile & Apparel Technology & Management, 2001, 25 (2): 283 – 306.

[213] Gereffi G. International Trade and Industrial Upgrading in the Apparel Commodity Chain [J]. Journal of International Economics, 1999, 48 (1): 37 – 70.

[214] Gereffi G. The Governance of Global Value Chain [J]. Review of International Political Economy, 2005, 12 (1): 78 – 104.

[215] Ghatak A. Foreign Direct Investment and Economic Growth: Some Evidence from Across the World [J]. Global Business & Economics Review, 2007, 9 (9): 381 – 394.

[216] Giuliani E, Pietrobelli C, Rabellotti R. Upgrading in Global Value Chains: Lessons from Latin American Clusters [J]. World Development, 2004, 33 (4): 549 – 573.

[217] Gordon R J. The Measurement of Durable Goods Prices [J]. National Bureau of Economic Research, 1990.

[218] Gourinchas P O, Jeanne O. Capital Flows to Developing Countries: The Allocation Puzzle [J]. Review of Economic Studies, 2013, 80 (4): 1484 – 1515.

[219] Govindarajan V, Kopalle P K. Disruptiveness of Innovations: Meas-

urement and an Assessment of Reliability and Validity [J]. Strategic Management Journal, 2006, 27 (27): 189 – 199.

[220] Granstrand O, Holgersson M. Innovation Ecosystems: A conceptual Review and a New Definition [J]. Technovation, 2020, 90: 102098.

[221] Green J R, Scotchmer S. On the Division of Profit in Sequential Innovation [J]. The RAND Journal of Economics, 1995, 26 (1): 20 – 33.

[222] Greenwood J, Yorukoglu M. 1974. [M]. Carnegie – Rochester Series on Public, 1997.

[223] Greenwood J, Krusell P. Long – Run Implications of Investment – Specific Technological Change [J]. Rcer Working Papers, 1996, 87 (3): 342 – 362.

[224] Griffith R, Lee S, Van Reenen J. Is Distance Dying at Last? Falling Home Bias in Fixed-effects Models of Patent Citations [J]. Quantitative Economics, 2011, 2 (2): 211 – 249.

[225] Grossman M, Helpman E. Growth, Trade, and Inequality [R]. National Bureau of Economic Research, 2014.

[226] Grossman M. Rossi – Hansberg E. Task Trade Between Similar Countries, National Bureau of Economic Research, 2008.

[227] Grossmann M, Helpman E. The Mystery of Economic Growth [J]. Journal of Economics, 2005, 85 (3): 297 – 300.

[228] Guerrieri P, Pietrobelli C. Industrial Districts' Evolution and Technological Regimes: Italy and Taiwan. [J]. Technovation, 2004, 24 (11): 899 – 914.

[229] Guerrieri P, Pietrobelli C. Old and New Forms of Clustering and Production Networks in Changing Technological Regimes: Contrasting Evidence from Taiwan and Italy [J]. Science, Technology and Society, 2006, 11 (1): 9 – 38.

[230] Gutiérrez G, Philippon T. The Failure of Free Entry [R]. National Bureau of Economic Research, 2019.

[231] Guvenen F, Song J. The Nature of Countercyclical Income Risk [J]. Ssrn Electronic Journal, 2012, 122 (3): 621 – 660.

[232] Hall H, Jaffe B, Trajtenberg M. The NBER Patent Citations Data File: Lessons, Insights and Methodological Tools [J]. National Bureau of Economic Research, 2001.

[233] Hall R E, Jones C I. Why Do Some Countries Produce So Much More Output Per Worker Than Others? [J]. Quarterly Journal of Economics, 1998, 114 (1): 83 – 116.

[234] Haltiwanger J, Jarmin R S, Miranda J. Who Creates Jobs? Small vs. Large vs. Young [J]. Ssrn Electronic Journal, 2010, 4 (2): 267 – 343.

[235] Hameed W U, Nisar Q A, Wu H C. Relationships between External Knowledge, Internal Innovation, Firms' Open Innovation Performance, Service Innovation and Business Performance in the Pakistani Hotel Industry [J]. International Journal of Hospitality Management, 2021, 92: 102745.

[236] Hamilton C, Philbin S P. Knowledge based View of University Tech Transfer—a Systematic Literature Review and Meta-analysis [J]. Administrative Sciences, 2020, 10 (3): 62.

[237] Helpman E, Trajtenberg M. Diffusion of General Purpose Technologies [J]. Social Science Electronic Publishing, 1996.

[238] Henderson M, Clark B. Architectural Innovation: The Reconfiguration of Existing Product Technologies and the Failure of Established Firms [J]. Administrative Science Quarterly, 1990, 35 (1): 9 – 30.

[239] Herrendorf B, Rogerson R, Akos Valentinyi. Growth and Structural Transformation [J]. National Bureau of Economic Research, 2013.

[240] Herstad S J, Aslesen H W, Ebersberger B. On Industrial Knowledge Bases, Commercial Opportunities and Global Innovation Network Linkages [J]. Research Policy, 2014, 43 (3): 495 – 504.

[241] Hirschman A O. Devaluation and the Trade Balance: A Note [J]. Review of Economics & Statistics, 1949, 31 (1): 50 – 53.

[242] Hitt M A, Sirmon D G, Li Y, et al. Institutions, Industries and Entrepreneurial Versus Advantage-based Strategies: How Complex, Nested Environments Affect Strategic Choice [J]. Journal of Management and Governance, 2021, 25: 147 – 188.

[243] Ho J C. Disruptive Innovation from the Perspective of Innovation Diffusion Theory [J]. Technology Analysis & Strategic Management, 2022, 34 (4): 363 – 376.

[244] Hornstein A, Krusell P. Can Technology Improvements Cause Productivity Slowdowns [J]. Nber Macroeconomics Annual, 1996, 11: 209 – 259.

［245］Hu A G, Jaffe A B. Patent Citations and International Knowledge Flow: the Cases of Korea and Taiwan ［J］. International Journal of Industrial Organization, 2003, 21 (6): 849 – 880.

［246］Hulten R. Chapter 23 – Growth Accounting ［J］. Handbook of the Economics of Innovation, 2010: 987 – 1031.

［247］Hulten R. Total Factor Productivity: A Short Biography ［J］. Social Science Electronic Publishing, 2000, 51 (3): 3 – 16.

［248］Hummels D, Ishii J, Yi K M. The Nature and Growth of Vertical Specialization in World Trade ［J］. Journal of International Economics, 2001, 54 (1): 75 – 96.

［249］Humphrey J, Schmitz H. How Does Insertion in Global Value Chains Affect Upgrading in Industrial Clusters? ［J］. Regional Studies, 2002, 36 (9): 1017 – 1027.

［250］Igna, Ioana, and Francesco Venturini. The Determinants of AI Innovation across European Firms ［J］. Research Policy, 2023, 52 (2): 104661.

［251］Jaffe A B, De Rassenfosse G. Patent Citation Data in Social Science Research: Overview and Best Practices ［J］. Research Handbook on the Economics of Intellectual Property Law, 2019: 20 – 46.

［252］Jaffe A B, Trajtenberg M. Flows of Knowledge from Universities and Federal Laboratories: Modeling the Flow of Patent Citations over Time and across Institutional and Geographic Boundaries ［J］. Proceedings of the National Academy of Sciences. 1996, 93 (23): 12671 – 12677.

［253］Jaffe A B, Trajtenberg M, Henderson R. Geographic Localization of Knowledge Spillovers as Evidenced by Patent Citations ［J］. Quarterly Journal of Economics, 1993, 108 (3): 577 – 598.

［254］Jaffe A B, Trajtenberg M. International Knowledge Flows: Evidence from Patent Citations ［J］. Economics of Innovation and New Technology, 1999, 8 (1 – 2): 105 – 136.

［255］Janssen M J, Bergek A, Wesseling J H. Evaluating Systemic Innovation and Transition Programmes: Towards a Culture of Learning ［J］. PLoS Sustainability and Transformation, 2022, 1 (3): e0000008.

［256］Johansen L. Substitution Versus Fixed Production Coe Cients in the Theory of Economic Growth: A Synthesis ［J］. Econometrica, 1959, 27 (2):

157 – 176.

[257] Johnson P, Papageorgiou C. What Remains of Cross-country Convergence? [J]. Journal of Economic Literature, 2020, 58 (1): 129 – 175.

[258] Johnstone P, Rogge K S, Kivimaa P, et al. Waves of Disruption in Clean Energy Transitions: Sociotechnical Dimensions of System Disruption in Germany and the United Kingdom [J]. Energy Research & Social Science, 2020, 59: 101287.

[259] Jones, Charles I. The Past and Future of Economic Growth: A Semi-endogenous Perspective [J]. Annual Review of Economics, 2022 (14): 125 – 152.

[260] Jones I, Kim J. A Schumpeterian Model of Top Income Inequality [J]. Social Science Electronic Publishing, 2014, 66 (2): 207 – 239.

[261] Jovanovic B, Nyarko Y. Learning by Doing and the Choice of Technology [J]. Econometrica, 1996, 64 (6): 1299 – 1310.

[262] Jovanovic B, Rousseau P L. General Purpose Technologies [J]. Handbook of Economic Growth, 2005, 1: 1181 – 1224.

[263] Justiniano A, Primiceri G E, Tambalotti A. Investment Shocks and the Relative Price of Investment [J]. Review of Economic Dynamics, 2011, 14 (1): 102 – 121.

[264] Kaiser U. Measuring Knowledge Spillovers in Manufacturing and Services: an Empirical Assessment of Alternative Approaches [J]. Research Policy, 2002, 31 (1): 125 – 144.

[265] Kaplinsky R. Globalisation and Unequalisation: What Can Be Learned from Value Chain Analysis? [J]. Journal of Development Studies, 2000, 37 (2): 117 – 146.

[266] Kaplinsky R, Morris M. Governance Matters in Value Chains [J]. Developing Alternatives, 2003, 9 (1): 11 – 18.

[267] Kauffman S A. The Origins of Order: Self-organization and Selection in Evolution [M]. Oxford University Press, 1993.

[268] Keenan M. Identifying Emerging Generic Technologies at the National Level: the UK Experience. Journal of Forecasting, 2003, 22 (2 – 3): 129 – 160.

[269] Khan A, Thomas J K. Inventories and the Business Cycle: An Equilibrium Analysis of (S, s) Policies [J]. American Economic Review, 2007, 97

(4)：1165 – 1188.

[270] Kim J I, Lau L J. The Sources of Economic Growth of the East Asian Newly Industrialized Countries [J]. Journal of the Japanese & International Economies, 1994, 8 (3)：235 – 271.

[271] Kim K I, Xu Y S, Pak C J. Technological Development Trajectory of Chromatography：Main Path Analysis Based on Patent Citation Network [J]. SN Applied Sciences, 2020, 2：1 – 12.

[272] Kim Y – Z, Lee K. Sectoral Innovation System and a Technological Catch-up：The Case of the Capital Goods Industry in Korea [J]. Global Economic Review, 2008, 37 (2)：135 – 155.

[273] Kivimaa P, Laakso S, Lonkila A, et al. Moving Beyond Disruptive Innovation：A Review of Disruption in Sustainability Transitions [J]. Environmental Innovation and Societal Transitions, 2021, 38：110 – 126.

[274] Klepper S, Graddy E. The Evolution of New Industries and the Determinants of Market Structure [J]. Rand Journal of Economics, 1990, 21 (1)：27 – 44.

[275] Klette T J. Kortum S. Innovating Firms and Aggregate Innovation [J]. Journal of Political Economy, 2004, 112 (5)：986 – 1018.

[276] Klinger, Joel, Juan Mateos – Garcia, and Konstantinos Stathoulopoulos. Deep Learning, Deep Change? Mapping the Evolution and Geography of a General Purpose Technology [J]. Scientometrics, 2021 (126)：5589 – 5621.

[277] Knack S, Keefer P. Institutions and Economic Performance：Cross – Country Tests Using Alternative Institutional Measures [J]. Economics and Politics, 1995, 7：207 – 227.

[278] Knight F. Risk, Uncertainty and Profit [M]. Houghton Mifflin Company, 1921：682 – 690.

[279] Kocak A, Carsrud A, Oflazoglu S. Market, Entrepreneurial, and Technology Orientations：Impact on Innovation and Firm Performance [J]. Management Decision, 2017, 55 (2)：248 – 270.

[280] Kogan L. Firm Characteristics and Stock Returns：The Role of Investment – Specific Shocks [J]. Review of Financial Studies, 2012, 26 (11)：2718 – 2759.

[281] Kongsamut, Piyabha, Sergio R, and Xie D Y. Beyond Balanced

Growth [J]. Review of Economic Studies, 2001, 68: 869 – 882.

[282] Koopman R, Wang Z, Wei S J. Tracing Value – Added and Double Counting in Gross Exports [J]. American Economic Review, 2014, 104 (2): 459 – 494.

[283] Kraay A. Household Saving in China [J]. World Bank Economic Review, 2000, 14 (3): 545 – 570.

[284] Kremer M, Willis J, You Y. Converging to Convergence [J]. NBER Macroeconomics Annual, 2022, 36 (1): 337 – 412.

[285] Krugman P. A Tale of Two Cities: Factor Accumulation and Technical Change in Hong Kong and Singapore [J]. Nber Macroeconomics Annual, 1992, 7 (1): 13 – 54.

[286] Krugman P. Increasing Returns and Economic Geography, National Bureau of Economic Research, 1990.

[287] Krugman P. The Myth of Asia's Miracle [J]. Foreign Affairs, 1994, 73 (6): 62 – 78.

[288] Lambertini L, Poyago – Theotoky J, Tampieri A. Cournot Competition and "green" Innovation: An Inverted – U Relationship [J]. Energy Economics, 2017, 68: 116 – 123.

[289] Laursen K, Drejer I. Do Inter-sectoral Linkages Matter for International Export Specialisation? [J]. Economics of Innovation and New Technology, 1999, 8 (4): 311 – 330.

[290] Laursen K, Meliciani V. The Relative Importance of International vis-à-vis National Technological Spillovers for Market Share Dynamics [J]. Industrial and Corporate Change, 2002, 11 (4): 875 – 894.

[291] Laursen K, Salter A. Open for Innovation: the Role of Openness in Explaining Innovation Performance among UK Manufacturing Firms [J]. Strategic Management Journal, 2006, 27 (2): 131 – 150.

[292] Leamer E. The Leontief Paradox, Reconsidered [J]. Journal of Political Economy, 1980, 88 (3): 495 – 503.

[293] Lenihan H, McGuirk H, Murphy K R. Driving Innovation: Public Policy and Human Capital [J]. Research Policy, 2019, 48 (9): 103 – 791.

[294] Lerner J, Seru A. The Use and Misuse of Patent Data: Issues for Finance and Beyond [J]. The Review of Financial Studies, 2022, 35 (6): 2667 –

2704.

［295］Levinthal A, March G. The Myopia of Learning ［J］. Strategic Management Journal, 1993, 14 (S2): 95 – 112.

［296］Lewis W A. Economic Development with Unlimited Supplies of Labour ［J］. Manchester School, 1954, 22 (2): 139 – 191.

［297］Liao S Y, Chen B L. News Shocks to Investment – Specific Technology in Business Cycles ［J］. European Economic Review, 2023, 152: 104363.

［298］Li G, Lu S, Shao S, et al. Do Environmental Regulations Hamper small Enterprises' Market Entry? Evidence from China ［J］. Business Strategy and the Environment, 2021, 30 (1): 252 – 266.

［299］Li J. Investment – Specific Shocks and Momentum Profits ［J］. Social Science Electronic Publishing, 2011.

［300］Linden G, Kraemer K L, Dedrick J. Who Captures Value in a Global Innovation Network? The Case of Apple's iPod ［J］. Communications of the ACM, 2009, 52 (3): 140 – 144.

［301］Lipsey G, Bekar C. A Structuralist View of Technical Change and Economic Growth ［C］. Bell Canada Conference, 1995.

［302］Lipsey R G, Carlaw K I, Bekar C T. Economic Transformations: General Purpose Technologies and Long Term Economic Growth ［M］. Oxford: Oxford University Press, 2005.

［303］Liu X, Hodgkinson I R, Chuang F – M. Foreign Competition, Domestic Knowledge Base and Innovation Activities: Evidence from Chinese High-tech Industries ［J］. Research Policy, 2014, 43 (2): 414 – 422.

［304］Lucas R E. Why Doesn't Capital Flow from Rich to Poor Countries? ［J］. American Economic Review, 1990, 80 (2): 92 – 96.

［305］Lundvall B A. Innovation as an Interactive Process: From User – Producer Interaction to the National Innovation Systems ［J］. G Dosi, C Freeman, R R Nelson, G Silverberg, L Soete (eds.). Technology and Economic Theory. London: Pinter Publishers, 1988.

［306］Lundvall B A. National Systems of Innovation: Towards a theory of Innovation and Interactive Learning ［M］. London: Pinter Publishers, 1992.

［307］Luttmer J. Models of Growth and Firm Heterogeneity ［J］. Annu. Rev. Econ., 2010, 2 (1): 547 – 576.

[308] Luttmer J. On the Mechanics of Firm Growth [J]. The Review of Economic Studies, 2011, 78 (3): 1042 – 1068.

[309] Luttmer J. Selection, Growth, and the Size Distribution of Firms [J]. The Quarterly Journal of Economics, 2007: 1103 – 1144.

[310] MacGarvie M. The Determinants of International Knowledge Diffusion as measured by Patent Citations [J]. Economics Letters, 2005, 87 (1): 121 – 126.

[311] Magacho G R, McCombie J S L. Structural Change and Cumulative causation: A Kaldorian Approach [J]. Metroeconomica, 2020, 71 (3): 633 – 660.

[312] Magerman T, Van Looy B, Song X. Data Production Methods for Harmonised Patent Statistics: Patentee Name Harmonization [J]. SSRN Electromic Journal, 2006 (1). DOI: 10. 2139/ssrn. 944464.

[313] Maine E, Garnsey E. Commercializing Generic Technology: The Case of Advanced Materials Ventures. Research Policy, 2006, 35 (3): 375 – 393.

[314] Mai Y, Yang H, Zhang G. Does Business Model Innovation enhance the Sustainable Development of New Ventures? Understanding an Inverted – U Relationship [J]. Sustainability, 2020, 13 (1): 262.

[315] Malerba F. Innovation and the Evolution of Industries [J]. Journal of Evolutionary Economics, 2005, 16 (1): 3 – 23.

[316] Malerba F, McKelvey M. Knowledge-intensive Innovative Entrepreneurship Integrating Schumpeter, Evolutionary Economics, and Innovation Systems [J]. Small Business Economics, 2020, 54: 503 – 522.

[317] Malerba F, Nelson R. Learning and Catching up in Different Sectoral Systems: Evidence from Six Industries [J]. Industrial and Corporate Change, 2011, 20 (6): 1645 – 1675.

[318] Malerba F, Nelson R, Orsenigo L, et al. . Demand, Innovation and the Dynamics of Market Structure: The Role of Experimental Users and Diverse Preferences [J]. Journal of Evolutionary Economics, 2007, 17 (4): 371 – 399.

[319] Malerba F. Sectoral Systems of Innovation and Production [J]. Research Policy, 2002, 31 (2): 247 – 264.

［320］Mankiw N G. Romer D. Weil D N. A Contribution to the Empirics of Economic Growth, National Bureau of Economic Research, 1990.

［321］Markard J. The Life Cycle of Technological Innovation Systems ［J］. Technological Forecasting and Social Change, 2020, 153: 119407.

［322］Markusen R, Venables J. Interacting Factor Endowments and Trade Costs: A Multi – Country, Multi – Good Approach to Trade Theory ［J］. Journal of International Economics, 2007, 73（2）: 333 – 354.

［323］Marsili O. Technology and the Dynamics of Industrial Structures: an Empirical Mapping of Dutch Manufacturing. Industrial and Corporate Change ［J］. 2002, 11（4）: 791 – 815.

［324］Marsili O, Verspagen B. Technology and the Dynamics of Industrial Structures: an Empirical Mapping of Dutch Manufacturing ［J］. Industrial and Corporate Change, 2002, 11（4）: 791 – 815.

［325］Martinelli A, Mina A, Moggi M. The Enabling Technologies of Industry 4.0: Examining the Seeds of the Fourth Industrial Revolution ［J］. Industrial and Corporate Change, 2021, 30（1）: 161 – 188.

［326］Mascarenhas C, Ferreira J J, Marques C. University-industry Cooperation: A Systematic Literature Review and Research Agenda ［J］. Science and Public Policy, 2018, 45（5）: 708 – 718.

［327］Matsuyama K. Credit Market Imperfections and Patterns of International Trade and Capital Flows ［J］. Journal of the European Economic Association, 2005, 3（2 – 3）: 714 – 723.

［328］Matsuyama K. Financial Market Globalization, Symmetry – Breaking, and Endogenous Inequality of Nations ［J］. Econometrica, 2004, 72（3）: 853 – 884.

［329］Maurseth P B, Verspagen B. Knowledge Spillovers in Europe: a Patent Citations Analysis ［J］. Scandinavian Journal of Economics, 2002, 104（4）: 531 – 545.

［330］Ma X, Samaniego R. Business Cycle Dynamics When Neutral and Investment-specific Technology Shocks are Imperfectly Observable ［J］. Journal of Mathematical Economics, 2022, 101: 102694.

［331］Mazzucato M. The Entrepreneurial State ［J］. Soundings, 2011, 49（49）: 46 – 48.

［332］ Meng B，Ye M，Wei S J. Measuring Smile Curves in Global Value Chains ［J］. Oxford Bulletin of Economics and Statistics，2020，82（5）：988 – 1016.

［333］ Messeni Petruzzelli A，Murgia G. University – Industry Collaborations and International Knowledge Spillovers：a Joint-patent Investigation ［J］. The Journal of Technology Transfer，2020，45（4）：958 – 983.

［334］ Müller J M，Buliga O，Voigt K I. The Role of Absorptive Capacity and Innovation Strategy in the Design of Industry 4. 0 Business Models—A Comparison between SMEs and Large Enterprises ［J］. European Management Journal，2021，39（3）：333 – 343.

［335］ Moulaert F，Sekia F. Territorial Innovation Models：a Critical Survey ［J］. Regional Studies，2003，37（3）：289 – 302.

［336］ Moura A. Are Neutral and Investment-specific Technology Shocks Correlated? ［J］. European Economic Review，2021，139：103866.

［337］ Moura A. Trend Breaks and the Long-run Implications of Investment-specific Technological Progress ［J］. Applied Economics Letters，2022：1 – 6.

［338］ Mowatt G，Bower D J，Brebner J A，Cairns J A，Grant A M，McKee L. When and How to Assess Fast-changing Technologies：a Comparative Study of Medical Applications of Four Generic Technologies. Health Technology Assessment（Winchester，England），1997，1（14）：1 – 4.

［339］ Murmann J P，Frenken K. New Directions in Research on Dominant Desings ［J］. Academy of Management Annual Meeting Proceedings，2005（1）.

［340］ Na Y K，Kang S，Jeong H Y. The Effect of Market Orientation on Performance of Sharing Economy Business：Focusing on Marketing Innovation and Sustainable Competitive Advantage ［J］. Sustainability，2019，11（3）：729.

［341］ Ndubuisi G，Owusu S. How Important is GVC Participation to Export Upgrading? ［J］. The World Economy，2021，44（10）：2887 – 2908.

［342］ Nelson R R. Institutions Supporting Technical Change in the United States ［J］//G Dosi，C Freeman，R R Nelson，G Silverberg，L Soete（eds.）. Technology and Economic Theory. London：Pinter Publishers，1988.

［343］ Nerlove M. Growth Rate Convergence，Fact or Artifact? An Essay on the Use and Misuse of Panel Data Econometrics ［J］. Contributions to Economic Analysis，2000，244：3 – 34.

［344］Nevo A，Wong A. The Elasticity of Substitution Between Time and Market Goods：Evidence from the Great Recession ［J］. National Bureau of Economic Research，2014.

［345］Ngai R，Pissarides A. Structural Change in A Multi – Sect Or Model of Growth ［J］. American Economic Review，2007，97（1）：429 – 443.

［346］Nylund P A，Brem A，Agarwal N. Enabling Technologies Mitigating Climate Change：The Role of Dominant Designs in Environmental Innovation Ecosystems ［J］. Technovation，2022，117：102271.

［347］Obradović T，Vlačić B，Dabić M. Open Innovation in the Manufacturing Industry：A Review and Research Agenda ［J］. Technovation，2021，102：102221.

［348］Oinas P，Malecki E J. The Evolution of Technologies in Time and Space：from National and Regional to Spatial Innovation Systems ［J］. International Regional Science Review，2002，25（1）：102 – 131.

［349］Olabode O E，Boso N，Hultman M，et al. Big Data Analytics Capability and Market Performance：The Roles of Disruptive Business Models and Competitive Intensity ［J］. Journal of Business Research，2022，139：1218 – 1230.

［350］Pahl S，Timmer M P. Do Global Value Chains enhance Economic upgrading? A Long View ［J］. The Journal of Development Studies，2020，56（9）：1683 – 1705.

［351］Papanikolaou D. Investment Shocks and Asset Prices ［J］. Social Science Electronic Publishing，2011，119（4）：639 – 639.

［352］Papanikolaou D. Investment – Specific Technological Change and Asset Prices ［C］. Meeting Papers. Society for Economic Dynamics，2008.

［353］Pavitt K. Sectoral Patterns of Technical Change：towards a Taxonomy and a Theory ［J］. Research policy，1984，13（6）：343 – 373.

［354］Petralia S. Mapping General Purpose Technologies with Patent Data ［J］. Research Policy，2020，49（7）：104013.

［355］Pietrobelli C. Emerging Forms of Technological Cooperation：The Case for Technology Partnerships – Inner Logic，Examples and Enabling Environment. Science and Technology Issues，Geneva：UNCTAD，1996.

［356］Pietrobelli C，Rabellotti R. Global Value Chains Meet Innovation

Systems: are there Learning Opportunities for Developing Countries? [J]. World Development, 2011, 39 (7): 1261 – 1269.

[357] Piketty T, Saez E. A Theory of Optimal Capital Taxation [R]. National Bureau of Economic Research, 2012.

[358] Piketty T, Zucman G. Chapter 15 – Wealth and Inheritance in the Long Run [J]. Handbook of Income Distribution, 2014, 2: 1303 – 1368.

[359] Plehn – Dujowich J M. Entry and Exit by new Versus Existing Firms [J]. International Journal of Industrial Organization, 2009, 27 (2): 214 – 222.

[360] Poel van de. The Transformation of Technological Regimes [J]. Research Policy, 2003, 32 (1): 49 – 68.

[361] Porter W. The Competitive Advantage of Nations [M]. The Free Press, 1990.

[362] Prebisch R. The Economic Development of Latin America and Its Principal Problems [J]. Geographical Review, 1950, 2010 (1): 171 – 173.

[363] Qian Y. Do National Patent Laws Stimulate Domestic Innovation in a Global Patenting Environment? [J]. Review of Economics and Statistics, 2007, 89: 436 – 453.

[364] Rasskazov V E. Financial and Economic Consequences of Distribution of Artificial Intelligence as a General-purpose Technology [J]. Finance Theory and Practice, 2020, 24 (2): 120 – 132.

[365] Rodrik D. Unconditional Convergence in Manufacturing [J]. Quarterly Journal of Economics, 2012, 128 (1): 165 – 204.

[366] Rohe S. The Regional Facet of a Global Innovation System: Exploring the Spatiality of Resource Formation in the Value Chain for Onshore Wind Energy [J]. Environmental Innovation and Societal Transitions, 2020, 36: 331 – 344.

[367] Rosenbloom S. Technological Discontinuities, Organizational Capabilities, and Strategic Commitments [J]. Industrial & Corporate Change, 1994, 3 (3): 215 – 247.

[368] Rosenstein – Rodan, Paul. Notes on the Theory of the "Big Push" [M]. Palgrave Macmillan UK, 1957.

[369] Sachs D, Woo W T. Understanding China's Economic Performance [J]. Journal of Policy Reform, 1997, 4 (1): 1 – 50.

[370] Saez E, Zucman G. The Rise of Income and Wealth Inequality in

America: Evidence from Distributional Macroeconomic Accounts [J]. Journal of Economic Perspectives, 2020, 34 (4): 3 – 26.

[371] Samaniego M. Entry, Exit, and Investment – Specific Technical Change [J]. American Economic Review, 2010, 100 (1): 164 – 192.

[372] Samaniego M. R&D and Growth: The Missing Link? [J]. Macroeconomic Dynamics, 2007, 11 (5): 691 – 714.

[373] Schumpeter J. Business Cycles [M]. Philadelphia: Porcupine Press, 1939.

[374] Scotchmer S. Standing on the Shoulders of Giants: Cumulative Research and the Patent Law [J]. The Journal of Economic Perspectives, 1991, 5 (1): 29 – 41.

[375] Shane S. Technological Opportunities and New Firm Creation [J]. Management Science, 2001, 47 (2): 205 – 220.

[376] Singer H W. The Distribution of Gains between Investing and Borrowing Countries [J]. American Economic Review, 1950, 40 (2): 473 – 485.

[377] Singh A, Triulzi G, Magee C L. Technological Improvement Rate Predictions for All Technologies: Use of Patent Data and an Extended Domain Description [J]. Research Policy, 2021, 50 (9): 104294.

[378] Si S, Chen H. A Literature Review of Disruptive Innovation: What It Is, How It Works and Where It Goes [J]. Journal of Engineering and Technology Management, 2020, 56: 101568.

[379] Slater F, Mohr J. Successful Development and Commercialization of Technological Innovation: Insights Based on Strategy Type [J]. Journal of Product Innovation Management, 2006, 23 (1): 26 – 33.

[380] Sobel S, Coyne J. Cointegrating Institutions: The Time – Series Properties of Country Institutional Measures [J]. Journal of Law & Economics, 2009, 54 (1): 111 – 111.

[381] Song Z, Storesletten K, Zilibotti F. Growing Like China [J]. American Economic Review, 2011, 101 (1): 196 – 233.

[382] Spencer J W. Firms' Knowledge-sharing Strategies in the Global Innovation System: Empirical Evidence from the Flat Panel Display Industry [J]. Strategic Management Journal, 2003, 24 (3): 217 – 233.

[383] Squicciarini M, Dernis H, Criscuolo C. Measuring Patent Quality:

Indicators of Technological and Economic Value [J]. OECD Science Technology and Industry Working Papers, 2013.

[384] Suarez F F, Grodal S, Gotsopoulos A. Perfect Timing? Dominant Category, Dominant Design, and the Window of Opportunity for Firm Entry [J]. Strategic Management Journal, 2015, 36 (3): 437-448.

[385] Suarez F, Utterback J. Patterns of Industrial Evolution, Dominant Designs, and Firms' Survival [J]. Working Papers, 1992, 33 (3): 857-881.

[386] Tan H, Mathews A. Cyclical Industrial Dynamics: The Case of the Global Semiconductor Industry [J]. Technological Forecasting & Social Change, 2010, 77 (2): 344-353.

[387] Tassey G. The Economics of R&D Policy [M]. Praeger, 1997.

[388] Thompson P, Fox-Kean M. Patent Citations and the Geography of Knowledge Spillovers: A Reassessment [J]. American Economic Review, 2005, 95 (1): 450-460.

[389] Trajtenberg M, Jaffe A, Henderson R. University Versus Corporate Patents: A Window on the Basicness of Inventions [J]. Economics of Innovation and New Technology, 1997, 5 (1): 19-50.

[390] Trefler D. International Factor Price Differences: Leontief Was Right! [J]. Journal of Political Economy, 1993, 101 (6): 961-987.

[391] Tørsløv T, Wier L, Zucman G. The Missing Profits of Nations [J]. The Review of Economic Studies, 2023, 90 (3): 1499-1534.

[392] Tushman M L, Anderson P. Technological Discontinuities and Organizational Environments [J]. Administrative Science Quarterly, 1986, 31 (3): 439-465.

[393] Ugur M, Trushin E, Solomon E. Inverted-U Relationship between R&D Intensity and Survival: Evidence on Scale and Complementarity Effects in UK Data [J]. Research Policy, 2016, 45 (7): 1474-1492.

[394] Uyarra E, Ribeiro B, Dale-Clough L. Exploring the Normative Turn in Regional Innovation Policy: Responsibility and the Quest for Public Value [J]. European Planning Studies, 2019, 27 (12): 2359-2375.

[395] Vandenbussche J, Aghion P, Meghir C. Growth, Distance to Frontier and Composition of Human Capital [J]. Journal of Economic Growth, 2006,

11 (2): 97 – 127.

[396] Van dePoel I. The Transformation of Technological Regimes [J]. Research Policy, 2003, 32 (1): 49 – 68.

[397] Vanek J. The Factor Proportions Theory: The N – Factor Case [M]. European Parliament, 2001: 853 – 862.

[398] Vasia P, Dimitris P. Investment, Idiosyncratic Risk, and Ownership [J]. Journal of Finance, 2012, 67: 1113 – 1148.

[399] Vasilev A. An RBC Model with Investment-specific Technological Change: Lessons for Bulgaria (1999 – 2018) [J]. Post – Communist Economies, 2020, 32 (4): 511 – 524.

[400] Vu K, Hanafizadeh P, Bohlin E. ICT as a Driver of Economic Growth: A Survey of the Literature and Directions for Future Research [J]. Telecommunications Policy, 2020, 44 (2): 101922.

[401] Wang Z, Wei S J, Yu X, Zhu K. Characterizing Global Value Chains: Production Length and Upstreamness [J]. National Bureau of Economic Research, 2017: 23261.

[402] Wanzenböck I, Wesseling J H, Frenken K, et al. A Framework for Mission-oriented Innovation Policy: Alternative Pathways through the Problem – Solution Space [J]. Science and Public Policy, 2020, 47 (4): 474 – 489.

[403] Watanabe I, Takagi S. Technological Trajectory Analysis of Patent Citation Networks: Examining the Technological Evolution of Computer Graphic Processing Systems [J]. The Review of Socionetwork Strategies, 2021, 15: 1 – 25.

[404] White J. The Productivity Dilemma: Roadblock to Innovation in the Automobile Industry [M]. Johns Hopkins University Press, 1978.

[405] Williamson R. Informal Institutions Rule: Institutional Arrangements and Economic Performance [J]. Public Choice, 2009, 139 (139): 371 – 387.

[406] Wynn M, Jones P. Knowledge Transfer Partnerships and the Entrepreneurial University [J]. Industry and Higher Education, 2017, 31 (4): 267 – 278.

[407] Yi K M. Can Vertical Specialization Explain the Growth of World Trade? [J]. Journal of Political Economy, 2003, 111 (1): 52 – 102.

[408] Yi Q. Do National Patent Laws Stimulate Domestic Innovation in a

Global Patenting Environment? A Cross – Country Analysis of Pharmaceutical Patent Protection, 1978 – 2002 [J]. Review of Economics & Statistics, 2007, 89 (3): 436 – 453.

[409] You J, Zhang W. How Heterogeneous Technological Progress Promotes Industrial Structure Upgrading and Industrial Carbon Efficiency? Evidence from China's Industries [J]. Energy, 2022, 247: 123386.

[410] Young A. The Razor's Edge: Distortions and Incremental Reform in the People's Republic of China [J]. Quaterly Journal of Economics, 2000, 115 (4): 1091 – 1135.

[411] Youtie J, Iacopetta M, Graham S. Assessing the Nature of Nanotechnology: Can We Uncover an Emerging General Purpose Technology? [J]. The Journal of Technology Transfer, 2008, 33 (3): 315 – 329.

[412] Yu J, Malerba F, Adams P, Zhang Y. Related Yet Diverging Sectoral Systems: Telecommunications Equipment and Semiconductors in China [J]. Industry and Innovation, 2016, 24 (2): 190 – 212.

[413] Zhang S, Zhu C, Li X, et al. Sectoral Heterogeneity, Industrial Structure Transformation, and Changes in Total Labor Income Share [J]. Technological Forecasting and Social Change, 2022, 176: 121 – 509.

[414] Zhang Y, Wei F. SMEs' Charismatic Leadership, Product Life Cycle, Environmental Performance, and Financial Performance: A Mediated Moderation Model [J]. Journal of Cleaner Production, 2021, 306: 127 – 147.

[415] Zucman G. Global Wealth Inequality [J]. Annual Review of Economics, 2019, 11: 109 – 138.

附　　录

NACE 第二版代码	NACE rev 第二版行业名称	ISIC 第四版产业代码	ISIC 第四版产业名称
10	食品制造	5	食品，饮料和烟草制品的制造
11	饮料制造	5	食品，饮料和烟草制品的制造
12	烟草制品业	5	食品，饮料和烟草制品的制造
13	纺织业	6	纺织品，服装和皮革制品的制造
14	服装制造	6	纺织品，服装和皮革制品的制造
15	皮革及相关产品制造	6	纺织品，服装和皮革制品的制造
16	木材加工（家具除外）和木、竹、藤、棕、草制品业	7	木材、木材制品及软木制品的制造（家具除外）、草编制品及编织材料物品制造
17	造纸和纸制品业	8	纸和纸制品制造
18. 1	印刷和记录媒介复制业	9	记录媒介物的印刷及复制
19	石油、煤炭及其他燃料加工业	10	焦炭和精炼石油产品制造
20. 1	初级化学品、化肥和氮化合物、塑料及合成橡胶的制造	11	化学品及化学制品制造
20. 2	杀虫剂及其他农用化学品制造	11	化学品及化学制品制造
20. 3	涂料、油墨、颜料及类似产品制造	11	化学品及化学制品制造
20. 4	肥皂及洗涤剂制造	11	化学品及化学制品制造
20. 5	其他化学制品业	11	化学品及化学制品制造
20. 51	炸药、火工及焰火产品制造	11	化学品及化学制品制造
20. 6	人造纤维的制造	11	化学品及化学制品制造
21	基础药品和制剂制造	12	基本医药产品和医药制剂制造
22	橡胶和塑料制品业	13	橡胶和塑料制品制造

NACE 第二版代码	NACE rev 第二版行业名称	ISIC 第四版产业代码	ISIC 第四版产业名称
22.1	橡胶制品制造	13	橡胶和塑料制品制造
22.2	塑料制品制造	13	橡胶和塑料制品制造
23	其他非金属矿物制品制造	14	其他非金属矿物制品制造
23.1	玻璃制品制造	14	其他非金属矿物制品制造
23.3	粘土材等建筑材料制造	14	其他非金属矿物制品制造
23.42	卫生陶瓷制品制造	14	其他非金属矿物制品制造
23.5	石膏、水泥制品及类似制品制造	14	其他非金属矿物制品制造
24	基本金属制造业	15	基本金属制造
24.46	核燃料加工	15	基本金属制造
25.1	结构性金属制品制造	16	机械设备除外的金属制品制造
25.2	金属罐、贮水池等金属容器制造	16	机械设备除外的金属制品制造
25.3	蒸汽产生装置（集中供热锅炉除外）	16	机械设备除外的金属制品制造
25.4	武器弹药制造	16	机械设备除外的金属制品制造
25.5	金属的锻造、压制、冲压和轧制；粉末冶金	16	机械设备除外的金属制品制造
25.6	金属涂层及处理	16	机械设备除外的金属制品制造
25.7	刀具等金属工具制造	16	机械设备除外的金属制品制造
25.9	其他金属制品制造	16	机械设备除外的金属制品制造
25.94	紧固件及螺旋机制造	16	机械设备除外的金属制品制造
26.1	电子元件及电路板制造	17	计算机、电子产品和光学产品制造
26.11	电子元件的制造	17	计算机、电子产品和光学产品制造
26.2	计算机及周边设备制造业	17	计算机、电子产品和光学产品制造
26.3	通信设备制造	17	计算机、电子产品和光学产品制造

续表

NACE 第二版代码	NACE rev 第二版行业名称	ISIC 第四版产业代码	ISIC 第四版产业名称
26.4	消费电子产品制造	17	计算机、电子产品和光学产品制造
26.5	测量、试验和导航仪器及钟表制造	17	计算机、电子产品和光学产品制造
26.51	测量、试验和导航仪器制造	17	计算机、电子产品和光学产品制造
26.52	钟表制造	17	计算机、电子产品和光学产品制造
26.6	辐照、电疗及电疗设备制造	17	计算机、电子产品和光学产品制造
26.7	光学仪器和摄影器材的制造	17	计算机、电子产品和光学产品制造
26.8	磁光记录介质制造	17	计算机、电子产品和光学产品制造
27.1	电机、输配电及控制设备制造	18	电力设备制造
27.12	输配电及控制设备制造	18	电力设备制造
27.2	电池及蓄能器制造	18	电力设备制造
27.3	电线、电缆、光缆及电工器材制造	18	电力设备制造
27.33	电线、电缆、光缆制造	18	电力设备制造
27.4	电照明设备制造	18	电力设备制造
27.5	家用电器制造	18	电力设备制造
27.9	其他电气设备的制造	18	电力设备制造
28.1	通用设备制造	19	未另分类的机械和设备制造
28.11	发动机和涡轮机的制造（飞机、车辆和循环发动机除外）	19	未另分类的机械和设备制造
28.21	烘炉、熔炉及电炉制造	19	未另分类的机械和设备制造
28.22	起重及装卸设备的制造	19	未另分类的机械和设备制造

NACE 第二版代码	NACE rev 第二版行业名称	ISIC 第四版产业代码	ISIC 第四版产业名称
28.23	办公机械和设备（计算机及周边设备除外）的制造	19	未另分类的机械和设备制造
28.25	非家用通风设备与空调设备	19	未另分类的机械和设备制造
28.29	其他通用设备制造	19	未另分类的机械和设备制造
28.3	农业和林业机械的制造	19	未另分类的机械和设备制造
28.4	金属成型机械和机械的制造	19	未另分类的机械和设备制造
28.9	其他专用设备制造	19	未另分类的机械和设备制造
28.92	采矿、采石及建筑机械的制造	19	未另分类的机械和设备制造
28.94	用于纺织、服装和皮革生产的机械的制造	19	未另分类的机械和设备制造
28.95	制浆和造纸专用设备制造	19	未另分类的机械和设备制造
29.1	汽车制造	20	汽车、挂车和半挂车制造
29.3	汽车零部件及配件制造	20	汽车、挂车和半挂车制造
30	其他运输设备制造	21	其他运输设备制造
31	家具制造业	22	家具制造，其他制造业
32	其他制造业	22	家具制造，其他制造业
32.5	医疗和牙科设备制造	22	家具制造，其他制造业